从考核到激活

华为绩效管理方法论

李庆喜 孙科柳 著

电子工业出版社
Publishing House of Electronics Industry
北京·BEIJING

未经许可，不得以任何方式复制或抄袭本书之部分或全部内容。
版权所有，侵权必究。

图书在版编目（CIP）数据

从考核到激活：华为绩效管理方法论 / 李庆喜，孙科柳著. -- 北京：电子工业出版社，2025. 5. -- ISBN 978-7-121-50167-8

Ⅰ．F632.765.3

中国国家版本馆CIP数据核字第2025353BJ6号

责任编辑：王欣怡
印　　刷：三河市鑫金马印装有限公司
装　　订：三河市鑫金马印装有限公司
出版发行：电子工业出版社
　　　　　北京市海淀区万寿路173信箱　邮编：100036
开　　本：720×1000　1/16　印张：23　字数：368千字
版　　次：2025年5月第1版
印　　次：2025年7月第2次印刷
定　　价：78.00元

凡所购买电子工业出版社图书有缺损问题，请向购买书店调换。若书店售缺，请与本社发行部联系，联系及邮购电话：（010）88254888，88258888。

质量投诉请发邮件至zlts@phei.com.cn，盗版侵权举报请发邮件至dbqq@phei.com.cn。

本书咨询联系方式：424710364（QQ）。

前　言
FOREWORD

华为是中国优秀企业的代表，从一开始的"一无所有"，逐步成长为涵盖多项业务领域的拥有全球影响力的商业巨头。在元宇宙、ChatGPT等新型科技发展的今天，互联网技术颠覆了很多行业，而华为仍然保持着持续增长的势头，华为可能远比你认为的还要强大。

在艰难局势下，2022年华为还在呼喊"把活下来作为最主要纲领""把寒气传递给每个人"，2023年华为就在各大业务方向上吹响了反攻的号角，不管是通信、智能终端还是智能汽车。华为官网发布的2023年年报数据显示，2023年度华为实现全球销售收入7042亿元，同比增长9.6%，净利润870亿元，同比大幅增长144.5%，让人们看到了华为即使在重重考验下仍能稳健前行、业务全面开花。有人说这只是开始，因为在接下来的时间里华为依旧"后劲十足"！

华为一直强调"人才不是华为的核心竞争力，对人才的有效管理能力才是华为的核心竞争力"。华为的发展始终伴随着人才的涌入，且涌入的数量也十分可观。2023年任正非在讲话中说道："华为要建立高端人才储备库，不拘一格获取优秀人才。华为'储备人才，不储备美元'；要创造人才成长的土壤和宽容的环境，让优秀人才涌现，英雄辈出。"

华为能取得如此令人瞩目的成绩离不开无数华为人的长期艰苦奋斗，而支撑华为人长期艰苦奋斗以实现梦想的是根植于华为深处的生存基因密码。长久以来，华为有一套自己的绩效激励管理方法，用来激发组织的活力。"天下熙熙，皆为利来；天下攘攘，皆为利往。"企业的经营机制，说到底是一种利益驱动机制。任正非曾说："我不懂技术，也不懂营销，只是分钱比较公道罢了。钱分好了，管理的一大半问题就解决了。"

华为绩效激励管理的核心诉求就是"分好钱"，以发掘组织和人才的价值，实现企业的可持续发展。为此，华为管理层经过多轮认真研讨，总结价值创造、价值评价与价值分配的企业价值链，最后提出了企业要成功，整个组织必须"全力创造价值，正确评价价值，合理分配价值"的理念。企业只要把价值创造、价值评价、价值分配这个循环打通了，再以绩效管理与薪酬激励机制作为支撑，就能使那些真正为企业做出贡献的人才获得合理的回报，从而激发员工对工作的热情，促使员工持续为企业创造价值，确保企业保持强核心竞争力。

笔者有幸在华为奋斗了20多年，经历过总部及海外销售、人力资源总监等多个高级管理岗位，有多年业务管理和人力资源管理方面的工作经历。让我感受颇深的是，一家企业要充分发挥人才优势，一定要从"分好钱"开始。钱分得好，员工有干劲；钱分得不好，不仅无法真正吸引人才、激励人才，还可能制造矛盾。因此，华为内部流传着一句话："任总每天最发愁的事情，就是如何分钱。"华为强调的"以奋斗者为本"是要将每一分钱的发放都引向奋斗，激发创造力。华为首先是愿意发钱（老板不自私），其次是会发钱（有方法：各种激励制度），最后是能发好钱（目的不是"人爽"，而是导向为客户创造价值）。

华为的成功，既是自身倔强不屈奋斗的偶然，又是汲取全球最佳管理实践经验后的必然。离开华为后，笔者进入了咨询行业，致力于中国企业的管理研究、变革规划和辅导落地。在此过程中，笔者发现很多企业都在学习华为独特的绩效激励管理方法，希望能够从华为成功的实践经验中汲取营养并应用到企业自身管理实践中，从而为企业持续创造价值。但是，很多企业在学习的过程中，缺乏一套系统的逻辑和科学的方法来指导管理工作，因此收效甚微。同时，还有一些管理者尽管对华为管理理念有科学

前言
FOREWORD

的认知，但在实际操作中无法将其与自身企业实践完美地结合起来，因此也无法达到想要的效果。

鉴于此，笔者结合自身多年的实战经验和研究，对华为绩效激励管理方法进行总结、策划、编写了本书。本书从绩效认知篇、组织绩效篇、个人绩效篇、绩效激励篇4篇，详尽地阐述了从战略规划到组织绩效，再到个人绩效，最后到激励体系的整体框架和流程，同时结合具体的方法、工具和案例场景，为企业开展绩效激励管理提供实践性的指导。

本书大纲

篇 章		内容概要
第一篇 绩效认知篇	第1章 绩效管理演进	华为绩效管理是如何发展的，绩效管理有哪些常用的工具和常见的误区
	第2章 价值链管理	华为人力资源管理价值链的理念、框架，及其能给企业带来什么样的价值
第二篇 组织绩效篇	第3章 战略解码导入	SDBE战略解码的定义、原则和工具，如何通过战略解码导出组织KPI和重点工作TOP N
	第4章 组织绩效目标	组织绩效目标的来源，制定原则、方法，如何对不同类型部门（主战、主建、职能部门）组织绩效指标进行差异化设计
	第5章 战略执行与监控	企业如何开好高质量的经营分析会，在组织绩效实施过程中不断进行纠偏
	第6章 组织绩效评估反馈	组织绩效评估的流程、机制，不同组织的组织绩效考核方式有什么不同
	第7章 评估结果应用	组织绩效结果如何在组织层面和个人层面进行应用，使组织绩效管理发挥真正的作用
第三篇 个人绩效篇	第8章 个人绩效目标制定	如何确定个人绩效KPI的权重、目标、衡量标准等
	第9章 绩效执行过程辅导	管理者如何做好绩效辅导准备，有效开展绩效辅导
	第10章 绩效考核与评价	绩效考核的内涵和作用，如何对不同层级员工实施差异化考核
	第11章 绩效反馈与结果应用	如何与员工进行绩效结果面谈，绩效结果如何应用于员工薪酬调整、岗位调动、晋升等方面

续表

篇　　章		内容概要
第四篇 绩效激励篇	第12章 绩效激励导向与策略	激励的原理和导向，基于马斯洛需求层次的激励策略
	第13章 绩效激励方案设计	如何设计合理的激励机制，激发员工的潜能
	第14章 多元化的精神激励	精神激励包括哪些方面，如何运用多元化的精神激励方式更好地激励员工

在本书的写作过程中，我们查阅、参考了许多相关的文献、会议资料与书籍，进行了细致整理与研究，几经思考、推敲和审校，最终形成了本书的成稿。衷心希望本书能够对读者朋友们有所启发，并能够提供切实有效的帮助。

本书虽经过了细致详尽地策划与编写，但由于笔者学识和经验的局限，书中难免存在需要进一步推敲的观点和见解，也会有一些不足和遗漏之处，还请广大读者多多包涵，也敬请各位读者通过各种方式，不吝批评、赐教或指正，笔者感激不尽。

李庆喜
2024年8月

目 录
CONTENTS

第一篇 绩效认知篇

知识导入　　002

第 1 章　绩效管理演进　　003
　1.1　华为绩效管理的演进　　004
　1.2　绩效管理：力出一孔　　011
　1.3　不同绩效管理工具对比　　020
　1.4　远离绩效管理的常见误区　　034

第 2 章　价值链管理　　041
　2.1　打通人力资源管理价值链，激发组织活力　　042
　2.2　全力创造价值，为企业和个人带来更多利益　　047
　2.3　正确评价价值，充分发挥员工潜力　　052
　2.4　合理分配价值，持续激发员工活力　　059

第二篇
组织绩效篇

知识导入 068

第3章 战略解码导入 069
    3.1 战略规划是战略解码的前提 070
    3.2 战略解码的定义、原则与价值 074
    3.3 战略解码工具：工欲善其事，必先利其器 079
    3.4 通过战略解码，导出组织KPI和重点工作TOP N 090

第4章 组织绩效目标 105
    4.1 组织绩效要支撑企业战略目标落地 106
    4.2 组织绩效指标设计：全面拉通，差异适配 111
    4.3 制定部门绩效指标，牵引各组织发挥最大潜力 123
    4.4 不同类型部门组织绩效指标设计 135

第5章 战略执行与监控 143
    5.1 做好组织绩效执行与监控，支撑经营结果达成 144
    5.2 坚持开展高质量的经营分析会，在过程中纠偏 147

第6章 组织绩效评估反馈 159
    6.1 制定明晰的组织绩效考核机制 160
    6.2 组织绩效考核设计，推进组织不断发展 163

第7章 评估结果应用 173
    7.1 组织绩效结果在组织层面的应用 174
    7.2 组织绩效结果在个人层面的应用 177

第三篇
个人绩效篇

知识导入   182

第 8 章 个人绩效目标制定   183
    8.1 让员工充分理解个人绩效   184
    8.2 制定个人绩效目标，支撑组织目标实现   195

第 9 章 绩效执行过程辅导   205
    9.1 绩效辅导，授人以渔   206
    9.2 绩效辅导的实施   214

第 10 章 绩效考核与评价   223
    10.1 认知绩效考核   224
    10.2 个人绩效考核设计   227
    10.3 绩效考核的标准   236
    10.4 绩效考核结果强制分布   240

第 11 章 绩效反馈与结果应用   245
    11.1 绩效结果反馈   246
    11.2 绩效改进计划的制订与实施   252
    11.3 绩效考核结果应用   257

第四篇
绩效激励篇

知识导入 268

第12章 绩效激励导向与策略 269
  12.1 绩效激励的原理和导向 270
  12.2 物质激励和精神激励双轮驱动 276

第13章 绩效激励方案设计 285
  13.1 设计合理的激励机制，充分激发员工的潜能 286
  13.2 构建薪酬包管控机制，牵引自我管理与约束 296
  13.3 推行奖金获取分享制，多劳多得 305
  13.4 实行员工持股计划，共创共享 316
  13.5 明确福利保障，控制福利成本 324

第14章 多元化的精神激励 333
  14.1 强化荣誉激励，用荣誉感激发更大责任感 334
  14.2 用好负向激励，激发员工斗志 340
  14.3 组织对干部和员工要有人文关怀 345

附录　术语词典 353
参考文献 357

FIRST
ARTICLE

| 第一篇 |

绩效认知篇

知识导入

绩效激励管理的目的在于激活组织，激活人才，通过价值创造实现企业和员工的共赢。华为对价值创造有着清晰的定义，华为认可的价值创造不仅是"当期多打粮食"，还包括"长期增加土地肥力"，并且通过财务、客户、内部运营、学习成长四个维度的指标，实现长期和短期平衡、内部和外部平衡。同时，华为把区域销售、BG、产品线都定义为利润中心，都是作战部门，都要承担收入、利润等经营指标，鼓励人人争当奋斗者，相互PK，你追我赶，使组织始终充满活力。

近年来，笔者团队服务了数十家大中型企业，相比华为，这些企业在绩效激励管理上存在着不足。这里，我将一些共性的问题进行了整理，总结了10个绩效管理方面的主要问题：

1. 缺失战略解码，指标互锁不足，部门绩效完成，企业业绩却无法完成。
2. 绩效考核关注短期财务指标，没有牵引战略目标，企业发展乏力。
3. 研发部门绩效考核缺少市场导向，奖金发得不少，产品却没有竞争力。
4. 职能部门只考核职能工作，没有绑定经营指标，缺少服务一线的意识。
5. 重视个人绩效，忽视组织绩效，无法形成力出一孔的组织作战能力。
6. 干部绩效考核等同于员工业绩之和，无法有效衡量干部的个人贡献。
7. 绩效方案没有结合业务发展做差异化适配，导致新产品、新区域无法突破。
8. 部门与企业在业绩目标上博弈，强势的主管自己主导目标，老实人则被摊派。
9. 企业强行下达目标，没有匹配关键举措和行动计划，目标成为空洞的口号。
10. 绩效考核沦为形式主义，不能有效识别组织内卓有成效的奋斗者。

CHAPTER 1

第 1 章

绩效管理演进

"绩效管理"这个概念是在20世纪70年代后期,由美国管理学家奥布里·丹尼尔斯提出的。早在1954年,现代管理学之父彼得·德鲁克就提出了"目标管理"的概念,在他看来,"绩效管理是20世纪最伟大的发现之一"。

纵观国内企业的绩效管理体系形成历程,绩效管理大致经历了人事考核、绩效考核、绩效管理几个阶段。绩效管理在不同发展阶段包含的理念和方法各不相同,了解绩效管理的演变规律,有助于我们更好地理解绩效管理。

1.1 华为绩效管理的演进

华为从小微民营企业起步，逐步成长为涵盖多个业务领域的世界级高科技公司。在元宇宙、ChatGPT等新型科技快速发展的今天，互联网技术颠覆了很多行业，而华为仍然保持着持续增长的势头。

为什么华为能取得这样令人瞩目的成绩？有人说是因为任正非的个人魅力，有人说是因为华为的管理制度完善……其实，这其中不得不提的是华为的绩效管理。今天大家看到华为的绩效管理体系已经非常完善，事实上，它是通过持续多年的迭代逐步完善起来的。华为的绩效管理体系经历了4个阶段的发展（如图1-1所示）。

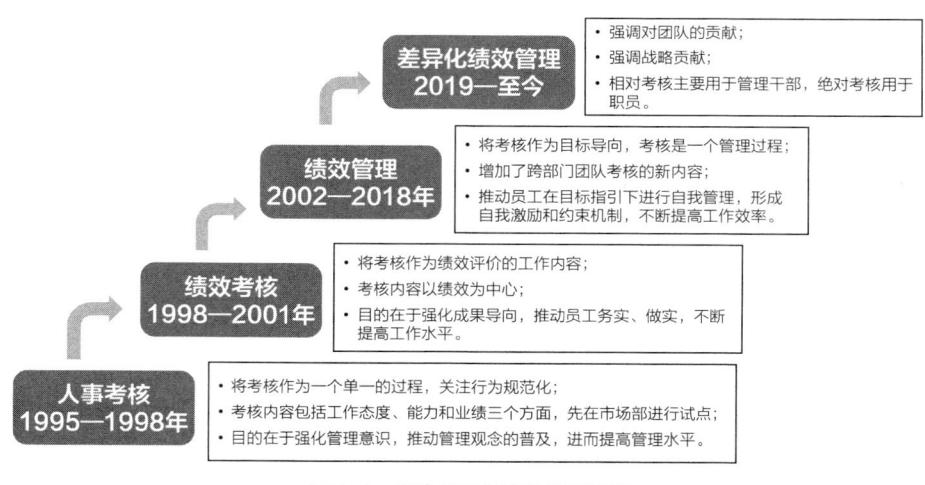

图1-1 华为绩效管理的发展历程

1.1.1 人事考核阶段：强化管理意识

1987年，时年43岁的任正非在人生路窄之时，与其余合伙人一起出资2.1万元，创立了华为。1987年至1995年，华为正值创业初期，基本上处于自然生长的阶段，企业管理还处于混沌的状态。当时华为员工的薪酬在市场上已经处于较高水平，与此同时，因为改革开放初期的深圳发展势头良好，华为的很多员工在那时都有做大事的雄心壮志。所以，这个阶段华为更多的是利用企业文化来进行团队和员工管理，组织活力就已经很强，考核只是起到补充、辅助的作用。

随着华为在运营商通信设备市场上迅速扩张，其业绩以惊人的速度增长，1995年华为已经成长为一家初具规模的企业：员工人数超过1000人，营收超过10亿元，市场营销、产品开发、生产制造和基础管理等核心职能组织都已具备雏形。1996年至1998年4月是华为业务的快速发展期，也是华为管理规则的初建期，这个阶段华为的绩效管理以员工考核为主，进入人事考核阶段。

在人事考核阶段，华为将考核作为一个单一的过程，重点关注员工的行为规范化。早期华为的人事考核采用的是"德勤能绩"的粗线条考核方式，主要关注对人的品格特征的评估，业绩不是人事考核的主要方面，德是排在第一位的，其次是勤、能，最后才是绩。考核内容围绕这四个方面，主要包括工作品德、工作态度、工作能力、工作业绩。

（1）工作品德：考核员工的品德风范，例如，政治品德、思想品德、职业道德、心理品德；

（2）工作态度：考核员工的规则意识、责任心、协调性和积极性，例如，吃苦耐劳、出勤率；

（3）工作能力：依照"职务标准"加以评估，考核基本能力和对岗位的熟悉程度，例如，专业知识、业务能力、创新意识；

（4）工作业绩：考核任务完成度，例如，完成工作任务的质量、数量、效率、结果。

人事考核阶段标志着华为个人考核试点的开始，目的在于强化管理意识，推动管理观念的普及，进而提高管理水平。

但人事考核更多的是采用定性指标来评价员工的绩效，评价标准相对模糊，主观性强，容易受到考核者喜好的影响，因此考核的公平性、精准性较差。当时华为的人事考核选择了市场部作为试点部门，但没有针对每个岗位设计相应的考核指标，也没有要求考核者与被考核者双方必须沟通、达成共识与承诺。

1.1.2 绩效考核阶段：强化成果导向

> "1998年我们将推行绩效改进系统，按绩效改进来确定员工的待遇与升幅。绩效改进比绩效考核要科学，矛盾要少。每人以自己为标准，不断地将今天与昨天比，从而推进个人与公司的进步。"
>
> ——任正非

1998年开始，随着华为的组织规模开始不断扩大，人员也不断增加，越来越庞大的组织已经不能单纯地靠企业文化来管理了。1998年4月到2001年，华为的绩效管理体系日渐成熟，进入绩效考核阶段。

在绩效考核阶段，华为开始将考核升级为绩效的综合评价，不再以个人为中心，而是以工作为中心，强调对工作任务、工作事项的考核，而对个人的品德、态度等方面的考核退居次要位置。华为逐步开始采用KPI（Key Performance Indicator，关键绩效指标），针对岗位的具体职责来量化目标，并对目标进行阶段化设置，从而形成对岗位评价的基础。考核职责普遍由人事部门转移到上级主管，总部机关尝试拟制各岗位的KPI指标和模板，驻外机构（代表处/办事处）可以根据模板进行微调后再使用。

这个阶段，华为已经处于发展的成熟期，其战略重点在于培养和开发内部人才，强调组织效率和团队协作。因此，华为按员工的实际贡献大小来评价员工，同时强调对绩效结果的考核，目的在于强化成果导向，促使员工不断提高工作水平，推动员工形成务实的工作作风。

任正非1998年在《华为的红旗到底能打多久》一文中谈道：

"工资分配实行基于能力主义的职能工资制；奖金的分配与部门和个人的绩效改进挂钩；安全退休金等福利的分配，依据工作态度的考评结果；医疗保险按贡献大小，对高级管理和资深专业人员与一般员工实行差别待遇，高级管理和资深专业人员除了享受医疗保险，还享受医疗保健等健康待遇。

我们在报酬方面从不羞羞答答，坚决向优秀员工倾斜。

我们坚决推行在基层执行操作岗位，实行定岗、定员、定责、定酬的以责任与服务作为评价依据的待遇系统。以绩效目标改进作为晋升的依据。

我们坚决执行不断继承与发展的，以全面优质服务为标准的管理体系的绩效改进的评价系统。

我们坚决在产品与营销体系推行向创业与创新倾斜的激励机制。创新不是推翻前人的管理，另搞一套，而是在全面继承的基础上不断优化。从事新产品开发不一定是创新，在老产品上不断改进不一定不是创新，这是一个辩证的认识关系。一切以有利于公司目标的实现为依据，要避免进入形而上学的误区。"

华为的绩效考核相对于人事考核有了很大的改善和进步，但由于其比较偏重事后奖惩，忽视了绩效沟通、绩效改进，而且考核指标的设置重点以财务指标为主，没有全面考虑组织的其他因素，因此在实际应用过程中，过于注重年度营收、忽视长期客户关系和组织能力建设等弊端逐步显现出来。

1.1.3 绩效管理阶段：牵引自我管理

2002年到2009年，华为将绩效考核升级为绩效管理，开始将考核作为目标导向，强调计划制订、过程管理、考核评价、结果应用的循环管理，并增加了跨部门团队考核的新内容，至此，华为的绩效管理1.0阶段形成。

这个阶段，随着与IBM的深入合作，华为借鉴了IBM顾问的考评工具并进行了优化，针对个人绩效考核推出了PBC（Personal Business Commitment，个人业绩承诺）绩效管理制度，从最初的目标设置到过程的执行监控、结果的运用、能力的提升、重点工作的布局等多个方面保障绩效能够被有效管理。此时，华为在个人考核方面的管理重点不再是工作任务，而是工作目标，并重视达成目标的过程，强调沟通和辅导，从而在管理者与员工之间建立起一种长期的对等合作关系。管理者通过努力，推动员工在绩效目标的牵引下释放能量，不断改善自己的绩效水平，从而达成绩效目标。

同时，任正非还认识到仅仅针对个人进行考核是不够的，对团队、对公司也需要进行组织绩效考核。于是，华为针对产品线、销售条线等10个部门设立了部门级KPI。为了使战略层面的考量能够落实到具体的岗位，华为开始采用平衡计分卡对组织绩效设计做进一步结构化。平衡计分卡的核心思想是通过财务、客户、内部运营、学习与成长四个方面相互驱动的因果关系来实现公司的战略目标。平衡计分卡的关键在于平衡：关于短期目标和长期目标的平衡，收益增长目标和潜力目标的平衡，财务目标与非财务目标的平衡，产出目标和绩效驱动因素的平衡，以及外部市场目标和内部关键过程绩效的平衡。

从2009年到2018年，华为的绩效管理升级到2.0阶段，主要是优化了考核周期和考核的等级，并通过机制强化管理者对团队管理的重视，推动员工在目标指引下进行自我管理，形成自我激励和约束机制，不断提高工作效率和工作水平。同时针对大量员工没有标准化、量化指标的情况，公司把评价权力交给主管，特别注重帮助主管提高人员评价能力。

对比华为的绩效管理与人事考核，两者的主要区别如表1-1所示。

表1–1　人事考核与绩效管理的区别

人事考核	绩效管理
判断式	计划式
侧重于评价表	侧重于过程
考核的是结果	考核的是结果与行为
目的是寻找错处	目的是解决问题
人力资源程序	管理程序
具有威胁性	具有推动性

华为在这个阶段的绩效管理已经相对成熟，但依然存在一些问题，例如：战略导向不够明确，容易忽略对公司愿景、使命、核心价值观的关注；公司战略与执行脱节，缺乏战略执行评估检验和调整修正的闭环机制；部门本位主义比较明显，组织各子系统之间缺乏紧密的协同等。

1.1.4　差异化绩效管理阶段：强调团队贡献

2018年10月26日，任正非在个人绩效管理优化工作汇报会上的讲话中强调绩效管理需要进行变革。

"绩效管理有几个优化点：一是坚持以责任结果为导向，'产粮食'的结果是可以计算出来的，占比多少可以探索，如70%；二是强调战略贡献，'增加土地肥力'是评议出来的，按微软萨提亚的那三条，相关部门也要投票，占比多少可以探索，如30%，这一部分我们目前做得还不好；三是差异化管理，不能一刀切。"

2019年，华为开始对不同的业务、不同的人群做差异化绩效管理，华为的绩效管理进入3.0阶段。这个阶段的绩效管理有4个方面的特点：

（1）强调与战略的连接；

（2）差异化考核；

（3）KPI精简；

（4）强调组织干部人才考核。

华为认为，考核的绝对化就是僵化，考核的强制比例会导致内部过度竞争、合作氛围淡化。所以，绩效管理绝对不能搞统一的标准，不同部门要有不同要求，不同地域也要有不同要求，干什么就考核什么。只有坚持实事求是，考核才能创造出价值来。

任正非认为，过去华为的绩效管理过于僵化和教条，用一把"筛子"把18万员工标准化了，基层的活力还没有完全发挥出来。公司大到一定程度，有些"南郭先生"就掌握了行政权力，带来的后果就是更加僵化。

基于人才的差异化，华为把员工自上而下进行了层级划分，并根据不同场景实行差异化的绩效管理，如图1-2所示。

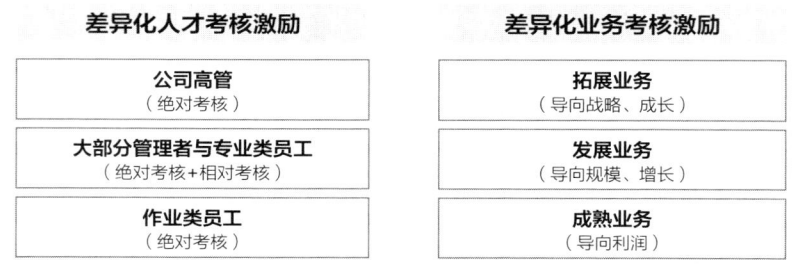

图1-2　华为差异化的绩效管理

1. 差异化人才考核激励

大部分管理者与专业类员工都是价值创造的主体，有足够的努力空间，对他们采用相对考核方式，进行排名，看谁做得更好，能够充分激发这些人的主观能动性，大大增加他们价值创造的空间。

作业类员工更多的是在流程化、标准化、可量化的工作场景下工作，针对这部分人采用绝对考核方式，事先设定标准，员工能达到标准就是优秀员工，对他们进行排名比较意义不是很大。

2. 差异化业务考核激励

基于业务的不同，考核形式也要进行差异化设置。对于成熟业务和发展业务，一般来说企业内部会有相应的历史基线，可以进行比较，或者可以参考同行的数据进行对比，所以是可以设定考核指标的，考核结果应导向利润、规模或增长。

而创新性的业务，如拓展业务一般来说是很难设定指标的，比如研发类的项目、技术等。因为越是创新性的业务，业务场景就越不确定，项目最终能达成什么结果，获取什么收益都很难判断。因此，针对创新性的业务，考核的是价值观和劳动态度，考核结果应导向战略、能力建设。

至此，华为在绩效管理上形成了一套相对科学的自适应体系。绩效管理不是一劳永逸的事情，需要持续进化。从华为绩效管理的发展历程可以看出，华为在绩效体系建设道路上不断优化管理手段和引进不同绩效工具，通过持续地适配和升级，到现在体系已经非常清晰和科学。如今华为的绩效管理不仅仅是常规意义上的考核，确切来说，华为绩效管理的过程就是企业管理的过程，也是人力资源管理的过程。

1.2 绩效管理：力出一孔

华为副董事长、轮值董事长徐直军曾说："站在管理者角度来讲，做绩效管理，就是要让你的下属愿意死心塌地跟着你一起干、迎接挑战、追求卓越，去共同达成组织的目标！"

绩效管理在企业管理中具有非常重要的地位和意义，其本质是要让全体"水手"与"船长"做到上下同欲，力出一孔，利出一孔。《孙子兵法》有云："上下同欲者胜。"企业正是因为有了系统的绩效管理，才能实现业绩持续稳步提升。

1.2.1 绩效与绩效管理的定义与内涵

"绩效"是一个当今管理者用得比较多的词语，是现代企业和组织中一个非常重要的概念，它关系到企业的经营和发展，也影响员工的职业发展和个人成长，几乎所有的组织都绕不开这个话题。但是有很多人对绩效、绩效管理、绩效考核缺乏正确的理解，甚至一些绩效管理专家对绩效管理的认识也是存在问题的。

【案例】绩效是什么？绩效管理是什么？

场景一

刘经理去门店拜访，刚踏进门店就看到王店长正在玩手机，没有任何寒暄。刘经理就直接对王店长说："我用微信给你发了一篇文章，你让店员都转发一下，公司要求每人完成100的点击量，达不成要扣绩效。"

王店长听到这句话，气不打一处来："扣你绩效关我什么事？我凭什么帮你转发？"

刘经理：……

场景二

年终评价时，部门A的工作整体达标了。但刘经理看到上级在年度评语里提道："团队绩效管理做得不到位，需重点改进。"

刘经理看了很不服气，他找到上级张经理："你说我的绩效管理做得不到位，我不服。每个月我都按照公司规定认真给团队成员评了绩效分，做得好的加分了，做得不好的扣分了，绩效管理哪里没做到位？"

张经理：……

绩效是指员工在履行岗位职责或角色要求过程中的有效产出。从管理学的角度来看，绩效是组织期望的结果，是组织为实现目标而展现在不同层面上的有效输出（如表1-2所示）。

表1-2 绩效的本质

绩效不是什么	绩效是什么
◆ 不是表扬信的多少 ◆ 不是苦劳、加班 ◆ 不是亮点、出彩、影响力 ◆ 不是过程指标 ◆ 不是能力、素质、态度 ◆ 不是历史绩效 ……	√ 是表扬信本身所承载的绩效事实 √ 是功劳，即贡献 √ 是直接的和间接的、有形的和无形的、短期的和长期的产出 √ 是员工整体绩效贡献（岗位责任、个人对团队目标的贡献） √ 是责任结果

绩效管理是基于企业战略基础，对绩效实现过程各要素进行管理的一种方法。管理学家赫尔曼·阿吉斯在《绩效管理》一书中指出，绩效管理是指识别、衡量及开发个人和组织的绩效，并使这些绩效与组织的战略目标保持一致的持续性过程。由此可见，绩效管理是达成战略目标的工具，是一个持续的管理过程；不仅包括绩效考核，而且包括绩效发展；不仅关注个人，而且关注组织和团队（如表1-3所示）。

表1-3 绩效管理的本质

绩效管理不是什么	绩效管理是什么
◆ 一次额外的管理任务 ◆ 主管的暗中操控 ◆ 监督、监视 ◆ 分配任务后坐等捷报 ◆ 对立、谈判、讨价还价 ◆ 宣判，盖棺定论 ◆ 被动 ◆ 挑毛病 ◆ 秋后算账 ◆ 着眼任务，关注过去的错误	√ 一个日常的管理过程 √ 沟通与共识 √ 反馈与辅导 √ 能力提升 √ 建立与加强关系 √ 激励 √ 积极主动 √ 发现优秀的人并给予激励，识别落后的人并给予辅导 √ 着眼人，关注当前和未来的改善

绩效管理是完整的持续的管理过程，而绩效考核只是这个过程中的一部分。因此绩效管理和绩效考核是有区别的：首先，绩效管理与绩效考核的过程不同，绩效管理重视过程、控制过程，过程是保证；而绩效考核重

视结果，突出以结果为导向。其次，绩效考核的重点在于考核，在绩效考核中，管理者的角色是裁判；而绩效管理的重点在于员工绩效的提高，在绩效管理中，管理者的角色是教练。具体区别如表1-4所示。

表1-4 绩效管理与绩效考核的区别

绩效考核	绩效管理
是管理过程的局部环节和手段	完整的管理过程
侧重于判断和评估	侧重于沟通和绩效提高
只出现在特定的时期	伴随管理活动的全过程
事后的评估	事先的沟通与承诺
管理者的角色为裁判	管理者的角色为教练

显然，绩效是人力资源管理中的核心概念，绩效管理也越来越受到企业的重视。企业绩效管理体系科学合理是绩效管理能够取得成效的前提，而战略目标的分解落地及切实做好绩效管理各个环节的工作，是绩效管理成功的关键。有了系统的绩效管理，企业的业绩才会稳步提升，绩效管理是因，业绩提升是果。因此，正确理解绩效和绩效管理的定义与内涵，对于企业和员工都具有重要的意义。

> ✦ 小贴士：华为认可的绩效是什么
> 第一，关注行为过程，以结果为导向；
> 第二，最终对客户产生贡献才是真正的绩效；
> 第三，素质能力不等于绩效。

1.2.2 绩效管理是战略执行落地的重要工具

绩效管理是企业战略执行落地的重要工具，也是激活个体和组织的一个重要机制，所以企业无论怎样强调绩效管理的重要性都不过分。

第1章 绩效管理演进

在华为的一次内部会议中，时任华为CFO（首席财务官）的孟晚舟做完财务报告之后，任正非忽然说道："时间还很充裕，谈谈你对华为发展目标的看法。"于是，孟晚舟便将壮大欧洲市场、致力于开发新一代智能产品、打造电信网络新平台等战略构想阐述了一遍。还没等她说完，任正非打断了她："你的战略构想很好，但是如何向下面的人传达呢？"孟晚舟一时语塞，不知道如何回答。

任正非表示，制定战略是公司层面的事，员工未必关心公司的事，他们更关心自己一年能拿多少钱。要让员工觉得公司的事业是和他们息息相关的，光喊几个口号是不行的。

因此，公司需要通过对战略进行解码，自上而下地垂直分解，层层解码，从公司到部门，再到岗位，找到关键的成功因素和重点任务，并将它们落实到相关组织（部门或岗位）KPI，甚至主管个人PBC，如图1-3所示。这样一来，每个员工面对的就是具体的指标，员工容易理解和接受，才能够朝着公司设定的方向去努力执行，以确保战略规划落地。

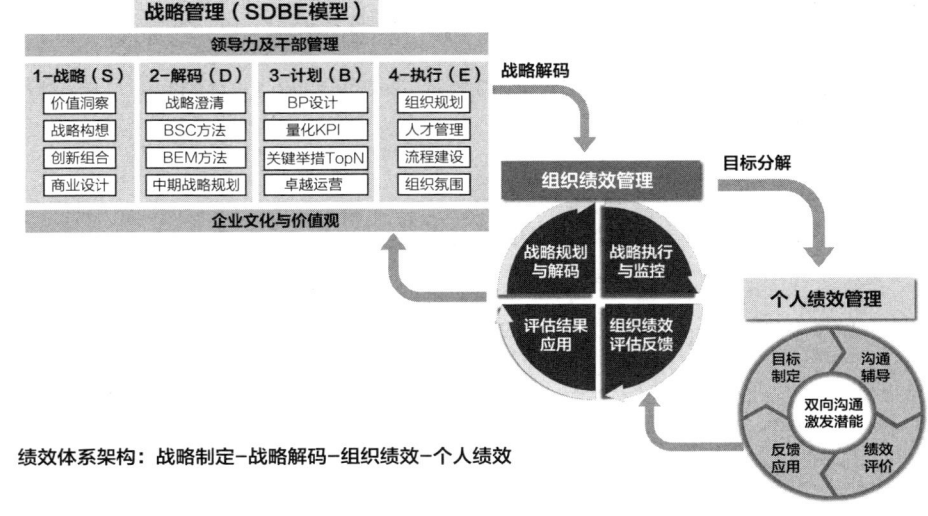

图1-3 绩效管理是战略执行落地的重要工具

绩效管理的最终目的在于持续提升个人和组织的绩效。绩效管理包括组织和个人两个层面：组织层面的绩效管理是帮助组织绩效的活力曲线不断前移的管理过程；个人层面的绩效管理是员工通过达成绩效目标，实现个人能力提升、职业发展和获取回报的过程。

组织和个人两个层面的绩效之间是支撑与制约的关系。

一方面，组织绩效是由员工的个人绩效构成的。个人的绩效水平支撑着组织的绩效水平，好的个人绩效会促进组织绩效的整体提升；反过来，组织的绩效水平制约着个人的绩效水平，如果公司业绩不好，员工的个人绩效也难以达到预期。

另一方面，各组织之间的绩效水平是相互支撑与制约的。比如生产部门提供良好的产品品质、及时交货服务及适当的产品价格，能支撑销售部门取得更好的业绩；同样，良好的销售增长能支撑生产部门生产更多的产品，降低生产成本。相反，如果生产部门产品质量出现问题，会导致销售下滑，制约销售部门的工作；同样，销售部门业绩不佳导致订单不足，也会制约生产部门的产量。

可见，绩效管理能够在员工个人绩效和组织绩效之间建立起直接的联系，确保员工的工作活动与组织的目标始终保持一致，最终保障公司战略目标的成功实现。

1.2.3 绩效管理需要良好的组织保障

彼得·德鲁克说："目标管理到部门，绩效管理到个人，过程控制保证结果。"只有对绩效实施过程进行有效管理，才能真正发挥绩效管理的作用，支撑公司战略的实现。公司要实现良好的绩效管理，必须建立一套强有力的组织保障体系。

绩效管理组织机构是公司落实绩效管理体系的组织系统，明确了绩效管理中的组织分工，为绩效管理成功落地提供了良好的组织保障。

对于一些规模较大的公司来说，绩效管理组织架构可设计为三个层级。

第一层是公司层面成立的、由管理决策层人员组成的绩效管理委员会，负责绩效管理工作的策划、实施、监督与制度适宜性的评估及纠偏等。该委员会一般是以公司高层为负责人，各相关职能部门参与的绩效管理组织。

第二层是部门层面的绩效执行委员会，负责执行绩效管理的落实等工作，由人力资源部门的分管领导负责，各部门相关负责人协同配合。

第三层是绩效管理常设工作小组，由绩效管理直接责任人和骨干员工组成，主要负责绩效管理的具体工作开展、绩效改进及跟进等工作。

不同公司的管理水平是不一样的。公司应根据自身实际情况来设立绩效管理组织机构。毕竟，组织层级越多，管理也越复杂，同时运营成本也会越高。

华为当初在推进绩效管理时，专门成立了绩效管理办公室，全面统筹绩效管理工作。在绩效管理办公室的保障下，公司的绩效管理体系成功落地，有力支撑了公司业务的发展。随着公司走向国际化、全球化，华为将绩效管理办公室更改为AT（Administrative Team，行政管理团队），它的主要职责有：

（1）在绩效目标制定阶段，根据组织战略确定部门工作重点，及时分解到下级部门；及时启动个人绩效承诺书的制定，明确个人绩效承诺书的要求；

（2）在绩效辅导阶段，对季度绩效目标回顾提出明确的要求，并及时启动季度绩效目标回顾工作；

（3）在绩效评价阶段，全体AT成员就绩效评价程序、规则、导向达成一致；及时启动绩效评价工作；关注两端和等级边界员工，审视等级比例分布，关注绩效跳变及特殊人员，确保绩效评价的客观公正；

（4）在绩效反馈阶段，及时启动绩效结果沟通工作，明确沟通质量与进度要求；在结果应用中坚持绩效导向，确保大多数绩效结果优秀的员工受到激励；针对员工绩效申诉意见、相关处理意见进行决策。

绩效管理的顺利推进实施，不仅需要绩效管理组织机构，还需要企业自上而下，所有人员主动参与、积极承担相应的绩效管理责任，各方协同配合，共同保障绩效管理工作的落地实施，如图1-4所示。

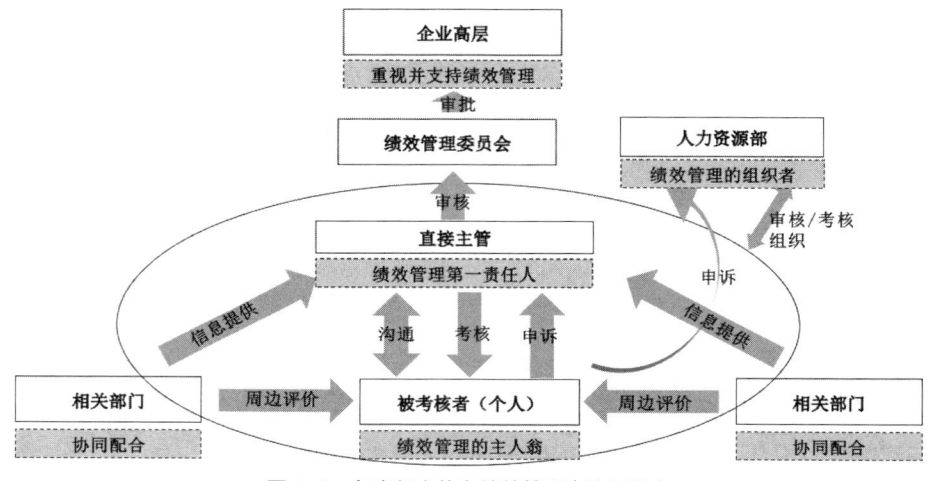

图1-4　各责任主体在绩效管理中协同配合

1. 企业高层要重视并支持绩效管理

作为企业的一个高端决策问题，绩效管理应由企业高层亲自主导，并给予足够的重视和资源支持，这样才能有效避免企业的绩效管理工作停滞不前或是流于形式。除了重视并支持绩效管理，企业高层还要承担主要的绩效管理责任：确定企业战略规划；组织开发和设计战略成功要素和财务评价标准；组织制订企业年度经营计划和公司级KPI；定期重点关注公司级KPI变动情况，发现问题及时组织评估。定期召开经营研讨会，对阶段性经营管理状况进行复盘，制定对策；指标分解到部门，审核部门KPI，并确定KPI的权重；与部门签订目标责任书；组织开展中高层管理人员的中期述职。

2. 人力资源部只是绩效管理的组织者

目前，有"绩效管理是人力资源部的事"这种观点的人不在少数，甚至某些公司决策层领导也持这样的观点。人力资源部在绩效管理中作用的确重要，但这不等于绩效管理就是人力资源一个部门的事。华为一直强调，人力资源部门只是绩效管理的组织、协调部门，支持管理者有效实施绩效管理。人力资源部门的主要职责是为各级主管提供专业方法、工具；解读并有效传递公司政策，对主管进行赋能，保证主管理解到位，提供专业的辅导支持；根据AT要求，跟踪绩效评价工作进展与质量；收集各部门初评结果，汇总分析，确保质量；协助AT开展集体评议，整理会议决议；根据AT要求，跟踪绩效结果沟通进展与质量；协助主管识别需重点关注的低绩效员工、绩效跳变员工，提供专业意见与辅导支持；受理员工的绩效咨询、申诉并进行调查。

3. 直接主管是绩效管理的第一责任人

绩效管理机构只是绩效管理的使能组织，直接主管才是绩效管理的第一责任人。华为在绩效管理上一直主张主管责任制，并且对各级主管有以下职责要求：带领团队创造优秀绩效，指导、支持、激励与合理评价下属人员的工作；重视绩效管理工作，各级主管的重要绩效考核指标应包括组织建设、带团队、培养后备干部等；以高度的责任感与使命感落实后备干部与骨干员工的选拔培养；敢于管理，强化综合绩效考核，打造高绩效团队；加强对下属的目标制定、过程辅导，坚持贯彻绩效分层分级考核制度；通过自上而下的绩效考核压力传递，不断挖掘组织绩效产出。

4. 员工是绩效管理的主人翁

员工的理解、认同与配合是绩效管理成功落地的保证。员工作为绩效管理中的被考核人，也是绩效考核的主体，可以全程参与到绩效管理中：①绩效目标制定阶段，员工可以结合部门目标、岗位职责，与主管沟通明确自己的工作重点，并签署个人绩效目标责任书。②绩效辅导阶段，员工在日常工作中可以主动寻求主管的支持与辅导；季度末可以通过总结自己的工作表现，与主管确认或更新个人绩效目标责任书。③绩效评价阶段，员工对自己在考核周期中的工作表现进行自评总结；同时，就主管可能不清楚的绩效事实，可主动汇报沟通；如果员工对绩效结果有异议，可以向直接主管或人力资源部门进行申诉。④在绩效反馈改进阶段，回顾周期内重点工作，主动寻找改进点，请主管确认；就下一阶段的工作方向和重点与主管进行沟通。

可见，科学的绩效管理需要建立与之相匹配的组织结构、管理制度等，并明确各方责任主体的职责分工，共同承担起绩效管理的相关责任，确保绩效管理的有效落地，这样才能真正发挥绩效管理的作用。

1.3　不同绩效管理工具对比

在绩效管理理论的发展进程中，先后涌现了多种绩效管理思想与工具。

虽然绩效管理工具层出不穷，但每种工具都有自己适用的范围和场景，也必然都有其局限性。因此绩效管理工具没有过时与不过时的问题，只有适合与不适合的问题。企业只有系统了解常用的绩效管理工具，才能结合自身情况和偏好做出选择。

1.3.1　目标管理MBO：以目标绩效为导向的自我管理

1954年，彼得·德鲁克在《管理的实践》一书中正式提出了一个具有跨时代意义的概念——目标管理（Management by Objectives，MBO）。德鲁克指出，公司的使命和任务必须转化为目标，并不是因为有工作才有目标，而是因为有目标才有了工作岗位。

MBO的实施逻辑类似PDCA（"P"指Plan，即计划；"D"指Do，即执行；"C"指Check，即检查；"A"指Act，即处理）管理循环，它是一个目标导向的计划和实施过程，包含设定目标、执行目标、评估目标、改进目标4个步骤，如图1-5所示。

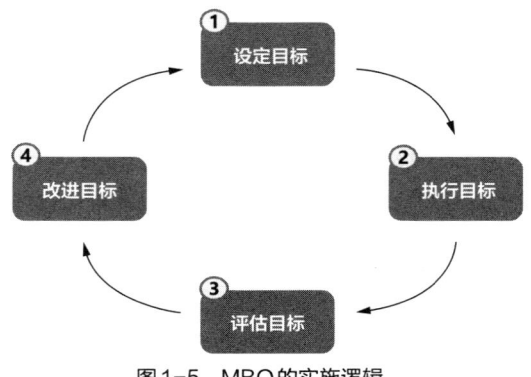

图1-5　MBO的实施逻辑

第1步：设定目标

设定目标是整个MBO实施逻辑的核心环节。在设定目标的过程中，需要关注目标的可达成性、相关性、明确性和时间限制，同时还要与被考核者进行沟通，以确保达成共识。MBO强调对目标的管理，目标是整个MBO的核心，因此在实施MBO时要保证公司和部门有对应的目标，更重要的是保证各岗位有目标。

第2步：执行目标

执行目标是保障目标落地的关键步骤。目标是方向，如果设定目标之后，相关岗位的员工不重视目标，不围绕目标工作，目标将会形同虚设。为了更好地达成目标，就需要基于设定的目标，制订实现目标的计划，包括资源分配、时间表和工作步骤等，并督促员工根据计划执行各项工作。在执行过程中，还需要定期追踪，根据实际情况对目标、计划进行修订，或是对资源进行重新分配等。

第3步：评估目标

评估目标是评价目标完成情况的重要环节。在执行目标之后，需要通过评价与复盘来判断目标的完成情况，并将评估结果反馈给被考核者，为下一步分析改进做准备和提供依据。

第4步：改进目标

改进目标是绩效提升和岗位能力发展的有力保障。不管目标的完成情况如何，都会涉及目标的改进。当已经完成目标时，要复盘目标达成的原因，分析是否存在进一步提升的空间；当没有完成目标时，要寻求达成目标的方法。

德鲁克的目标管理理念对美国企业的高管们产生了重要影响，他们纷纷开始在自己企业内创建MBO体系。但每一种绩效工具都不是完美的，MBO也有相应的优点和缺点。

MBO的优点是：

（1）以目标为导向，层层分解，强调员工的参与性和互动性，员工对目标认同感较强，有利于员工明确自己的工作目标和任务，减少工作的盲目性，提高工作效率；

（2）易于操作，整个过程成本较低，只需要管理者和员工进行沟通，共同确认目标，然后开始执行，增强了员工的主动意识，也提高了管理的效率；

（3）有利于部门内部的沟通协作及良好氛围的建立，有利于促进团队合作和沟通、增强团队的凝聚力和向心力。

MBO的缺点是：

（1）MBO强调结果实现，但忽视了过程控制，缺乏对行为和结果的有效监督，考核效果会打折扣，也容易忽略员工的成长和发展；

（2）MBO目标设定基本上都是短期目标，缺乏长期的规划和目标设定，如果掌控不好，就容易出现设定的目标偏离组织核心目标的可能；

（3）MBO的目标制定需要经过协商和讨论，需要花费较多的时间和精力，协调和沟通成本较高，对管理者素质要求也较高。

目标是MBO的核心，因此MBO特别强调目标的达成情况。从公司成长周期的角度来说，MBO绩效管理工具比较适合应用在公司的成长期。处于成长期的企业，一般刚刚开始推行绩效考核，往往都会选用目标管理法，希望通过MBO绩效管理，统一各部门的目标，提高各部门的效率。从行业角度来说，MBO比较适用于销售贸易类、零售批发类、外贸进出口类等行业。从岗位角度来说，MBO比较适用于产品销售类、市场开发类、业务拓展类的岗位。以某零售公司运营总监岗位为例，其MBO实施目标项目及权重如表1-5所示。

表1-5　某零售公司运营总监岗位的MBO

序号	目标项目	权重	目标
1	总销售	15%	
2	可比门店增长率	15%	
3	毛利率	10%	
4	运营成本	15%	
5	税前利润率	10%	
6	新店开业	10%	
7	人工费用率	10%	
8	损耗率	10%	
9	周转天数	5%	

MBO绩效管理工具主张的是"目标管理及自我控制"，具体来讲，就是让企业管理人员和员工亲自参加工作目标的制定，在工作中实现自我控制，并努力完成目标。因此，企业在实施MBO时，管理者应激发员工的积极性与主动性，让员工具备完成目标的内生动力。

1.3.2　360度评估反馈：从全方位多角度来进行人员评估

360度评估反馈（360 Degree Feedback），是一种行为导向的绩效评估方法，早在"二战"时期就应用于士兵的战斗力评估与选拔中。20世纪50年代，它逐渐被应用于管理者的选拔与能力发展中。20世纪80年代，美国Edwards等学者正式提出360度评估反馈的概念，此后，它正式走向了企业管理实践。

360度评估反馈也可以称为全方位考核法、多源考核法，它区别于自上而下，由上级领导直接考核下属员工的方式。除了员工的上级领导，与员工工作密切联系的同事、客户等都可以作为评价者。

360度评估反馈的来源包括三个层次：（1）周边反馈，包括上级领导、同事、下属员工、内外部客户；（2）组织反馈，正式任务环境下的团队评价；（3）自我反馈。具体而言有以下不同考评难度，如表1-6所示。

表1-6　360度评估反馈不同考评维度比较

考评维度	优　点	注　意　点
自评	增强绩效考核参与意识、对照考核标准，员工对自己的工作要有清晰认识	过高评价自己，有时候很难做到"知人者智，自知者明"
直接上级	对下属工作比较熟悉，有利于绩效考核的沟通	有时候会有考核偏见，导致过高或过低的评分，考核中发生近因效应或者光环效应；另外，如果上级考核和被考核者薪酬调整挂钩，会导致上级考核有心理压力
同级	旁观者清，对被考核人员有独立判断	私人关系的远近会导致考核偏见，此外，相互考评下的利益关系会导致互相贬低对方的情况发生
外部专家	专业性强，和被考核者没有任何利益关系，相对客观和公正	考核成本高，另外，如果考核时间特别仓促，也会导致考核产生偏差
直接下级	对被考核者更知根知底	如果被考核者工作上不小心得罪下级，容易被下级"穿小鞋"
外部客户	从独立第三方进行侧面评价，相对而言更容易做到客观公正	如果对被考核者不够了解或者对被考核者有偏见，会导致考核"只见树木，不见森林"，客户的评价标准不同，会导致被考核者的考核成绩差异比较大

306度评估反馈通过对被评价者进行全方位、多维度的评估，使得评价信息更加客观、全面、可靠，进而帮助员工了解自身在哪些绩效维度存

在不足，以激发员工潜能，塑造员工行为，提高工作绩效。当然，360度评估反馈作为纯主观评价，也有极大的限制性。

1. 360度评估反馈的优点

（1）评估维度全面：可以提供全面的评估结果，让员工了解自己在不同方面的表现，并对自己的不足有更深入的认识。

（2）促进团队合作：可以促进员工之间的互动和沟通，提高员工的合作意识和团队意识，进而促进团队整体绩效的提升。

（3）适用性广泛：可以帮助企业制订更加科学的培训和发展计划，提高员工的综合能力和职业素养。

2. 360度评估反馈的缺点

（1）可能存在偏见和主观性：容易受到评估者的主观因素影响，尤其是对于不同部门和职位之间的评估结果，难以进行有效的比较。

（2）消耗大量的时间和精力：员工和管理者都需要花费大量的时间来参与评估和反馈。

（3）可能引发人际冲突：在实施360度评估反馈时，可能会造成员工之间的矛盾，尤其是在评估结果不公正时。

运用360度评估反馈对于组织环境有一个"三稳定"的要求，即战略相对稳定、组织结构相对稳定、人员相对稳定，因此，360评估反馈适用于成熟期的企业，对于处于初创期或变革期的企业则不适用。初创期的企业，人员配备不完善、上下级工作关系不明确，且企业规模较小，评价样本不足或评价者碍于情面而不能给予合理评价；成长期的企业，内外部环境变化较快，人员变化大；变革期的企业，内部业务、结构、人员不稳定，因此都不适合采用360度评估反馈。

360度评估反馈还能应用于人才管理，在人才测评与选拔环节，用于筛选出能力、业绩俱佳的人才。在人才培养维度上，运用360度评估反馈一方面可以通过"照镜子"来提出培养需求；另一方面通过结果反馈，让被评价者了解自己工作过程的全貌，提升自我认知，从而加以改进。在人才任用的考核层面，运用360度评估反馈时，周边绩效也在考察范围之内，可以增强人才的全局意识和合作态度，发挥1+1+1＞3的内部协同性。

鉴于360度评估反馈面向过程和行为，属于定性评估的手段，它与结果性绩效考核不是替代关系，而是互补关系。因此，企业实施360度评估反馈的前提是先有一套基于结果考核的工具，如KPI、BSC、PBC等，在此基础上考虑到员工绩效结果的多因性、多维性，再采用360度评估反馈予以补充和完善。

1.3.3　KPI：量化衡量战略目标的管理工具

KPI，是一种把对绩效的评估简化为对几个关键指标的考核，将关键指标当作评估标准，将组织绩效与关键指标做比较的评估方法，在一定程度上可以说是目标管理法与帕累托定律（也被称为80/20定律）的有效结合。

KPI是基于战略的。公司高层领导在对战略达成共识之后，通过价值树或者鱼骨图等工具将战略分解成关键成功因素，再分解为KPI，将KPI按部门和岗位自上而下层层分解。KPI是衡量企业战略实施效果的关键指标，且这些关键指标必须符合SMART原则：明确性（Specific）、可衡量性（Measurable）、可达成性（Attainable）、相关性（Relevance）、时限性（Time-based）。

KPI考核体现了突出主要矛盾和量化的管理思想。KPI考核的一个重要的管理假设是一句管理名言："如果你不能度量它，你就不能管理它。"所以，KPI的原则是要抓住那些能客观衡量的指标并将之有效地量化。而且，在实践中，可以遵循"目标是什么，就考核什么"的原则，抓住那些亟待改进的指标，提高绩效考核的灵活性。KPI一定要抓住关键而不能面面俱到。当然，KPI的关键并不是越少越好，而是应抓住绩效贡献的根本。

KPI考核法并不适用于所有公司，也不适用于所有岗位，在应用的过程中，KPI既有其优点也有其缺点。

1. KPI的优点

（1）考核目标明确，有利于公司战略的实现。对公司战略的层层分解，以及对KPI的整合和控制，能够让员工的绩效行为与公司要求的行为相吻合。

（2）关注客户价值，通过设置KPI，并对其进行监测和分析，有利于促进各岗位形成市场导向的经营理念。

（3）有利于实现战略目标和业务增长，通过把组织利益和个人利益捆绑在一起，在实现员工个人目标的同时也可以促进公司目标的实现。

2. KPI的缺点

（1）KPI比较难界定，KPI的界定如果出现问题，不仅可能会引起员工的反感，降低员工的积极性，起不到提升岗位绩效的作用，而且可能会让员工的努力方向出错，不利于公司整体的绩效提升。

（2）对岗位有利的指标不一定对公司有利。KPI更多的是量化指标，理论上能帮助员工更好地完成自己的工作职责，但实际上不一定最终对公司的绩效产生积极影响。

（3）KPI比较机械、死板，在操作过程中容易给被考核人施加强制压力。过分强调KPI的达成，而不考虑一些环境因素、弹性因素及主观因素，使上下级之间缺乏必要的沟通，容易让考核产生争议。

KPI考核的目的是建立一种机制，将企业战略转化为使企业运作的活动，以不断增强企业的核心竞争力和持续地取得高效益。从公司发展周期的角度来看，KPI考核适用于处于成熟期的企业。从行业属性的角度来看，KPI考核适用于业务发展比较稳定、变化不大的行业，如生产制造业。从岗位属性的角度来看，KPI考核适用于工作内容易量化，工作内容稳定、变化较小的岗位，如销售岗位、制造业一线操作岗位等，职能类岗位则很难单一使用KPI来进行考核。表1-7是某公司销售总监岗位的KPI。

表1-7 某公司销售总监岗位的KPI

序号	指标维度	KPI指标	权重	目标	数据来源
1	财务	产品销售收入	25%		
2		产品销售量	10%		
3		销售回款率	15%		
4	客户	市场占有率	15%		
5		客户满意度	15%		
6	内部运营	合同履约率	10%		
7	学习与成长	核心员工保有率	5%		
8		培训计划完成率	5%		

KPI是对企业战略成功关键因素的一种提炼和归纳，是事先确定和认可的、可量化的、能够反映目标实现度的一种重要的考核指标。KPI来自对公司战略目标的分解，是对公司战略目标的进一步细化。如果公司的战略重心发生转移，战略目标发生变化，那么KPI也必须随之相应调整，以重新适应公司新的战略。

1.3.4 个人业绩承诺PBC：保障战略执行落地的有效工具

PBC（个人业绩承诺）最早是IBM提出的，是基于战略目标的绩效管理系统。1996年，IBM推出个人业绩评估计划，其结构包括"Win（W）-结果目标""Execute（E）-执行措施""Teamwork（T）-团队合作"三个部分（如图1-6所示）。IBM的所有员工都要围绕"力争取胜、快速执行、团队精神"的价值观设定各自的PBC。IBM的PBC要求每一名员工都必须清晰理解公司和自己部门的业绩目标，抓住工作重点，发挥团队优势，并彻底执行。

图1-6　1996年IBM推出的PBC

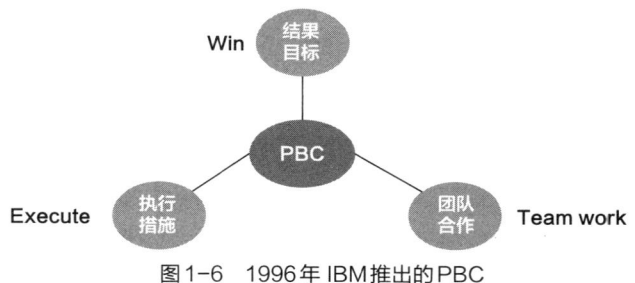

第一个承诺：承诺必胜

这个承诺要求员工要抓住任何可以获取成功的机会，竭力完成如市场占有率、销售目标等重要的绩效评估指标。胜利是第一位的，完成业绩目标最重要，每个员工都应要求自己必须完成在PBC中做出的承诺，无论遇到多大的困难，都要努力向前。

第二个承诺：承诺执行

IBM永远强调三个词，即执行、执行、执行，除了需要计划、目标和承诺，更重要的是执行。执行承诺是指针对结果目标，需要采取相应的措施、策略，以保证目标的达成，它是对工作执行过程的规范，目的在于引导员工用正确的方式把事做正确。

第三个承诺：承诺团队精神

为保证团队整体绩效的达成，员工须就交流、参与、理解和相互支持等方面进行承诺。一个项目或一项业务往往会涉及很多部门，需要进行跨部门沟通和协作才能充分发挥公司的整体优势并充分利用公司资源。在IBM，团队合作意识是非常重要的，任何人在工作中随时要准备与人沟通，与人合作。许多业务是一个人无法完成的，必须学会把团队合作作为思考问题的出发点和工作习惯。

华为的PBC绩效管理方法来源于IBM，但华为根据自身情况对PBC进行了改良。华为最初引进PBC时，沿用PBC-WET模板，后来结合业务的发展对PBC进行了管理优化和改革，新增团队和人员管理、个人能力提升部分，强化对组织能力和员工发展的牵引，形成了我们今天看到的4个部分：结果目标承诺、执行关键举措、团队和人员管理目标、个人能力提升目标。关于华为PBC结构的说明会在后续章节中进行详细介绍。

PBC的制定是一个互动的过程，是通过员工个人与直属主管不断沟通的过程来制定的，不是简单的任务分解和对上级命令的执行。因此，采用PBC绩效管理方法可以更好地使员工个人的业务目标与整个部门的业绩目标相融合，进而与公司业务目标紧密结合，提高员工个人的参与感，落实每个岗位的责任并调动员工工作的主动性，进而保证其目标得到切实的执行。

好的PBC绩效管理可以将公司目标使命化，促进整体业绩的良性发展。和其他绩效管理工具相比，PBC的优势在于：

（1）PBC强调组织绩效和个人绩效的有机联结，确保个人目标与组织目标上下对齐，更好地促进目标的达成；

（2）PBC的评价整合了KPI、关键举措、团队管理目标、个人能力发展目标等，减少了以KPI分数作为唯一评价标准的负面作用，使评估内容更加全面、更有牵引性；

（3）PBC通过双向沟通，牵引员工主动设定有挑战性的目标、激发员工潜能，通过获得员工承诺来实现员工的自我管理。

目前越来越多的企业已经开始尝试PBC绩效管理法。当然，PBC的有效实施无论对于企业，还是对于管理者与员工来说，都提出了较高的要求。总体而言，PBC比较适用于有一定体量、高速发展、竞争激烈、管理相对成熟的企业，PBC的运用可以帮助企业实现战略分解和落地，激励员工提高工作效率和质量，形成内部竞争和优胜劣汰的机制。

1.3.5　OKR：设立目标和达成目标的关键结果

在《OKR：源于英特尔和谷歌的目标管理利器》(*Objectives and Key*

Results: Driving focus, alignment and engagement with OKRs）一书中，作者 Niven 与 Lamorte 将 OKR 定义为"一种批判性思维框架和持续性练习，它可以使员工相互协作、集中精力，推动企业不断前进"。

OKR（Objectives and Key Results），即目标与关键结果，其中 O 表示目标，是对企业将在预期的方向取得的成果的精练描述，主要回答的是"你想要完成什么事情"；KR 表示关键结果，是衡量既定目标成果的描述，主要回答的是"如何确认你做到了这件事"。OKR 的起源可以追溯到 20 世纪 50 年代。

1968 年，英特尔公司创始人兼 CEO 安迪·格鲁夫将 MBO 引入英特尔，并对原有的 MBO 模型做了升级，构建起我们今天所熟知的 OKR。与德鲁克的 MBO 模型相比，格鲁夫的 OKR 在许多方面都做出了调整，如目标制定的个数、目标设置的频率及目标的难度等。更重要的是，OKR 打破了众多企业自上而下的体系，强调自上而下与自下而上相结合，这对 OKR 的成功实施起到了重要作用。1974 年加入英特尔的约翰·杜尔是 OKR 的追随者，在英特尔时就开始学习 OKR。1999 年约翰·杜尔将 OKR 引入谷歌并将其发扬光大。

2014 年，OKR 传入中国。最开始主要是一些有硅谷背景的初创企业在推行，后来 OKR 逐步受到高科技企业的追捧而流行起来。2015 年以后，百度、华为、字节跳动、知乎等企业逐渐使用和推广 OKR，并成功在企业内部实施。

OKR 通过自上而下的目标分解和自下而上的目标保障，起到承上启下的作用（如图 1-7 所示）。OKR 的整体运用逻辑是，将公司的大目标（愿景、战略、策略）逐级分解成每个员工的工作目标，然后根据工作目标指导员工项目、任务的制定和执行；员工各个项目、任务的完成，最终逐

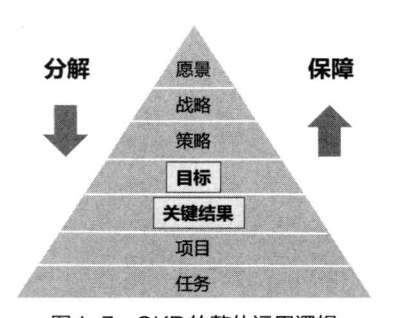

图 1-7　OKR 的整体运用逻辑

级向上支撑，以保障公司目标的达成和公司愿景的实现。

OKR是一种企业、团队、员工个人目标设定与沟通的工具，是通过结果去衡量过程的方法。当然，与其他绩效管理工具一样，OKR也存在优点和缺点。

1. OKR的优点

（1）OKR实施起来比较简单，每个团队或个人最多设置5个O，每个O一般包含3~4个KR。实施OKR后，每个岗位的员工都能明确工作的重心，既有目标，又有完成目标的导向性，员工的目标感更强。而每个部门或岗位一般会设置5~8个关键指标。

（2）OKR比较透明，实施OKR的公司一般要求整个公司、全部部门、全部岗位的OKR都是公开透明的。因此，员工的思维跟得上公司的目标和团队的目标，以免某岗位员工受工作惯性限制而偏离方向。

（3）在OKR中，目标的设置不仅强调顶层目标的分解，同时也非常强调基层员工的意见。基层员工的目标是由员工和管理者共同制定的，因为基层员工与直接客户的接触更紧密，对客户的需求更了解，对工作的要求更实际。

2. OKR的缺点

（1）适用性存在局限。OKR并不适用于所有的公司，对于一些生产经营非常稳定的公司，其他绩效管理工具反而可能更适用。

（2）OKR特别强调绩效管理的过程管控，特别强调沟通，所以对管理者和员工的沟通能力都有一定要求。并不是所有员工都能快速理解和实施OKR，在适合采用OKR的公司实施OKR，有时候也会因为管理者或员工沟通能力不足而让OKR的推行举步维艰。

（3）OKR不把绩效结果与员工薪酬挂钩的做法是一把双刃剑。这样做有时候可以在一定程度上激励员工创新，但在有些情况下，反而会让员工失去对目标的敬畏，不容易达成目标。

OKR是管理沟通工具，关注的是过程，不跟考核挂钩，鼓励员工设定有挑战性的目标，能够更大程度地发挥员工积极性，有利于鼓励创新。当然，不是所有的企业都适合采用OKR。创新性、不确定性、爆发性强的企业，比较适宜采用OKR，如互联网企业、律所、咨询机构、科研院所等。而传统的、稳定的、匀速成长的企业，更适宜采用平衡计分卡与KPI相结合的绩效管理工具。表1-8是某互联网公司总经理岗位的OKR。

表1-8 某互联网公司总经理岗位的OKR

O内容	O权重	KR内容	KR权重
O1：月底前，继续保持在我国同类市场中用户数量最多的产品地位	40%	KR1：月底前，总用户数量达到1000万人	20%
		KR2：月底前，日均活跃用户数量保持在50万人以上	10%
		KR3：月底前，软件总下载量达到3000万次以上	10%
O2：月底前，继续保持在我国同类市场中最高的客户满意度	30%	KR1：各主要App的平均分保持在4分以上（满分5分）	15%
		KR2：xx机构对公司App的打分达到8.5分以上（满分10分）	10%
		KR3：主要产品评价网站对App产品的好评率达到85%	5%
O3：月底前，保证新产品成功发布，成为我国同类市场中的优秀新品	30%	KR1：月初完成全部新产品的测试工作，保证新产品达到上架标准，并保证新产品在我国App市场全面上架	15%
		KR2：月底前，召开新产品的产品发布会。发布会保证有10家主要媒体到场，与新品发布会相关的视频报道的总点击量达到700万次，文章阅读量达到500万次	5%
		KR3：月底前，新产品获得150万人的总用户数	5%
		KR4：新产品上架后一个月内，下载量达到500万次	5%

OKR能够引领组织走出舒适区，最大程度地激发员工的积极性和创造性。但OKR强调短期目标的达成，可能会导致企业过于关注短期利益而忽视长期发展。另外，OKR的实施需要企业投入较多的成本来管理考核过程，因此对于那些规模较小或者资源有限的企业，是不建议采用OKR的。

1.4 远离绩效管理的常见误区

当前不少企业的绩效管理效果并不好,部分原因在于企业管理者在绩效管理实践中存在一些误区,比如说部门与公司博弈业绩目标;重视个人绩效,忽视组织绩效;不同层级、不同发展水平区域的考核指标无差异等。识别绩效管理误区,可以帮助企业管理者转变绩效管理观念,提升绩效管理水平。

1.4.1 部门与公司博弈业绩目标,公司业绩目标难以下达

马云曾做过一个经典比喻:"人类的运动中,跳高是以失败告终的一项运动。跳过去了你的杆就升高了,跳三次跳不过就结束。总部希望你跳得高一点,地方和事业部却总找很多理由,希望跳得低一点。"在每年年末,很多公司都要开始制定下一年度的业务目标并分解到各部门,组织各部门签订目标责任书。然而部门业绩目标的制定通常要经过公司与部门双方的多轮博弈(如图1-8所示),这个过程可以说非常痛苦,而且往往难以取得让双方均比较满意的结果。

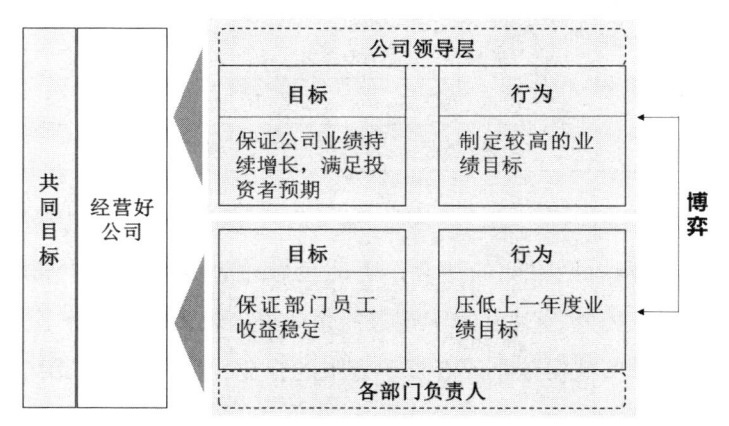

图1-8 部门与公司博弈业绩目标示意图

【案例】A公司的业绩目标"PK会"

每年年初,在很多公司里面,关于业绩目标的沟通会就像是一场PK会。这一幕在A公司上演了。

公司领导说:"张总,去年你们业绩还可以,今年行情还不错,增长10%没问题吧?"

子公司负责人说:"领导啊,您真是太为难我了。去年业绩好也就是运气好,今年您是不知道,竞争对手打低价策略,我们的员工好不容易培养起来又因为工资低辞职了。我现在是内忧外患,正想跟您申请降低一下预算目标呢。"

公司领导只能说:"不行啊,上级单位今年布置的任务很重,不往下分解完不成啊!"

子公司负责人这时面露难色地说:"好吧,我不申请降低预算目标了,那您看看能不能别给我这个板块加预算,我努努力还完成去年的业绩。"

公司领导:"……"

其实,子公司负责人心里有自己的盘算。按照市场情况来判断,今年应该能够完成得比去年好,但是如果他在与公司谈判时把业绩目标压低一些,完成情况就会更好一些,相应地他能拿到的绩效奖金就会更高。

存在部门与公司博弈业绩目标的核心原因之一,就是在目标分解过程中,各部门关注的是在该目标下部门员工收益的保障性,而不是聚焦于如何组织现有资源来实现目标。

管理者在面对经营挑战时,为了给部门或个人减压,不惜以各种理由向管理层提出调低经营目标的要求。任务一减,压力似乎是轻了,可企业的负担有增无减,员工的成长诉求有增无减,外部的竞争压力有增无减。所以这种目标博弈就好比鸵鸟把头埋在沙子里,对企业经营有害无益。放任目标博弈,其结果是企业为此要付出成长的代价。

一些企业在价值评价时，采用目标完成率之类的指标，并且直接与激励挂钩，这就导致员工受利益驱动，为了确保目标完成率高，拿到高奖金，设置的目标就很保守。然而这样的业绩来得太简单，拼的不再是努力，而是博弈水平。殊不知目标是不能博弈的，可以博弈的只有资源。所以，企业的目标应根据外部市场和机会来定，把业务放到商业大环境中看，而不是根据内部的资源、能力和条件来定。

企业要想破局业绩目标博弈，可以采用一些方法。例如，让奖金生成与目标完成率脱钩，可以使用绝对值指标来衡量部门或个人的业绩，也可以将目标设置为要跑赢大盘或者要跑赢对手，抑或是要跑赢自己和同事等，以此来让部门或员工愿意挑战高目标。另外还可以通过设计部门奖金包与公司业绩达成情况挂钩的奖金机制，转移部门的关注点，让其着重思考如何通过资源的有效配置来实现分解下来的目标，而不是基于自身利益来判断目标是否合理的问题。这样就能实现上下同欲，力出一孔，保障企业战略目标的实现。

1.4.2 重视个人绩效，忽视组织绩效

绩效管理中的另一个常见误区是重视个人绩效，忽视组织绩效。企业绩效管理通常包含组织绩效和个人绩效两部分。

组织绩效是在战略既定的前提下，衡量企业内部各职能部门和业务单元"是否在做正确的事"及"做事的结果和效果如何"，其目的是实现企业经营目标，尤其是企业高层的经营目标。通俗地讲，组织绩效是针对某个组织设定的季度、年度的关键业务目标，主要以KPI的形式呈现。对于一家企业来说，组织绩效是企业战略目标的实现程度；对于一个部门或团队来说，组织绩效是部门或团队任务完成的结果。

员工作为各级组织的任职者，其个人绩效是指员工在某一时期内的工作结果和贡献。个人绩效通常包括对个人工作效率、工作质量、工作成

果、工作能力等方面的评估，它是员工个人职业发展和奖励的重要依据。

组织绩效需要按照逻辑关系层层分解到每一个员工，可见，个人绩效是承接组织绩效，是对组织绩效负责的。如果存在组织绩效缺失或是职能分割，比如组织绩效由战略管理部或者运营管理部等具有综合管理协调职能的部门来管理，而员工个人绩效由人力资源部组织实施，必然会导致员工绩效缺乏必要的传导与牵引，最终走向虚化。

企业经营管理的重点应是组织绩效管理，而不是个人绩效管理。换句话说，战略落地的主要抓手是组织绩效，组织绩效对战略的价值贡献远远大于个人绩效。正因如此，企业在设立组织绩效目标的时候，要防止出现个人能力认知上的障碍，以免影响目标的制定。

【案例】华为海外分支机构组织绩效目标制定

华为的一位高层曾去海外分支机构出差，见到分支机构的领导就说："现在市场的机会窗已经到来了，如果你们年底目标完成情况达不到公司期望就下课，达到了公司期望就提拔。"海外分支机构的负责人一听，就问这位高层："那么公司的期望到底是多少呢？"这位高层说："这样吧，你在手上写一个增长率，我在手上也写一个增长率，如果你手上的增长率低于我手上的增长率，你现在就下课。"海外分支机构的负责人一听，哪里敢写少了啊！一咬牙，写了个增长率120%。两个人把手伸出来一看，结果这位高层手上啥也没写，只说了句："行，就按你的办吧！"海外分支机构的负责人一听就惊了，心想：这一年可有的忙了！

当然，这只是一个小故事，但也说明华为的组织绩效目标一直是非常有挑战性的。年初的时候很多人都觉得不可能完成的目标，到了年底大家居然都能完成，这也算华为快速增长的一个原因。

对于如何远离"重视个人绩效，忽视组织绩效"的误区，企业可以通过强化员工绩效与组织绩效之间的关系来实现，比如，依据组织绩效结果来确定部门奖金包，由部门主管在部门内进行二次分配；将员工绩效等级强制分布比例与组织绩效结果挂钩，组织绩效结果越好，所在组织的员工绩效结果的高等级比例更高，而低等级比例可以相应减少。企业可以结合自己的实际情况，选择合适的方法，将员工绩效与组织绩效更紧密地关联起来。

1.4.3 "俄罗斯套娃"：绩效方案大一统

绩效方案"大一统"，是指不考虑企业类型、考核层级、人员特征等的差异，将同一套逻辑应用于所有的场景，这是有很多弊端的。例如，针对成长型企业考核成熟型指标，可能造成组织目光短浅，急于求成，迅速"膨大"，在过程中会堆积很多风险；针对管理者考核，只考虑业绩指标，不考核人才成长、价值观传承等指标，造成管理者"唯业绩论"，以追求短期的业绩而牺牲组织能力和长期价值的提升。

很多企业在设置考核指标时，还可能出现剑走偏锋的情况：为不同层级员工设计的绩效指标都是一样的，使得企业形成了"俄罗斯套娃"式管理，管理者的个人目标制定未能体现其独特价值，导致企业出现"躺赢"人员。要知道不同层级员工的绩效衡量要素应该是有差异的，因为他们的岗位职责及企业战略目标实现过程中的要求是不一样的。

【案例】F企业"俄罗斯套娃"式设置门店绩效指标

F企业是一家连锁药店，它在为门店员工设计绩效指标时就搞成了"俄罗斯套娃"：针对业务员、门店店长、区域经理的考核绩效指标都是营业额和毛利。

按照这样从上往下把营业额和毛利一层一层分解下去的模式，只要门店店长下属的所有业务员完成了当期制定的绩效目标，门店店长的绩效目标也就完成了；同样，只要各区域内的门店店长的绩效目标完成了，那么对应的区域经理也就完成了当期的绩效目标。换句话说，F企业的各门店店长、区域经理每次只要把门店、区域的经营目标分解给业务员，其余什么都不用做，就能完成自己的绩效目标，获得报酬。不同岗位的绩效考核指标没有差异化，形成了"俄罗斯套娃"式管理，导致企业产生了"躺赢"人员。

实际上，对于业务员来说，他们是基层员工，给他们设置的考核指标以营业额为主是合理的，但不能让业务员对毛利负责，否则业务员就可能只向客户推销高毛利的产品；而门店店长是业务员的直接主管，对他们的考核应侧重于考核所在门店的业绩和利润变化，不仅要考核他们的营业额，更要考核他们的当期利润，这样才能牵引他们不断提高门店的经营业绩，促进门店利润实现增长，而不是坐等业务员绩效目标的达成；区域经理作为公司的中高层，应该重点关注新市场的拓展和改善落后门店的经营状况，考核新开门店和落后门店的盘活情况，把优秀门店的经验复制到落后门店，帮扶落后门店改善经营业绩，一手抓开拓，一手抓改善。如此设置考核指标才能牵引各层级员工关注企业的中长期发展，增加"土地肥力"。

华为针对不同层级员工的绩效考核关注点和侧重点都是各不相同的：越高级别的人员，越要关注其经营结果；中层级的人员，基于部门现状，考核的内容也有所不同，不是简单地分任务；同理，针对基层员工，也要基于部门实际情况，设置适配部门目标的考核要素。

总而言之，企业在设计不同岗位的绩效指标时，要综合考虑岗位职责，找到其在企业战略实现过程中的独特价值，并根据独特价值差异化设计绩效指标，这样才能充分发挥绩效管理的"指挥棒"作用，激发各层级员工的工作积极性，有效提升企业的管理效率。

> ✦ **小贴士：绩效管理十大常见现象**
>
> 1."目标下达难"：部门与公司博弈目标，公司业绩目标难以下达。
> 2."本位主义"：绩效管理没有上下对齐，左右互锁，缺乏整体协同。
> 3."虚假繁荣"：人人都完成了业绩，公司目标却没完成。
> 4."丢了西瓜捡芝麻"：个人绩效强管控，组织绩效不管控。
> 5."绩效方案大一统"：绩效方案没有结合不同场景进行差异化设置。
> 6."本末倒置"：绩效围绕分钱而非挣钱，不是导向冲锋的。
> 7."轮流坐庄"：绩效区分难，害怕得罪人，考评结果轮流来。
> 8."没有硝烟味"：中后台部门考核目标不明确，经营压力没有传递。
> 9."袖手旁观"：绩效管理是人力资源部门的工作，与业务部门无关。
> 10."雷声大雨点小"：只有绩效方案，缺乏过程管理。

CHAPTER 2

第2章

价值链管理

　　管理的终极目标就是通过对价值链的管理,实现人力资本价值的持续最大化。

　　任正非曾说:"企业的经营机制,说到底就是一种利益的驱动机制。价值分配系统必须合理,使那些真正为企业做出贡献的人才得到合理的回报,企业才能具有持续的活力。"

2.1 打通人力资源管理价值链，激发组织活力

人力资源管理价值链由价值创造体系、价值评价体系、价值分配体系及其内在循环构成，企业要把价值创造、价值评价、价值分配这个循环打通，并以绩效管理与薪酬激励机制为制度支撑，充分激发组织活力，使员工充满激情地去为企业创造更大的价值。

2.1.1 人力资源价值链管理理念与框架

华为基于人力资源价值链的管理模式是具有突出意义的。华为的发展始终伴随着人才的涌入，而且涌入的人才数量也十分可观。因此，华为一度面临人才管理的问题：如何把人才的潜力转化为市场开发能力、技术研发能力及现实的利润。

华为通过人力资源价值链管理体系（如图2-1所示）对员工岗位价值、胜任能力水平（任职资格）、劳动态度（价值观）、工作绩效等方面进行客观公正的评价，使得员工工资的确定（以岗位价值评价为主）、奖金的分配（依据绩效评价结果）、股权的获取（依据劳动态度评价、岗位价值与

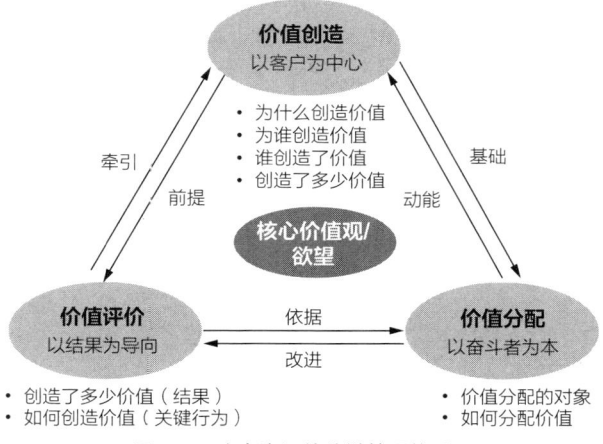

图 2-1 人力资源价值链管理体系

第 2 章 价值链管理
CHAPTER 2

绩效评价、长期潜力）、职务的晋升（依据绩效评价、任职资格评价、干部领导力评价）都有客观依据。各类奖惩不是由老板说了算，也不是由各级管理者说了算，而是由这套评价体系说了算。

1996年，华为市场部前副总裁张建国由于在市场部的人力资源管理工作中业绩十分出色，被调任为华为人力资源总监，全面负责人力资源管理。中国人民大学彭剑锋等专家、教授的咨询重点也从最初协助华为管理营销体系，转为协助华为进行人力资源管理，为华为引进先进的人力资源管理理念和系统。彭剑锋教授认为，中国的人力资源管理核心是考核与薪酬问题。在此基础上，任正非明确提出：人力资源管理的核心，就是要解决价值创造、价值评价、价值分配问题。

① 价值创造：即调动一切可以调动的因素，以客户为中心，为客户创造价值。挖掘价值创造要素并激活要素，把这些能量充分调动起来，创造更多的价值。

② 价值评价：即论功行赏，以结果为导向，干得好或干得不好都要评一评。价值评价决定着价值分配的公平和正义。

③ 价值分配：给干得好的人、奋斗者多发，叫激励；给干得一般的人发合适的，叫回报；给那些干得不好的人少发，叫约束。企业通常可以采用多种价值分配机制与形式，例如，工资、奖金、红利、股权、职权、机会等。

这一核心后来被更加系统化地提炼为华为的人力资源价值链管理模式。

中国人民大学教授、华为高级管理顾问吴春波教授是这样评价华为的人力资源价值链管理模式的：华为的人力资源是一个金刚石的结构化模型。

综上所述，价值创造、价值评价、价值分配是三位一体的，价值创造是价值评价与价值分配的基础，价值评价是价值分配的前提。价值评价做好了，价值分配才会更加科学合理。价值分配合理了，就能充分激发组织活力，使员工充满激情地去为企业创造更大的价值。

企业只要把价值创造、价值评价、价值分配这个循环打通了，就如同打通了"任督二脉"，再以绩效管理与薪酬激励机制为制度支撑，就能够持续激发组织活力，为企业实现可持续性发展注入源源不断的动力。

2.1.2 基于价值创造的角度进行考核评价

企业对员工的考核评价是现实的，要看他对企业做出的实际贡献。只有从价值创造的角度对部门、团队及员工的工作表现进行评价，才能使所有员工聚焦价值创造。

【案例】功劳才是员工存在的条件和价值

在2008年中央电视台《赢在中国》的节目上，评委、巨人网络集团董事长史玉柱曾经问选手甲、乙、丙同样一个问题："如果你是老板，你有一个项目，分别由两个团队实施，年底的时候，第一个团队完成了任务，拿到了事先约定的高额奖金，另一个团队没有完成任务，但成员很辛苦，大家都很拼，只是没有完成任务，你会奖励这个团队吗？"

选手甲说："因为成员太辛苦了，我得鼓励他们这种勤奋的精神，奖励他们奖金的20%。"

选手乙说："那我得看事先有没有完不成项目该怎么奖励的约定，没有约定就不给"。

选手丙说："我得看具体是什么原因导致他们没完成任务，再做决定。"

最后史玉柱说："我不会给，但我会在发年终奖的当天请他们撮一顿。只有功劳才对公司有贡献，苦劳对公司的贡献是零。我只奖励功劳，不奖励苦劳。"

格力电器董事长董明珠对此也深表认同。2020年4月24日，董明珠在抖音开启了直播带货首秀,但由于直播过程中频繁出现卡顿、重复播放、音质不同步等问题,网友纷纷发布"卡卡卡卡"的留言。最后,这场直播带货首秀只销售出了258件商品,销售额只有23.25万元。

直播结束后,董明珠当面批评了此次直播活动的负责人,甚至直接把负责人骂哭了。活动负责人表示,他很委屈,带着团队连续加班了好几天都没回过家。董明珠说:"你勤劳,但不一定有收获。不能因为你辛苦,你天天在这儿上班,你做了个不好的东西,我也要用。"

把苦劳等同于功劳,是职场人最大的错觉。董明珠表示:"请别再说'我没有功劳也有苦劳'。请你记住,苦劳是企业的一种负担,它会让企业慢慢消亡,功劳才是你存在的条件和价值。"

任正非曾在接受采访时被问到如何看待中美两国的发展,他这样评价道:"现在有越来越多的人说美国不如当年,但在我看来,我们应该要正视美国的强大,它先进的制度、灵活的机制、明确清晰的财产权、对个人权利的尊重与保障,以及良好的商业生态环境,吸引了全世界的优秀人才。硅谷那盏不灭的灯仍然在光芒四射,从价值创造的角度去看待这个国家,我们会发现美国仍然是我们学习的榜样。"评价一个国家尚且如此,对于企业这样的营利性组织来说,更应该从价值创造的角度去评价。

一个企业,即便有着良好的形象或者商誉,但若没有足够的价值创造能力,依旧难以存续和壮大。阿里巴巴、腾讯等知名企业始终从价值创造的角度来考核评价部门、团队及员工对企业的贡献,华为更是如此。华为明确要求,在华为的评价体系中,一切不能为客户创造价值的劳动都属于无效劳动。任正非为此做过形象的比喻:"我们把煤炭洗得白白的,但对客户没产生价值,这就不能叫艰苦奋斗。"只有当身体上的艰苦奋斗真正为客户创造了价值,才是值得提倡的,而这样的"身体力行"往往是因为行动者思想上也有所付出。

显然,以价值创造为标准对工作成果进行评价,有准确量化的参照,能使评价过程清晰高效，同时又能保证评价过程和结果的公正公开，从而使每个人都有动力、有机会去争取更多的价值分配。

2.1.3　组织目标的实现是价值分配的基础

组织作为一个合作系统，需要制定一个共同的目标，当团队成员明确了目标后，他们就能够更容易地朝着相同的方向奋斗，并且工作更加高效和有序。组织目标应该是具体的、可衡量的，并且是被所有成员认同的。一旦确定了有效的组织目标，组织成员的所有活动都应该围绕这个组织目标的达成来展开。

组织在开展日常工作的过程中，可能会因为资源支持不到位、团队配合不顺畅等原因，导致组织目标没有达成，员工分配到的价值变得很少。有些员工会不服气，觉得虽然最终没有越过目标基线，但每个人都是创造了一部分价值的。事实上，从员工个人角度来考虑，这些员工的想法不无道理；但从组织管理和组织价值评价的角度来考虑，组织目标得以实现才是企业经营的最终目的。

【案例】华为以目标实现为价值分配的依据

在华为，公司内每一个组织都会在一定时间内设立一个目标，然后在结束的时候考察目标有没有达成。只有达成了组织目标，才有价值可分配。

对于网络设备这类成熟业务的奖金分配，华为规定：每个代表处必须实现基线管理，奖金以考核为准，考核以基线为准。每个代表处在业务计划出来后，都必须设置一个对应业务基线，以便一个周期结束后能将实际完成情况对照基线进行考核。基线也不是只有一条线：销售有基线，利润也有基线。至于二者的权重分配，在不同时间、不同区域是不同的，但也不是随意变化的。员工只需要对比基线标准去做，并且努力做好，一个周期结束后，该得多少薪酬，通过对照评价，一目了然。公司也会在考核后及时发放奖金。华为网络设备业务部门的员工表示："业务成果一经公布，谁做出了怎样的成绩一清二楚，考核结果也一目了然。做得好的就多拿，做得差的就少拿，谁也挑不出毛病。想要多拿奖金，那就下个周期把工作做好，赶上前几名。"

针对知识型劳动者的价值分配，华为也是以目标实现为依据的。任正非曾提到，他希望将来西安的产品线不要分得那么清，每个部门都是大部门制，有任务和目标，大家经过分工合作共同达成目标。不要总是单独地纯以技术去评价个人，而是要强调集体努力下的商业成功，这才是最主要的。他还打趣地补充道："你要是愿意，多做贡献，最后把自己的分享系数降低一点，我也不反对，但团队目标要先实现。"

彼得·德鲁克说过："企业中的每一个成员都有不同的贡献，但是所有贡献都必须为着一个共同目标。"也就是说，组织目标是否实现，是所有成员价值评价的重要标准，同时也是价值分配的前提和基础，不然，最初的目标设定就会失去意义。

2.2 全力创造价值，为企业和个人带来更多利益

对企业而言，盈利才是企业的终极目标，因此企业在服务的过程中，要聚焦以客户为中心的价值创造，提供高质量的服务，实现有质量的增长，从而为企业和个人带来更多的利益。

2.2.1 以客户为中心，为客户创造价值

在价值创造问题上，很多企业不明白一个道理：越是从利己的动机出发，越是达不到利己的目的；相反，越是从利他的动机出发，反而越能使

自己活得更好。

任正非曾说："从企业活下去的根本来看，企业要有利润，但利润只能从客户那里来。华为的生存本身是靠满足客户需求，提供给客户所需的产品和服务并获得合理的回报来支撑的。员工是要给工资的，股东是要给回报的，天底下唯一给华为钱的，只有客户。我们不为客户服务，还能为谁服务？客户是我们生存的唯一理由。"

客户需求是华为发展的原动力，为客户创造价值就必须理解客户的真实需求。客户的价值诉求始终围绕持续成长、持续创新、持续盈利、持续服务等方面，客户最朴素的诉求无论在过去还是将来都是质量好、服务好、价格合理、快速响应需求变化，这一点永远不会改变。华为认为，以客户为中心就是要帮助客户谋求商业成功，客户的价值主张就是华为的价值主张，因此华为的经营要素要对准客户需求，为客户提供及时、准确、优质、低成本的服务，如图2-2所示。

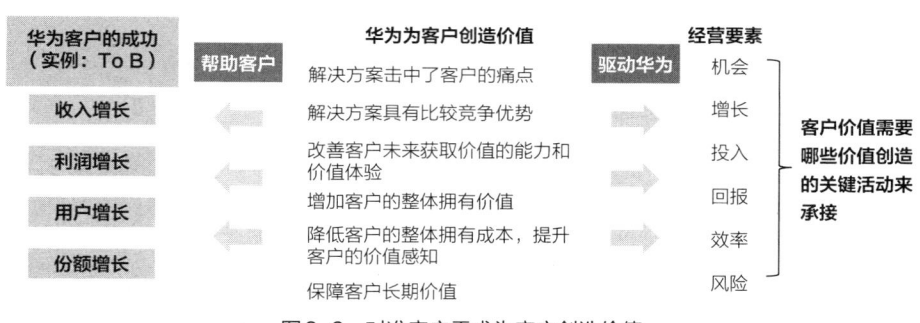

图2-2 对准客户需求为客户创造价值

【案例】华为帮助客户提升企业竞争力和盈利能力

1998年，华为刚与AIS合作时，AIS只是泰国的一个比较小的移动运营商。合作后，华为根据AIS的需求，给它提供质量好、服务好的产品和解决方案，从而使AIS逐渐成长为泰国股市市值最大的一家公司。

1999年6月，AIS和DTAC（AIS的竞争对手）同时推出了预付费业务。当时，华为前后8次对AIS的设备进行改建和扩容。其间，华为在60天内就完成了设备的安装和测试，这样的专业水准和服务质量充分满足了AIS的需求，建设周期相较于业界的平均周期大大缩短，有力地帮助了AIS快速抢占市场，把竞争对手远远地甩在了后面。

华为还专门为AIS开发了高达80项的业务特性（这些特性不断满足AIS在发展过程中的新需求），使得ARPU（每用户平均收入）有效提升，从而大幅提高了客户的盈利能力和竞争力。

从华为的整个发展历程可以发现，华为一直潜心于如何为客户创造更大的价值，在创立之初就确立了最重要的核心价值观"以客户为中心"，而客户也一直是华为由弱到强的最大依靠。

日本松下电器创始人松下幸之助说："领导一万个人的时候，就只能靠'上帝'。"这个"上帝"其实就是客户。30多来，华为始终把为客户创造价值和客户利益放在首位，坚持以客户为中心，持续为客户创造价值，在帮助客户获得成功的同时也成功在市场站稳了脚跟，最终赢得了众多客户的信任，实现了高质量可持续增长。

2.2.2　为客户创造价值是衡量奋斗者的唯一标准

华为人的奋斗观是：尽心与尽力是两回事，一般人可能只注意身体上的艰苦奋斗，但却不注意思想上的艰苦奋斗，而华为认为"为客户创造价值才是奋斗"。

华为的奋斗者一直以为客户创造价值为己任，在每一次完成任务的时候都牢记奋斗和创造价值这两个紧密围绕华为工作的核心价值观，在做出任何行动之前都会问自己"这么做是否会给客户带来价值"，并在行动过程中体现出自己作为专家的价值。

【案例】华为为客户提供有价值的方案，赢得合作机会

2014年，华为在做中国移动iODN试点测试项目，李潇玲（化名）等4人组成的小分队抵达各省试点。由于中国移动的项目技术人员安排了同时和多个通信企业接触，所以分配给每家的时间非常有限，李潇玲带领的项目组刚到达江苏测试点，就面临着争取客户资源这一难题。为了能够有更多机会呈现出自己的优势，华为项目组想尽一切办法创造机会和客户待在一起。

9月18日是江苏准备启动正式测试的时间，正值中秋佳节，客户的时间都被约满了。但华为项目组不愿意放弃最后的机会，反复向客户发出邀约，最终客户终于答应预留半天时间给华为工作人员。有人说："时间够吗？如果第一项测试都吸引不了客户，后面再争取可就难了！"

李潇玲不禁紧张起来，正想着要不要调整方案，脑海里忽然闪过一个想法，她回忆起客户曾无意提到过，不久前中国移动组织过一次铜改光链路调度以便于提高传输效率，但连日改进后，光路仍旧不通，项目也被迫叫停。李潇玲意识到只有为客户创造价值才有机会为华为创造价值，于是当机立断组织项目组一起商量并调整了策略，将第一项测试改为直接针对自动链路调度的测试。客户对华为的测试结果十分满意，激动地说："太好了！新方案我们一直在摸索。没想到这么快就被华为解决了！快，我们接着测！"此后的每一次测试，客户都主动要求留在现场一同观察。

圆满完成任务之后，李潇玲及她的同事感慨道："创造价值才能真正留住客户。"而在华为，只有为客户创造了价值，才意味着员工也实现了自己的价值，这样他们才是真正的奋斗者。

从案例中可以看出，李潇玲抓住了客户的关键需求，为客户提供了有价值的方案，同时也为自己的工作创造了价值。这就是华为对奋斗者的真

正要求，即"奋斗者就是要创造价值"。

为了牵引员工始终围绕客户需求的满足，多为客户"花心思"，多对客户"下功夫"，华为还着重开展客户满意度调查，倾听客户声音，将客户满意度作为衡量工作价值的准绳。

【案例】华为将客户满意度作为衡量工作价值的准绳

华为在组织和业务管理中始终牢牢抓住客户需求，在终端消费市场上，以"消费者满意度第一"为目标，持续提升产品体验，完善售后服务体系。华为高级副总裁余承东指出："华为消费者业务的起点和终点，都是源自最终消费者。"在一线，华为以铁三角为作战单位，深入各地区倾听客户声音，收集客户问题，不断提升客户满意度。

客户或一线作战单位交上来的问题，后方的支援团队必须无条件配合解决。在界定问题责任人上，华为强调即使这个问题不在你的工作职责范围内，但当你是第一个接收到此信息的人时，那么你就是第一责任人，必须担负起推动解决这个问题的责任。为此，任正非在内部讲话中强调道："如果一个人不能承担起这样的责任，评价劳动态度的时候，'团结合作'这一条你就不合格，奖金就少了25%。"具体到实践中，如果客户投诉投错了，但是你是第一投诉人，那么投诉到你那儿去的时候，你只要认真把问题传达下去了，你再尽力做好这项工作，就可以得12.5分。如果你还能盯住问题解决者"是否答复了对方"，那你就是尽心的干部，就能够得到满分25分。如果问题投诉到你这儿，你却把它束之高阁，没有往下传达，那么你就是既不尽心也不尽力的干部，这个考核项目上你就只能得零分。

在华为看来，为客户创造价值是衡量奋斗者的唯一标准，就像任正非所说："我们要坚持不懈地努力奋斗。乌龟精神被寓言赋予了持续努力的奋斗精神，华为的这种乌龟精神不能变，我也借用这种精神来说明华为人的奋斗理性。我们不需要热血沸腾，因为它不能点燃为基站供电。我们需要的是热烈而镇定的情绪、紧张而有序的工作，一切要以创造价值为基础。"

> ✦小贴士：为客户服务是华为存在的"唯一"理由
> 　　我们要坚持以客户为中心，快速响应客户需求，持续为客户创造长期价值，进而成就客户。为客户提供有效服务是我们工作的方向和价值评价的标尺，成就客户就是成就我们自己。

2.3 正确评价价值，充分发挥员工潜力

价值评价是对员工为客户和公司创造价值的贡献进行评价，价值评价是将企业价值创造观与价值分配体系紧密结合起来的纽带。企业只有通过公平公正的价值评价，才能充分激励员工发挥自身潜力，创造更大的价值。

2.3.1 价值评价要以责任结果为导向

彼得·德鲁克说过："管理是一种实践，其本质不在于'知'而在于'行'；其验证不在于逻辑，而在于成果，其唯一权威就是成就。"面对竞争激烈的市场，企业必须坚持责任结果导向，只有正确评价价值，才能激励员工为客户创造价值，不断提升自身的战斗力。

责任结果是价值贡献的通俗表达，即"创造了多少价值"，是不同岗位应该承担的职责所要求的结果。关于价值评价的导向问题，华为曾经有过非常深刻的教训。1999年，任正非在一次基层员工价值评价体系项目汇报会上反思说：

"我们要以提高客户满意度为目标，建立以责任结果为导向的价值评价体系，而不再以能力为导向。以往我们完全以技能来决定工资是错误的，因为我们实行基于能力主义的价值评价体系后，却做不出很好的商品来——我们的C&C08交换机已瘫痪过几次了。这种技能导向造成了一种不良倾向：重视产品的技术水平而忽视产品的稳定性；重视产品性能的创新而忽视产品的商品化、产业化。企业是功利性组织，我们必须拿出让客户满意的商品。因此整个华为的价值评价体系，包括对高、中级干部的评价都要倒回来重新描述，一定要以责任结果为导向。"

因此，从2001年开始，华为一直坚持以责任结果为导向来考核员工。以责任结果为导向的核心是，不同岗位员工承担相对应的职责（工作范围）与责任（团队与文化建设、环境营造、长期目标实现等），并以此责任结果作为价值的衡量标准。每名员工收益的增长都由这名员工为公司创造的价值来决定，包括长期、中期、短期的价值贡献。

这就好像甲、乙两个人爬山，从价值评价的角度来看，只要两个人是同时到达山顶的，那么他们的结果就应该是完全一样的。至于过程中是否存在一些偶然因素，华为认为是没有的。因为在华为看来，现实生活中偶然性无处不在，一旦消灭了偶然性，也就没有了必然性。

有了第一个标准结果产出，华为的第二个标准就是看关键行为，即"如何创造了价值"。比如说，甲从平坦的东边上山，比较容易；乙从陡峭的西边上山，比较艰难。两个人如果同时到达山顶，那么说明乙的能力可能更强一些，该关键行为可以在干部考察时作为参考重点，但价值评价必须以责任结果为基础，没有结果，关键行为也就毫无意义。

【案例】华为项目组坚决以达成目标、取得成果为导向

2008年，华为的许凯（化名）被调任为项目合同经理，负责赞比亚

MTN300站点全Turnkey项目。该项目是地区部第一次交付大规模Turnkey项目。由于没有经验，当地也没有充足的交付资源，项目进展十分缓慢，整个项目组都焦躁不安。许凯为了组织大家找到推进项目进展的解决方案，每天晚饭后都和项目组成员在一起开会讨论，项目组足足开了180多天的讨论会，但都没能从困境中解脱。

许凯认为，如果工作没有出成果，就意味着他作为项目经理的职责没有落实到位。于是，他写邮件跟华为代表处的领导立下"军令状"，承诺60天内交付13个站点，如果不成功他就卷铺盖回家。项目组成员得知这个消息，也纷纷立下绩效承诺，表示如果不能实现客户要求，将和许凯一起承担失败的后果。

项目组立下"军令状"之后，每个成员都干劲十足，他们每天开车去Kabwe巡视的时候，车上除了电脑就是水和饼干，而且几乎所有的时间他们都在想着怎么加快进度完成任务。为了赶工期，许凯带领项目组依靠饼干、饮料等补充体力，熬了3个通宵，终于完成了60天交付13个站点的任务。

2009年年初，华为代表处又安排许凯负责马拉维交付业务。没有相关业务处理经验、对实际操作也不太熟悉的许凯决定逼自己一把，他再次主动承担起责任，立下了绩效承诺。在后续产品割接和维护事故期间，他积极与客户沟通，同时管理内部维护运作，和团队商讨并出台了工程管理和产品技术作业细则，通过业务流程化提高了团队运作效率，进而保障客户满意，最终项目顺利完成。

基于许凯的价值贡献，华为代表处随即安排许凯转岗客户经理，再后来许凯一路被提拔为办事处主任、企业业务部部长、代表处代表、人力资源部部长。

许凯之所以在华为一步步实现自己的事业理想，正是因为他将企业的工作目标当成自己必须完成的任务，并且承担起目标责任，在工作上坚决以达成目标、取得成果为导向。

由此可见，华为奋斗者的绩效是以工作成果为导向的，价值评价不再只是看数字，因为数字不能代表一切，有可能数字不好看，但干部做出了战略贡献，如发现了新赛道、改变了格局、提升了份额、扭转了劣势等。正如任正非所说："一线主管的目标是胜利，而不是像士兵一样以简单服从为天职。"华为通过持之以恒的管理，在员工心中埋下了尊重成果的种子，使员工将成果和贡献看作工作的第一目标。

2.3.2 对员工的评价看贡献，而不是看加班加点

前程无忧发布的《职场人加班现状调查报告2022》显示，91.6%的职场人表示需要加班，计算机、互联网、通信、电子行业最为"内卷"，平均加班时长远高于其他行业均值，可见加班加点在职场中已经成为一种常见现象。2016年，华为员工平均加班时间就已经达到3.96小时/工作日。到了2020年，华为员工的加班时间甚至达到了5小时/工作日。

加班风气的盛行使得很多员工误以为加班就是创造了价值，就应该在绩效评价中得到更好的结果。然而劳动创造了多少价值，主要是由人们付出劳动的多少来决定的，过度关注员工是否加班加点，强调的不是贡献和结果，反而是一种形式主义。大部分员工可能确实是由于工作量过大、时间紧迫，必须连轴工作。但也有一部分员工可能是因为在正常的工作时间内效率过低而导致不得不加班完成工作任务，此时的加班值得奖励吗？

对于企业而言，需要的是员工的贡献和成果，员工的薪酬及奖励应该与员工的责任结果挂钩，而与加班加点无关。就像任正非所强调的："我们在干部评价体系上强调贡献，用贡献来衡量绩效。对员工的评价，看贡献，而不是看加班加点。有些干部以加班多少来评价人，以加班多少来评价劳动态度，我认为这样的评价有问题。有些人很快把活干完，质量很高，贡献也很大，但就是不加班。这说明他可能是一个潜力很大的人，可

以给他换一个岗位，让他多做一些事，看是否可以提拔一下，让他发挥更大的价值。我们不能搞形式主义。"

【案例】评价一个人不是看他辛不辛苦，而是要看他最后的交付成果

刘婷（化名）在进入华为之前，就对华为加班的传说有所耳闻，当时的她便觉得华为的员工都很能吃苦，于是抱着"年轻人要多吃点苦"的念头坚定地选择加入华为。

刚进公司，刘婷仍然觉得加班和艰苦奋斗几乎是画等号的。在很长一段时间里，刘婷经常加班到深夜，周末也不休息，每天都是"两点一线"。当然，她并不是因为磨洋工而加班，而是一直在实实在在地做事。在刘婷看来，由于自己的知识和经验比较缺乏，她愿意多花一些时间和精力让自己更快地成长、更好地完成交付，加上在加入公司之前她就受到了加班风气的熏染，因此就将加速成长和加班关联了起来。没过多久，刘婷就得到了部门主管的赏识，这使得她更加坚定了"只要肯吃苦、常加班，就能在公司站住脚"的想法。

后来，刘婷成为项目组长，在她第一次参加集体评议的时候，她反复强调项目组的某同事总是加班到很晚，希望大家能够给予这位同事更好的考评结果。刘婷一说完，她的主管就告诉她，评价一个人不是看他辛不辛苦、累不累，而是要看他最后的交付成果。这次争论，让刘婷开始重新思考"艰苦奋斗"的定义。在经过了更加深入的思考后，她逐渐意识到：加班不等于艰苦奋斗。艰苦奋斗需要结合绩效来考虑，没有贡献和成果，就算再怎么加班，也是不会获得好评的。

在这之后，刘婷的工作依旧繁忙，但是加班这件事情，她已经不太关注了。在完成工作任务时，她只是不断地问自己："这次的忙碌能为客户创造价值吗？能使业务目标取得一定的进展吗？"

可见，在价值评价方面，如果说勤劳肯干是工作的通行证，那么做出成果就是工作的资格证。因为对于勤劳肯干的评判可能会有主观的因素干扰，但是对于成果的评判是公正客观的，有就是有，没有就是没有。

华为希望通过业绩评价体系把贡献导向的优良作风固化下来，所以向员工强调，公司不要太多形式主义的东西，如果可以，在完成工作之余，公司甚至希望能够减轻员工的负担，减少会议、减轻考核，目的只有一个，那就是让员工将更多的时间和精力投入到自己的工作任务上，做出成果。如果员工能够意识到这一点，他就会以更加严格的标准要求自己，用实际行动追求卓越。

2.3.3 茶壶里煮饺子，倒不出来就不算饺子

从企业的角度来看，一个员工在自己的岗位上应该发挥自己的价值和功效，就像任正非所说："茶壶里的饺子倒不出来，不能产生任何贡献，而且还占据了一个茶壶，这就是浪费资源。"

有一位从中国科技大学毕业的副总裁曾经向任正非提出，他想停薪留职，报考一所名牌大学的MBA，提升自己的学历。任正非对那位副总裁说，华为进门看学历，总要挑一挑，有学历总比没学历好。但是进来后，你是博士也好，大专生也好，公司都不看，公司只注重你的实际能力与工作业绩。

可见，任正非认为，一个人的学历并不重要，一个人要努力提高自己的基础知识和技能，这很重要。拥有高学历的人，他们曾受到很好的基础训练，容易吸收新的技术与管理理念，但是学历高的人不一定有很好的技能。

一个人掌握了再多的知识或技能，如果最终没有创造好的工作成果，

华为也是不会认可他的能力的。企业的价值评价是对员工在工作中表现出来的过程行为和最终结果的衡量，而不看员工掌握了多少知识或技能。

【案例】在工作中"能倒出实实在在的饺子"才是真正创造价值

杨博（化名）2003年入职华为，参与过公司多个财经变革项目。2008年，杨博主导了SO订单金额与配置分离项目，目标方向和解决方案都通过了专家的预审，但由于关键对象沟通不到位，项目未能通过立项。对此，杨博进行了总结和反思，他认为不管是解决方案本身存在问题，还是缺乏落实的有效路径，都意味着"专家的价值"没有体现出来。专家的价值一方面是要识别问题、设计有效的解决方案；另一方面是要具备必要的影响力，推动解决方案的落地，真正解决问题。

由于立项失败，杨博开始重新运作，他结合工作实践，努力探寻如何在解决方案中给出合理的专业判断，又能以理服人，并引导业务健康快速发展。经过杨博的不懈努力，该项目终于在第二年成功立项并实施。

伴随着公司业务的高速发展，新商业模式不断涌现，杨博也在工作中不断积累经验，发挥自身的价值，真正为公司解决问题，也得到了更多的晋升机会。

华为在干部的选拔上，强调不要考虑岗位，不能按员工掌握的知识来选拔，而必须按照承担责任和做出的贡献等来考核干部。也就是，要选出能"倒出饺子"的奋斗者。同时，在资源与奖金的分配上，华为也向做出卓越贡献的奋斗者倾斜。为了奖励他们，华为依据"机会面前人人均等"的原则专门设置了金牌个人奖。只要员工把自己的能力和工作成果转化在高绩效上，那么他就有机会获得金牌个人奖，这些拿到了金牌个人奖的奋斗者都在工作中"倒出了实实在在的饺子"。华为通过这样的物质奖励不仅肯定了奋斗者的成绩，而且放大了奋斗者精神，激励更多华为人在工作中干出实实在在的成果。

> ✦ 小贴士：华为价值评价体系的基本假设
> 1. 绝大多数员工是愿意负责和合作的，是高度自尊和有强烈成就欲望的。
> 2. 金无足赤，人无完人；优点突出的人往往缺点也很明显。
> 3. 工作态度和工作能力应当体现在工作绩效的改进上。
> 4. 失败辅就成功，但犯同样的错误是不可原谅的。
> 5. 员工未能达到考评标准，管理者也有责任。
> 6. 当你不让"雷锋"吃亏的时候，企业会有无限的创造力。
> 7. 衡量价值分配合理性的最终标准，是公司的竞争力和成就及员工的士气和公司的归属意识。

2.4 合理分配价值，持续激发员工活力

价值分配体系既是价值链循环的终点，又是新的价值链循环的起点。任正非曾说："华为之所以能做到今天这么大，是因为钱分得好。"

企业要想获得可持续发展，价值分配上就要向奋斗者、贡献者倾斜，多劳多得，拉大差距，形成后进不断追赶先进的态势，这样才能持续激发员工活力，让员工充满激情地去创造更大的价值。

2.4.1 价值分配要充分打破平衡、拉开差距

美国心理学家斯塔西·亚当斯于20世纪60年代提出了公平理论，其中最主要的观点是：当个体在工作上有一定的成绩并获取了相应的报酬时，他将参照他人的报酬比照自己的所得价值。也就是说，企业中的个体

不仅会考量自己劳动付出和收入之间的关系，还会了解相关人员的劳动付出和收入，并将其与自己的劳动付出和收入进行比较。当个体通过比较，发现自己与同级岗位工作者的劳动付出与收入相等时，他会感觉公平且心情舒畅，并能够热情地工作；但当他发现两者之间不对等的时候，他的内心就会产生不公平感，并因此心生怨气、时常抱怨，继而影响工作积极性。

德国社会行为学家弗雷·莱纳德21世纪初在亚当斯的公平理论的基础上指出，如果企业能够合理利用这种"相对"差距，并且让员工充分意识到产生这种差距的根源并非制度上存在缺陷，而是个体与比较对象之间确实存在价值创造能力上的不同，那么这种差距就会成为收获价值较低的一方努力追逐的动力，而收获价值高的员工也会努力维持这种差距，企业内部便能形成良性的竞争环境。

由此可见，每个员工对组织的贡献是不同的，是"不平衡"的，企业在价值分配上要打破利益均衡分配原则。华为在价值分配上强调要有动态变化，要充分打破平衡，拉开差距，真正激励有贡献、有能力的员工，用差距来鞭策员工持续奋斗，为企业创造更多的价值。

【案例】华为奖金分配机制的改革

早些年，华为的奖金分配还是遵循过去"大锅饭"的形式：哪个部门业绩好，就集体奖励；哪个部门业绩差，就集体受罚。但随着市场的发展和管理者认识的提高，华为开始意识到，这样的规模型分配对人才的实际激励作用很小，集体奖励和集体受罚几乎等同于没奖也没罚，无法作用到每个员工身上。

于是，从2001年开始，华为逐步制定了透明的业务部门奖金方案，稳定奖金政策，形成了自我激励和自我约束的可持续发展机制。

2007年，华为接受了英国对本地员工的双轨制考核建议，将短期奖金激励与PBC的晋升考核很好地结合起来，保证了"差距"的有章可循，实现了本地员工奖金透明化，让员工自己可计算、可管理，避免了传统的奖金大排队的做法。同时，任正非在EMT会议上指出，要逐步制定相对完善的奖金策略来激活组织。高层团队的责任是确定奖金的导向机制，并授权下级团队策划多样化的分配方案。要把奖金的发放规则按业务需求和管理要求来进行细分，增强激励的针对性、及时性，具有明显的杠杆效应。

2009年，华为继续对奖金进行优化，一方面打破了跨区域的平衡，另一方面打破了区域内部的平衡，同时更打破了人与人之间的平衡。如果看到哪里奖金发放很均衡，那么相关的干部必定要下台。

任正非一直强调："要把奖励和机会向成功者、奋斗者、业绩优秀者倾斜，而且要大胆倾斜。我们只有拉开差距，后进者才有奋斗的方向和动力，组织才会被激活。"华为为合理打破价值分配上的平衡做出了很多努力和尝试，逐步打破了分配的过度平衡。例如对传统的工资政策进行改革，建立了宽带薪酬体系——同一级别的员工，能力不同、绩效不同，则工资也不同；激励分配向组织中的绩优者倾斜，向一线倾斜；为承担重大业务和管理责任的人员建立重大责任岗位津贴、高管奖金方案等机制，体现"给火车头加满油"的导向；提高在海外艰苦地区工作员工的外派补助和生活补助标准，实施艰苦地区员工的职级高于非艰苦地区员工职级的倾斜政策，激励干部、员工积极担责，奔赴艰苦地区。

> ✦小贴士：华为价值分配拉开差距，鼓励千军万马上战场
> 1. 拉车比坐车拿得多：加大工资和奖金的激励力度，降低股票收益占比。
> 2. 一线与机关拉开差距：通过分享机制调配。
> 3. 绩优与普通拉开差距：给火车头加满油。

2.4.2 给奋斗者"加满油",保持奋斗热情

根据帕累托定律,企业20%的关键员工创造了80%的价值。对于优秀奋斗者与贡献者,企业要充分保证他们的物质回报,在各方面都给他们"加满油",让奋斗者们有动力且持续为企业做贡献。

华为依据员工的岗位类别和实际贡献,将员工分为三类:普通劳动者、一般奋斗者和卓有成效的奋斗者,并对不同类型的员工采取差异化的价值分配模式。

(1)普通劳动者。华为将12级及以下员工或未申请成为奋斗者的员工归类为普通劳动者。对于普通劳动者,华为按照法律法规的相关报酬条款,在保障他们利益的同时,根据企业经营状况,给他们稍好一点的报酬。

(2)一般奋斗者。一般奋斗者指的是那些需要平衡家庭和工作的员工,他们通常准点上下班,因而并不算是真正意义上的积极奋斗者。对于这类人,华为采取的策略是:只要他们所做的贡献大于支付给他们的成本,公司就会接受他们,而且会给他们稍高于社会上同岗位员工的报酬。

(3)卓有成效的奋斗者。卓有成效的奋斗者是华为事业的中坚力量,是华为最需要的人,他们有权以奖金和股票的方式分享公司的收益。华为渴望能够有越来越多的人走进这个队伍。

在华为,员工可以自愿提出奋斗者申请,签订一份奋斗者协议。公司同意员工成为奋斗者后,员工要主动出击,冲锋在前。在奋斗者协议中,有这样的表述:"自觉履行奋斗者申请中的承诺,成为与公司共同奋斗的目标责任制员工。"

华为始终坚持以奋斗者为本的价值分配原则。在华为看来,公司就好比一列火车,奋斗者就是发动机,只有不断给奋斗者"加满油",才能促使更多的奋斗者涌现出来并积极投入到价值创造中来。

第 2 章 价值链管理
CHAPTER 2

【案例】华为给奋斗者"加满油"

2014年,华为无线搬迁项目组首城成功搬迁,但紧接着就是海量的交付,项目组被要求在18个月内完成7000多个站点的搬迁、扩容和改造。项目负责人王城(化名)十分头疼,不知道如何维持项目组成员的战斗力。

他决定结合公司的激励政策,改变过去依据员工职级和岗位来分配项目奖金的模式,而是根据成员的实际贡献及时调整奖金,并在项目进行中向全项目组公示后统一发放。王城将项目奖金作为有效的激励手段之一,鼓励员工到项目中去挣奖金,营造了良好的工作氛围。

王城要求所有作业人员基于华为当时的ISDP[①]交付平台的激励模块,根据关键任务来制定credit hour(有效工时),并且每完成一项任务就要上传交付件,依据任务完成情况计算个人的有效工时。每个月项目组都会规定作业人员的有效工作时间,并以此为基线,超过基线的部分按照规定的激励方式发放项目奖金。每个季度,项目组还会对每个员工的实际贡献进行评议,公平公正地发放项目奖金。

项目组中有一个对项目贡献极大的员工李杰(化名),他全年的项目激励奖金相当于8个月的基本工资,金额多达普通贡献者的10倍。再加上他在年度绩效考评里拿了A,所以公司根据他在项目中的实际贡献和得到的项目奖金比例,在年终奖的评定中再次调整了他的年终奖金额。但也有不少员工由于未能做出明显贡献而没有拿到项目奖金。

项目组使用了公平公正的激励手段,给所有成员"加满油",团队成员士气大增。在年度人岗匹配评定里,绩效好的员工,职级都升了一级。

因为采取了有效的激励政策,项目组的全体成员力往一处使,帮助客

[①] 华为电信软件ISDP是基于电信软件交付特点,以需求和版本交付为核心,面向项目交付八大员、远程团队、版本开发团队等,同时与Times、iResource、iRTT、iOffshore系统集成的可视化、全流程的集成交付平台。

户的新网络在激烈的市场竞争中赢得一席之地。客户在多个场合都极力肯定华为交付团队的作战能力，并给了华为精品网等一批新项目机会。

华为坚持以奋斗者为本，坚决执行报酬向为企业贡献价值的奋斗者倾斜的制度，激励更多优秀的员工付出更多的努力投入到公司的发展浪潮中。2019年11月11日，为了感谢自5月16日美国限制华为之后全体员工做出的努力，华为发放了20亿元的特别奋斗奖。

华为前运营商BG总裁邹志磊曾这样评价任正非："我们要一碗米，他给你10斗米；你准备一顿大餐，他给你10根金条。一个项目怎么干他不关心，他给你政策、资源，他只要结果。"

2.4.3 "不让雷锋吃亏"，对奉献者给予合理回报

任何一家企业的人力资源都可以划分为三类人：奉献者（贡献大于回报）、打工者（贡献等于回报）、偷懒者（贡献小于回报）。正常情况下，无论奉献者、打工者和偷懒者怎么贡献，他们都应该得到与其贡献相匹配的回报。而在一个不好的机制下，若奉献者老是吃亏，他就会反思，甚至对自己的贡献产生怀疑，进而减少自己的贡献，使贡献与回报相等，这样他就变成了打工者。同样，打工者也会向偷懒者转变。结果是，奉献者变成了打工者，打工者变成了偷懒者，最后大家都偷懒了，也就没有人付出和贡献了。

华为构建的是一个"不让雷锋吃亏"的分配机制——给予奉献者更合理的回报。华为的员工都非常清楚，在公司，改变命运的途径有两个：一是奋斗，二是贡献。员工的个人奋斗可以是无私的，但华为不会让"雷锋"吃亏。

在华为看来，员工是企业最宝贵的财富，企业要尽力为员工提供好的工作、生活、保险、医疗保健条件，为员工提供在业界有竞争力的薪酬。媒体曾经曝光过华为公司在2016年校园招聘中发放给一位应届本科毕业生

的一份Offer。该Offer的基本内容如下。

Offer职位为研发类，工作地点为南京。薪酬福利除了个人所得税，包括三项主要内容：第一，税前年薪为288000元，其中包括税前月薪18000元，年终奖金72000元（要求考核达到B及以上）；第二，公司会对入职满一年且绩效表现优秀的员工提供长期激励计划，也就是给员工配股或发TUP（Time-based Unit Plan，时间单位计划）；第三，除了按国家法律法规帮员工缴纳社会保险和住房公积金，还承诺在聘用期间为员工购买商业保险。员工试用期为6个月，合同年限为4年。

同年，国内其他IT公司给本科应届毕业生的平均年薪不到70000元，其整体回报和华为制定的应届毕业生薪酬框架相比差距较大。

"吃水不忘挖井人"，当华为在销售额上创造一个又一个辉煌的时候，华为人也得到了相应的回报。对于那些为公司做出重大贡献的员工，华为给予他们的回报有时甚至超出了员工本人预期。如今，华为已经成为百万富翁的"制造工厂"。

【案例】华为回溯激励协议

2021年2月3日，任正非签发31号电邮文件《关于对技术探索团队和个人回溯激励的决议》。决议指出，结合历史激励状况，可以对回溯团队和个人给予一次性奖金补偿，对贡献突出的个人可以先做人岗晋升和任职晋升，并同步调整薪酬待遇。该文件的主要内容如下。

（1）只有有科学的历史观，才会有科学的发展观，不忘记英雄才能更好地激发更多英雄奋战。鉴于技术探索的长期性、不确定性等特点，需要建立当期激励和回溯激励相结合的机制，以更好地牵引从事技术探索的团队和个人直面挑战、坚韧不拔、持续贡献，落实公司"不让雷锋吃亏"的激励导向。

（2）回溯激励主要面向以下技术探索场景的团队和个人：

第一，技术探索前期方向和价值不清晰，能够克服资源不足等挑战，坚持开拓进取，并最终取得胜利的团队和个人；

第二，技术探索存在多个路径，证明所探索路径不可行，帮助公司少走弯路的团队和个人。

（3）回溯时段的个人绩效结果可以修改并作为该时段的最终绩效。

（4）结合历史激励状况，可以对回溯团队和个人给予一次性奖金补偿。奖金原则上以及时激励方式发放，由公司战略奖金支付。

（5）对贡献突出的个人可以先做人岗晋升和任职晋升，并同步调整薪酬待遇，长期激励可基于新的个人职级满配授予。

（6）鼓励分层级对回溯团队和个人做精神激励，如表彰大会、荣誉称号、勋章奖章和立体宣传等。

不忘记英雄，不让"雷锋"吃亏，才能激励更多的人英勇奋战。华为正是因为坚持奉行"绝不让'雷锋'吃亏，奉献者定当得到合理的回报"的分配理念，才使得员工个个被激活。就像任正非所说："华为的价值评价标准不要模糊化，要坚持以奋斗者为本，多劳多得。你干得好了，就多发钱，我们不让'雷锋'吃亏，'雷锋'也是要富裕的，这样才人人都想当'雷锋'。"

> ✦ **小贴士：任正非强调按贡献拿待遇，工资不随工龄增长而上升**
>
> 我们从来不强调按工龄拿待遇。调薪的时候经常有人问："我的工资好几年没涨了，是否应该涨一点？"我想说的是，这几年你的劳动质量是否提高了？你的贡献是否大了？如果没有，为什么要涨工资？我们有的岗位的职级要封顶。有的岗位的员工的贡献没有变化，他的报酬是不能随工龄增长而上升的。我们强调按贡献拿待遇，只要你的贡献没有增大，你就不应该多拿。

TWO
ARTICLE

| 第二篇 |

组织绩效篇

知识导入

在SDBE领先模型中，组织绩效从战略出发，和战略SP/BP相对应，体现的是战略解码后的内容，着眼于对长期和短期业绩的衡量，以促进组织能力的提升。正如华为对组织绩效的评价标准：多打粮食、增加土地肥力。"多打粮食"聚焦于当期的业绩贡献，以当年产粮效果来确定基本评价；"增加土地肥力"聚焦于长期的战略贡献，以支撑未来的日子里能够多打粮食。

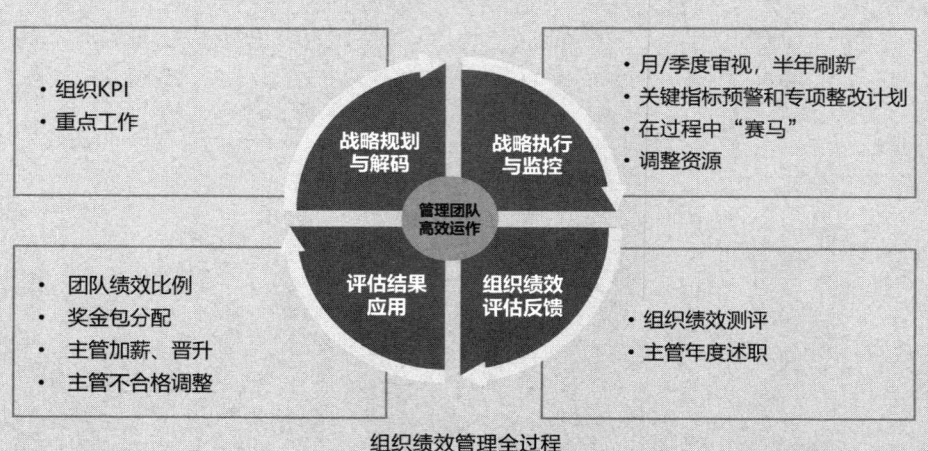

- 组织KPI
- 重点工作

- 月/季度审视，半年刷新
- 关键指标预警和专项整改计划
- 在过程中"赛马"
- 调整资源

战略规划与解码 / 战略执行与监控 / 组织绩效评估反馈 / 评估结果应用

管理团队高效运作

- 团队绩效比例
- 奖金包分配
- 主管加薪、晋升
- 主管不合格调整

- 组织绩效测评
- 主管年度述职

组织绩效管理全过程

【带着问题阅读】

1. 企业主要使用哪些战略解码工具？在战略解码过程中遇到过什么问题？
2. 您认为组织绩效和管理者个人绩效可以等同吗？为什么？
3. 组织绩效指标设计如何导向部门、流程之间的协同作战、力出一孔？
4. 为什么说经营分析会是落实战略、达成经营目标的抓手？
5. 企业如何通过组织绩效的评价和结果牵引公司上下同欲？

CHAPTER 3

第3章

战略解码导入

管理大师罗伯特·卡普兰（Robet Kaplan）曾说，如果战略不能被清晰描述，就不能被具体衡量；不能衡量，就不能被有效管理；不能被有效管理，那么战略就会落空。

全球最具影响力的杂志《财富》曾针对企业战略落地情况做过一项调查，得到一个既现实又残酷的数据：只有不到10%的企业能真正实现战略规划落地。其中一个关键原因就是90%的企业忽视了战略解码的过程。

3.1 战略规划是战略解码的前提

战略规划是指依据企业外部环境和自身条件的状况及其变化来制定和实施战略，是指对企业重大的、全局性的、基本的、面向未来的目标、方针、任务的谋划。在战略解码之前，企业需要先制定一份明确的战略规划，该规划可以作为战略解码的基础和指导。

3.1.1 SDBE领先模型：实现从战略规划到高效执行的闭环管理

SDBE领先模型是华为管理实践与BLM模型的结合与优化，BLM模型（Business Leadership Model，业务领先模型）源自哈佛大学，后被IBM发扬光大，是一种战略管理流程工具，是一种梳理战略性问题和执行管理的框架。

BLM模型虽然提供了一整套的战略分析和执行思路，但是很多具体的战略方法及工具并没有包含在这个框架之内。比如，BLM模型虽然明确了战略制定与执行两阶段的要素内容，却没有提及企业如何进行战略解码，如何将公司层面、业务层面、功能层面的战略规划进行上下对齐、左右拉通；虽然强调了领导力与价值观的重要性，却没有提出干部能力保障机制和价值观建设的具体办法和工具。

针对BLM模型存在的不完善、不易落地、无法闭环、缺少工具等诸多问题，德石羿咨询团队根据多年在华为从事战略管理实践，以及对外研讨、授课及管理咨询工作的经验总结，在BLM模型的基础上提出了SDBE领先模型。

SDBE领先模型，即"S战略–D解码–B计划–E执行"，如图3-1所示，该模型不仅包含战略规划（Strategic Planning，SP）、战略解码（Decoding）、经营计划（Business Planning，BP）和执行管理（Execution）四大环节，还特别注重领导力和组织协同的作用，是一个能够帮助企业实现从战略规划到业务执行闭环管理的整体战略管理框架。

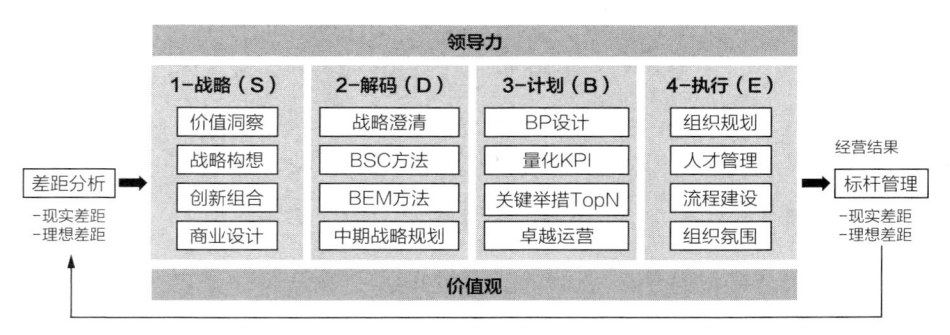

图 3-1 SDBE 领先模型

差距分析既是 SDBE 领先模型的起点，也是终点。差距不止，战略不停。SDBE 领先模型在 BLM 模型的基础上增加了标杆管理，确定了现实标杆和理想标杆，用以量化、评估现实差距与理想差距。其中，现实差距一般可通过战略的执行来填补，而理想差距则通过战略的重构来解决。

SDBE 领先模型的本质是帮助企业实现从战略规划到高效执行的闭环管理。模型中的四个环节：战略（S）、解码（D）、计划（B）及执行（E），在标杆管理与差距分析的基础上，实行战略复盘，循环改进，逐步提升。

其中，战略规划（SP）是企业经营的望远镜，帮助组织看清前进方向，避免风险，聚焦于如何根据战略构想和识别差距，通过认真而系统地分析，明确企业中长期资源分配的方向和重点。

战略解码（Decoding）则是对战略规划（SP）的澄清和细化，帮助企业达成里程碑式的共识，把企业战略转化为各级部门、全体员工可理解、可执行的具体目标和行动措施。

经营计划（BP）是把需要多年实现的战略目标分解为可年度执行的 KPI 和关键举措，具体指的是年度经营计划，即跨度为一年的具体作战方案，是战略规划落地的纲要性作战指导。

最后的执行管理（Execution）则是部署、落实战略规划和年度经营计划下的日常经营措施，对组织、人才、流程和绩效进行综合管理，帮助企业将战略规划和年度经营计划中的各项内容落到实处，实现闭环管理。

SDBE领先模型集各类战略规划和企业管理方法之大成，为企业的战略管理提供了平台，为各主管们提供了思考框架，具有较好的可裁剪性和广泛的生命力，对各类企业战略管理实践具有较大参考价值。

3.1.2 战略规划是企业经营的望远镜

> "没有正确的假设，就没有正确的方向；没有正确的方向，就没有正确的思想；没有正确的思想，就没有正确的理论；没有正确的理论，就没有正确的战略。"
>
> ——任正非

战略规划的范围一般涉及大方向、总目标及其主要步骤、重大措施等方面，这就要求战略规划的制定必须注意到对宏观环境及总体趋势的判断，对行业和市场价值的洞察，对战略意图体系（含具体指标）的构建和面向未来业务的总体设计，等等。

在SDBE领先模型中，战略规划（SP）模块可划分为4个相互影响、相互作用的核心维度，分别是价值洞察、战略构想、创新组合和商业设计，企业领导团队能够从这4个方面系统思考、切实分析应该如何制定组织战略。

（1）价值洞察：如何选择行业赛道，加大战略规划的成功率

价值洞察，通过执行"五看"——"看宏观、看行业、看客户、看对手、看自己"等标准动作，分析宏观环境的变迁，识别本行业所处的阶段和特点，洞察主要客户的需求及特征，判别竞争对手的战略及动向，以及认清企业自身的综合情况，以期识别重大机遇和提前判别主要风险。

价值洞察的主要作用是识别既定行业或产品线的市场价值的变迁和发展阶段，用来判断企业是否进入、加大投入或退出既定行业或赛道；还包括在执行既定任务时，对原来战略规划所依赖的前提重新进行思考，以判断是否要对之前形成的战略规划进行重新定义和大规模刷新。

（2）战略构想：怎样科学地分层分级定义战略意图

战略构想，是指企业战略经营活动预期取得的主要结果体系。这个体系下的目标一般是相互依赖且有逻辑关系的。简而言之，战略构想主要就是确定企业战略目标体系，在SDBE模型中被称为"四定"，即"定愿景、定使命、定战略目标、定阶段里程碑"。

一个好的战略构想，一般包含以下三个方面的内容和价值：

第一，指明方向。它是企业对于未来的看法，能够为企业提供统一的、深入人心的方向感。

第二，边界约束。战略构想要能够提炼出主要矛盾，界定能力和业务边界，着眼于自身的独特竞争力，聚焦才能，产生力量。

第三，构建使命。战略构想还要有一定的情感成分，要形成强烈的感召力，能够让客户、伙伴和员工感知其内在价值。

（3）创新组合：如何创新，更有效地缩小差距，实现战略目标

创新组合，是指在战略目标实现过程中，采用与之前不同的创新手段及其组合，包括但不限于产品技术、制度流程、商业模式和运营方式等各方面的创新手段及组合。目的是为企业竞争力创造新的增长点，缩短现状与目标的差距，应对市场的变化，实现战略构想。

（4）商业设计：指导如何详细进行有效、可行的商业模式设计

理清如何利用组织内部能力探索战略控制点，是战略规划环节的落脚点，又是战略解码的出发点。商业设计具备6个核心要素，即客户选择、价值主张、价值获取、活动范围、战略控制和风险管理。商业设计，即商业模式设计，这是战略规划环节的落脚点，又是战略解码的出发点。它通过完整地执行某些关键动作，包括客户定位和细分、目标客户的需求识

别、主要业务边界的界定、盈利模式的设计、战略控制点的把控、战略风险的管理等，来形成完整的商业模式设计。

企业后续再通过战略解码的动作，把商业设计的结果转化为可衡量、可执行、可管理监控的KPI和关键举措，确保战略构想能最终实现闭环。

当完成商业设计模块后，整个战略规划部分就完成了。具体来说，这个部分的逻辑过程就是通过研究发现未来的市场机会，明确企业自身的定位和角色及与产业链上其他企业的关系，找准企业的目标客户及其需求，确定价值获取方式，构建获取持续价值的战略控制手段，并对其中的风险进行识别和防范。

3.2　战略解码的定义、原则与价值

企业在制定完战略规划之后，需要对战略规划进行解码，形成可管理、可衡量、可操作的计划和措施，这样才能让每个员工理解并有效执行。在解码工作正式开展之前，企业需要对战略解码的深层含义、开展原则与价值进行全面的了解，这样才能深刻理解战略解码在整个战略执行落地过程中的重要性。

3.2.1　战略解码是战略规划与执行的衔接点

> "有无战略已经不是衡量一家公司是否能够成功的依据，无论是优秀的公司还是平庸的公司都有战略，但战略的执行力如何却是区分它们的标志。"
>
> ——吉姆·柯伦斯《从优秀到卓越》

一个管理优良的企业，不仅需要做好战略规划，更需要大力提升战略执行能力。在SDBE领先模型中，战略解码是联系战略规划与执行的一个

重要衔接点，是不可或缺的环节。

1. 战略解码的定义

战略解码就是通过可视化的方式，将企业的战略层层分解，转化为全体员工可理解、可执行、可管理的战略举措和重点工作的过程（如图3-2所示）。整个战略解码环节承上启下，连接战略规划和执行两大环节，解决从战略规划到年度业务计划的落地。

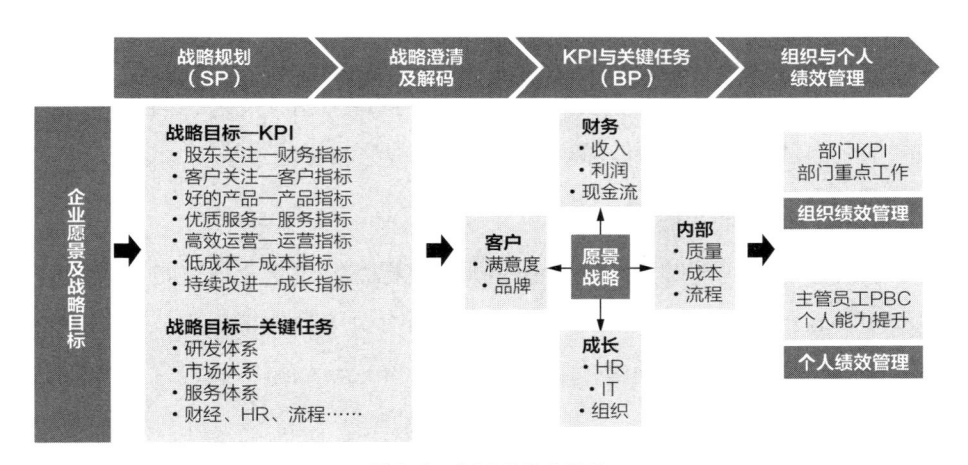

图3-2 SDBE战略解码

战略解码同时还是一种工作方法，它通过集成高层团队的智慧，采用集体研讨的形式，就公司的远景目标和战略举措达成共识。战略解码也是一种工具，它是将公司战略通过一定的程序，将战略重点进行清晰地描述，并转化为具体行动的过程，是"化战略为行动"的有效工具。

2. 战略解码的维度

战略解码在实际操作中有两个维度。

（1）垂直维度

战略解码的垂直维度是指战略在组织的上下各级要对齐。因此，战略解码的直观理解就是要做战略破译，在上下各级间达成能理解、可落地、可追踪的计划和措施。这个维度的解码能够帮助员工加深对日常工作与企业战略之间联系的理解，同时也能确保每一个管理者有意愿和技能根据战略来管理并辅导员工的绩效，最终确保组织的战略得到有效执行和落地。

（2）水平维度

战略解码的水平维度是指战略在组织的同一层级要拉通，各部门所承接的目标交叉汇总后，能够无遗漏、无偏差地覆盖上一级组织所承接的战略目标。这一维度的战略解码需要对各个下级组织的独特价值进行审视，并且精心推敲和设计同级组织间的交叉和依赖关系，从而确保组织的战略能够完整、无遗漏地被分解到各下级组织，形成互锁，反之，当各下级组织完成各自的任务之后，能够确保整个组织战略目标的达成。

3. 战略解码的步骤

通过战略解码能够系统破译企业战略目标，解决企业战略走向执行的过程中存在的障碍，统一语言与行动，使所有员工都能聚焦于战略目标，从而确保战略自上而下地落地实施。总体上来说，战略解码包含三个步骤（如图3-3所示）。

战略解码
从公司战略到每个人的行动

解码第一步
从战略洞察到关键任务、组织、人才、文化的解码

解码第二步
从战略规划到年度经营计划的解码

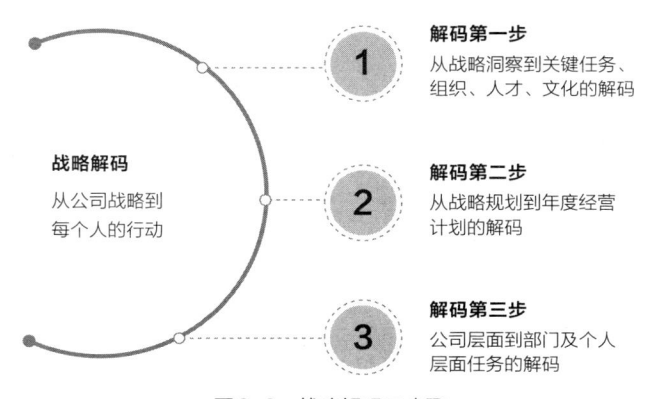

解码第三步
公司层面到部门及个人层面任务的解码

图3-3　战略解码三步骤

解码第一步是对战略规划本身的解码，就是利用差距分析、价值洞察、战略构想、创新组合和商业设计等方法，使企业的核心经营团队对关

键任务进行研究，并将这些工作正式地落实到组织、人才、文化和氛围中来。这些实施动作可能会持续3～5年。

解码第二步是把战略规划翻译成年度经营计划，也就是在公司全面预算框架下，与周围各部门进行协调，根据战略安排进行明年的财务预算和人员配置，并对重要的市场机会进行细致地分析，确保策略和措施的连贯性。

解码第三步是在部门层次上进行战略行动的分解和业务业绩规划的制订。它把一个组织的战略计划和解码的输出成果转化为对应的组织KPI和个人PBC。

由此可见，战略解码不只是公司高层的事情，也不只是战略部门的事情，而是全公司各部门、全体员工的事情。也就是说，战略解码是保证全体员工对公司战略的理解一致性和行为一致性的关键环节。各级部门、团队和员工参与战略解码越深入，战略解码的效果越好，则将来战略执行的结果就会越好。

战略解码的核心是就企业的愿景、使命、目标和战略路径达成完整的共识，以简洁的、容易让人理解的语言清晰地描述出来，促使各级员工形成阶段性的、具体的、明确的目标和行动方案。战略解码不仅有利于将战略转化为行动，还能促进组织内部的沟通和协同，提升执行效率，最终帮助企业实现"上下左右同欲""使命责任必达"的局面。

3.2.2　战略解码遵循的基本原则

企业是功利性的商业组织，其进行战略规划和设计的根本目标，就是通过长久地为客户创造价值，从而从客户侧获取价值。因此，企业整个战略解码的核心原则，就是分解出创造价值的行动。

帮助企业创造更多收入的行为，一定是价值创造行为。要把战略里面所有的行动计划都分解成相应的价值创造行为或者称运营驱动因素，都要有相应的KPI。这个KPI的集合就变成后面整个组织的KPI。

战略解码通过战略澄清、指标和重点工作分解、责任落实等一系列活动，实现战略目标的制订、分解和落实。同时，战略解码与企业的绩效管理体系、预算管理体系、薪酬管理体系有效结合，进而确保企业战略目标的实现。

在战略解码阶段，企业要遵循一定的核心原则。SDBE领先模型定义了战略解码的四大原则，即垂直一致性原则、水平一致性原则、均衡性和导向性原则、责任层层落实原则（如图3-4所示）。

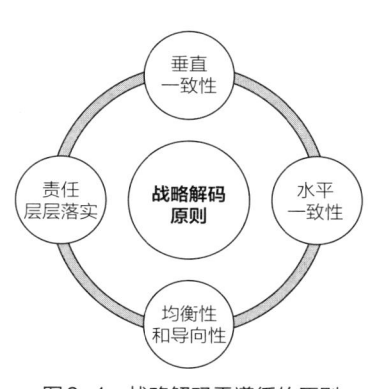

图3-4 战略解码需遵循的原则

1. 垂直一致性原则：确保组织战略目标纵向上下对齐

所谓垂直一致性原则，是指上下目标要一致，以公司战略和部门业务目标为基础，自上而下垂直分解，从公司到部门再到岗位，保证纵向承接的一致性。企业可以通过平衡计分卡的4个维度，从战略目标、关键战略举措中提取KPI，在对KPI进行有效评估后确定KPI体系。为实现KPI的目标值，企业还需要确定实施KPI的重点工作，并对KPI和重点工作进行纵向分解，落实到相关部门。

2. 水平一致性原则：从业务流程保证组织间水平拉通

水平一致性原则体现的是对企业主要业务流程的支撑。以公司端到端流程为基础，建立起部门间的连带责任和协作关系，保证横向一致性。企业通过战略澄清，明确关键性战略目标，并对战略目标使用战略地图或指标鱼骨图等工具，在下级不同部门间进行交叉分解和落地，这实际上也是端到端业务流程对于战略目标的保障。

3. 均衡性和导向性原则：体现不同部门的均衡发展和独特价值

根据这一原则，企业需要从愿景、使命出发，通过对企业的战略澄清，确定企业的战略目标，并达成上下一致的共识。同时，用战略地图的方式描述战略，通过平衡计分卡的4个维度，体现财务、客户、内部运营及学习与成长4个层面的企业战略目标，以及各目标之间的关系。此外，所有业务部门或职能部门都具备独一无二、不可或缺的价值，都是为了战略目标和商业设计的实现而设置的。因此，KPI具体指标的设置，必须体现部门独特的责任结果导向。例如今年重点要发展哪个业务，要重点提升哪项能力，就要加大其指标权重。

4. 责任层层落实原则：确保KPI和重点工作的落实，保证战略目标的落地

责任层层落实原则是指落实部门对上级目标的承接和责任，将KPI责任进行部门间分解，同时为PBC确定提供依据。企业需要将确定的KPI和重点工作形成目标责任状，与相关责任部门负责人签署部门级KPI目标责任状，落实目标责任。企业通过绩效管理抓手，在落实战略执行过程中，通过企业日常运营管理体系进行监控管理与流程跟踪，通过对KPI数据的有效分析对未完成项进行跟进和改善，通过对资源的适当倾斜、对责任人的明确等方法实时监控战略管理流程，保证战略目标的实现。

3.3 战略解码工具：工欲善其事，必先利其器

工欲善其事，必先利其器。战略解码对于企业战略落地是极其重要的，它的整个流程和内容也相当复杂。如果没有一套方法论和工具作为依托，战略解码的工作必将令相关组织者和参与者感到非常困扰。

在运用SDBE领先模型进行企业战略解码时，常用的战略解码工具有平衡计分卡、战略地图、OGSM、指标鱼骨图等，它们可以非常好地指引企业实践。

3.3.1 平衡计分卡：牵引企业均衡发展

平衡计分卡（Balanced Score Card，简称BSC），是由哈佛商学院教授罗伯特·卡普兰和复兴全球战略集团创始人戴维·诺顿发明的一种绩效管理和考核工具，主要从财务、客户、内部运营、学习与成长4个维度，将组织战略目标落实为可操作的衡量指标的一种新型绩效管理体系。

平衡计分卡被誉为"75年来最伟大的管理工具"，广泛应用于商业、企事业单位、政府和非营利性组织中。通过多年实践，平衡计分卡发展成了一个应用于战略解码、战略执行、绩效管理的工具，帮助企业将战略落实到可操作措施、衡量指标和目标值上。

基于BSC的战略解码就是在战略目标的牵引下，从财务、客户、内部运营及学习与成长4个维度，按照企业的组织结构对战略进行自上而下的垂直分解，确保企业的战略目标从公司到部门，到团队，再到个人，层层落实，从而保证纵向承接的一致性；同时，按照业务流程结构，从左至右对战略目标进行水平分解，保证横向的一致性。基于BSC的战略解码架构如图3-5所示。

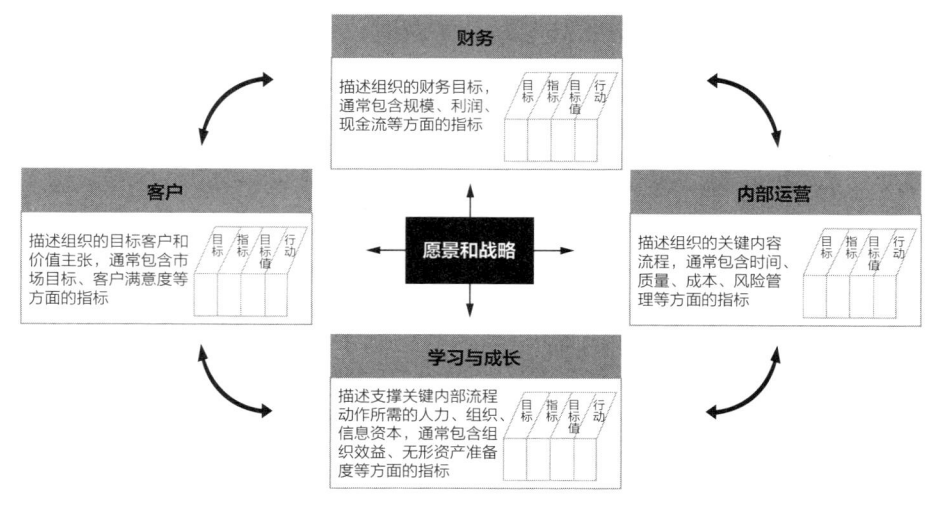

图3-5 基于BSC的战略解码架构

1. 财务维度解码

财务维度解码的方法是根据部门的责任中心定位确定能够为企业做出的财务方面的贡献（如规模增长、收入增加、风险控制等），基于战略目标识别重点财务策略。

解码后的主要指标有相关的财务性指标和基本的财务关键成功因素（也称非财务性指标）。其中，财务性指标能显示企业战略及其实施和执行是否在为最终经营结果的改善做出贡献。但是，不是所有的长期策略都能很快带来短期的财务盈利。基本的财务关键成功因素（如质量、生产时间、生产率和新产品等）的改善和提高是实现财务目的的手段。

解码后的财务维度指标有营业收入增长率、现金流量、平均利润收入资产、利润率、产量等。需要注意的是，针对不同类型的业务，财务指标的设计是有区别的。对于成熟业务，它更强调的是提升市场地位、扩大市场份额及提高利润率；对于成长业务，需要重点关注它的收入、利润、增长率及合同质量等；对于新业务，在财务指标上可以适当放宽，重点关注增长率与市场目标的实现。

2. 客户维度的解码

企业通过界定目标客户，识别目标客户的价值主张或诉求，为下一步实现客户价值主张的核心流程确定目标对象。客户价值主张的实现需要对财务层面有支撑作用，能够为目标客户创造差异化的、可持续的价值。

对部门而言，客户不仅包括外部客户，还应包括内部客户。对支持部门来说，如果以业务流程的上下游界定，内部客户也是客户。比如说，研发部不直接面对外部客户，但是企业的销售部就是它的内部客户，而研发部又是供应链的内部客户。同样，业务部门就是人力资源等职能部门的内部客户。分析企业内部主要流程之间的关系，可以形成服务内部客户的考核指标和重点协同措施。

客户维度的解码方法是，通过细分客户，确定目标客户；分析目标客户的价值主张；确定客户维度的目标（针对目标客户的策略目标，形成差异化的价值主张）。在解码过程中，企业应当专注于是否满足目标客户的需求，而不是企图满足所有客户的需求。解码后得到的指标主要有市场占有率、老客户保有率、新客户获得率、客户满意度、客户盈利能力等。

3. 内部运营维度的解码

基于BSC的战略解码，通常是先基于财务与客户维度进行解码，确定财务与客户维度的目标与指标，然后才进行内部运营维度的解码，这样可以让企业抓住管理的重点。

内部运营维度的解码方法是，确定对客户维度的目标实现起决定性作用的因素；确定能对财务维度的目标实现起决定性作用的因素；对筛选出的关键因素加以归类。解码后的指标主要有存货周转率、资金周转率、产品合格率等。

4. 学习与成长维度的解码

学习与成长维度的目标为其他三个维度的目标提供了基础架构，是驱使平衡计分卡其他三个维度获得卓越成果的动力。

学习与成长维度的解码通过无形和有形资产驱动内部业务运作绩效的提高，在向客户和股东传递价值时发挥最大的杠杆作用。企业应关注为支撑内部运营维度而确定的关键流程运作所需的特殊人才及其能力和特征。

学习与成长维度的解码方法是，确定为有效支撑核心流程运作，在团队、员工能力提升方面，以及在信息基础设施和信息系统建设方面的关键策略；确定为保证战略有效实施，在文化、领导力、协调一致、团队工作等方面的关键策略。解码后的指标主要有员工满意度、关键员工离职率、人均效能、关键岗位胜任率等。

3.3.2 战略地图：澄清战略因果关系

战略地图（Strategy Maps）是在平衡计分卡的基础上发展而来的，但是它在战略解码中有着深度的运用，所以可以把它看作一个独立的工具。在对使用平衡计分卡的企业进行长期的指导和研究的过程中，平衡计分卡的创始人发现，企业由于无法全面而有逻辑地描述战略，管理者之间及管理者与员工之间很难相互理解和沟通，所以就无法达成战略共识。最初的平衡计分卡只建立了一个四维战略框架，缺乏对战略具体而系统的、全面的描述。

与起初的平衡计分卡相比，战略地图增加了两个层次的内容：一个是颗粒层面，每一个层面下还可以分解为很多要素，这些要素也被称为战略主题；另一个是动态层面，也就是说战略地图是动态的，可以结合战略规划过程来绘制。

战略地图法是通过分析财务、客户、内部运营、学习与成长这4个维度目标的相互关系，绘制企业战略因果关系图，其核心内容包括：企业通过运用人力资本、信息资本和组织资本等无形资产（学习与成长维度），才能创新和建立战略优势和效率（内部运营维度），进而使公司把特定价值带给市场（客户维度），从而实现股东价值（财务维度）。

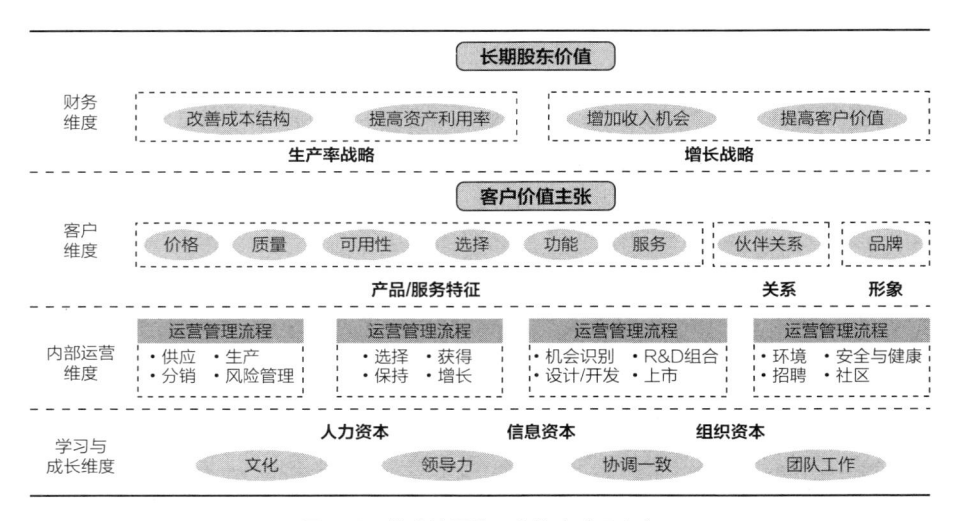

图3-6 战略地图的4个维度（示意）

【案例】美孚石油的客户取舍和客户目标

美孚石油是世界领先的石油和石化公司，它在第一年做平衡计分卡的时候，把资产回报率提高5个百分点作为财务目标，接着做了财务维度的分解。但是，分析到客户这个维度的时候，遇到的问题就是：这个钱从谁的身上挣？美孚之前一直是打价格战，靠不断压低成本来获取利润，以致在竞争中长期落后。

美孚的市场部门经过调查之后发现，其客户大概可以分为5类人。

第一类人占全部客户的16%，主要是每年驾驶距离在25000英里到50000英里的高收入的中年男性，他们主要用信用卡来支付油费，买的是优质的汽油，而且他们还会在加油站洗车、购买食物和饮料。他们的支付能力强，对于服务品质的要求也比较高。

第二类人也占全部客户的16%，也是中高收入人群，但有男有女。这些人购买优质汽油，对于某个品牌和某个加油站有很高的忠诚度，因此对于服务的要求也是较高的。但是，他们和第一类人的差异主要在于结账的方式：他们用现金支付。总之，要获得前两类客户，美孚就必须要提供优质的服务。

第三类人被称为F3客户，他们的占比达到了全部客户的27%。F3是指燃油（Fuel）、食物（Food）、速度（Fast）。F3群体相对比较年轻，他们要在便利店里购买大量的零食，往往行色匆匆。要满足这类人的购买需求，就意味着加油站里非油品的业务（零售商品）要做得足够全面。

这三类客户的占比总和达到全部客户的59%，另外41%的客户主要是家庭主妇和价格敏感型客户，他们的共同特征是对品牌的忠诚度都不高。

美孚在选择客户的过程中，有人提出应该思考要不要分出两个品牌，即"高端品牌"和"经济品牌"，分别满足不同类型需求的客户；有人提出了另外一种思路，即以改善用户体验为主，增加加油机和便利店的数目，加大非油品业务的投入，花钱培训员工，提高服务质量，主打为占

59%的前三类客户服务。服务好，但是收费高。虽然在成本上有增加投入，但是可以提高用户体验，靠优质服务来保证高价格和高收益。

经过反复权衡，美孚最后决定以前三类客户作为目标客户，放弃后两类占41%的不太重视服务也不太有忠诚度的客户。最终，美孚决定以提供"快速友善的服务"作为客户维度的追求目标，在愿景上，它给自己的定位是成为前三类客户首选的加油站。

首先，在财务维度，战略地图法强调解决"我们如何满足股东、满足投资者，实现股东价值的最大化"的问题。这个维度产生的是财务类绩效指标，这类指标能全面、综合地衡量经营活动的最终成果，衡量公司给股东创造的价值。财务维度的战略分为增长和生产效率两个细化的子战略。增长战略对应的策略是提升收入、增加客户价值；生产效率战略对应的策略是改善成本结构和提高资产利用率。

其次，在客户维度，为了让股东和投资者获得满意的回报，企业必须关注利益相关者——客户，关注产品和服务的市场表现。因为只有向客户提供产品和服务，满足客户需要，企业才能生存。企业必须在价格、质量、可用性、选择、功能、服务、合作及品牌等方面有侧重地发力，需要针对不同细分市场的痛点及需求有不同的客户价值主张。另外，卡普兰和诺顿认为，仅仅使客户满意并留住客户的思路不足以称为战略，收入增长需要的是特殊的客户价值主张，包括总成本最低战略、产品领先战略、全面客户解决方案战略、系统锁定战略。也就是说，客户战略本质上需要有核心的、难以模仿的竞争力。

再次。在内部运营维度，为了满足实现客户价值的主张，从内部运作角度应该思考：企业应具有什么样的优势，必须擅长什么？一个企业不可能全方位地好，但是它必须在某些方面拥有竞争优势和运营效率优势，只有这样才能在市场上立足。企业必须准确定位优势、扬长避短、练出过硬本领，这样才能越做越好。

最后，在学习与成长维度，为了提升内部运营的效率、满足客户需求、持续提升并创造股东价值，企业必须不断成长。由此，这一维度的目标是围绕组织学习与创新能力提升，加强人才梯队、信息系统建设，营造积极健康的企业文化。学习与成长维度要描述如何将人力、技术和组织氛围等无形资产驱动起来，从而提高内部业务流程绩效，在向客户和股东传递价值时发挥最大的杠杆作用。

战略地图以平衡计分卡的4个维度——财务、客户、内部运营、学习与成长维度为核心，每个维度的定夺可能都有很多思路及路径选择。战略地图的优势在于，能够提供全局视角，帮助员工从端到端角度来理解公司战略、战略承接，以及加强横向的跨部门协同，从而绘制并且澄清企业战略的因果关系。

3.3.3 OGSM：一页拉通战略到落地

OGSM是由彼得·德鲁克在20世纪中期提出的目标管理理念演变而来的。最初，OGSM这一概念被一些汽车制造商使用，后来逐渐被宝洁、本田、可口可乐等公司采用。OGSM，又称为"一页纸计划书"，是一页拉通战略到落地的一个关键工具。它是战略规划和执行管理的工具，也是一个对齐认知的沟通工具。

OGSM是由Objective（目的）、Goal（目标）、Strategy（策略）和Measurement（测量）组成，OGSM帮助团队或个人在愿景的指导下将理想转化为可执行的具体行为。OGSM框架结构如图3-7所示。

Objective（目的）	Goal（目标）	Strategy（策略）	Measurement（测量）
我们要达成什么	达成目的所需的具体的、用数字描述的目标	如何达成目标，用文字描述具体战术计划以实现目标	以具体量化的方式不断地检查策略执行状况，并用数字描述

What（是什么） ｜ How（怎么做）

图3-7 OGSM框架结构

（1）Objective（目的）：即期待通过做这件事达成什么样的目的，指愿景、方向类的定性目标，可以是中长期战略目标，抑或未来的成功画像，通常用文字来描述，例如"成为让国民骄傲的便利店品牌，让消费者享受美好的便利生活"等。

（2）Goal（目标）：即通过做这件事我们要实现的目标。它是将企业的愿景、方向类的定性目标转化为具象化的定量目标，并且要保证这一目标是可以衡量的、可以被检验的，可以用信息和图表去表达的，且是一直被跟踪的。简而言之，它可以被理解为阶段性的目标，通常用数字来描述，例如"2023年销售额达到500亿元，门店数量达到千家以上，年增长率超过40%，品牌附加值达到中国领先企业水平"等。

（3）Strategy（策略）：即要用什么样的方法来达成目标，是指围绕目标的实现制定的相关策略。策略需要回答业务如何去做，组织上如何安排资源的问题，通常用文字来描述，例如，要实现年度销售目标，公司要如何拓展核心渠道来提升市场份额，要如何提升品牌影响力来扩大消费受众，要如何完善内部管理体系，为外部赢得更多的竞争机会等。

（4）Measurement（测量）：即要用哪些具体的指标来衡量策略的成功，每个策略都要配称相应的衡量指标，通常用数字来描述，例如"拓展核心渠道的策略，其成功的衡量指标是'目标市场关键渠道60%的铺货率'"。

OGSM作为战略解码工具，具有形式简单、条理清晰、操作简单等特点，它打破了传统的冗长的战略规划模式。在OGSM的制定过程中，企业各部门需要充分沟通，既要有要求，也要有承诺，要通过一个逻辑过程将公司整体的OGSM方案层层分解为各部门乃至个人的方案。

战略方向、目标是企业之船航行的指南针，然而，有了"指南针"之后，如何抵达目的地却是一个更具挑战性的问题。OGSM的关键就在于可以通过"一页纸"将公司、部门、个人的工作目标和方向，执行策略及具体动作全部呈现出来，实现战略在组织纵向上的层层分解，下一级支持上一级并体现上一级的要求，上一级指导下一级，实现全公司范围内步调与重点一致。OGSM不但告诉员工"目标在哪里""方向是什么",更重要的是"该如何完成",通过寻找达成目标的策略来制定详细的行动计划,让员工清楚该如何去执行才能达成目标。

3.3.4　指标鱼骨图:挖掘问题潜在关联

鱼骨图是由日本管理大师石川馨先生发展出来的,故又名石川图。它是一种发现问题"根本原因"或者"解决办法"的方法。其特点是简洁实用,深入直观。它看上去有些像鱼骨,问题或缺陷(即后果)标在"鱼头"处。在鱼骨上长出鱼刺,上面按出现机会多寡列出产生问题的可能原因,有助于说明各个原因是如何影响后果的,如图3-8所示。

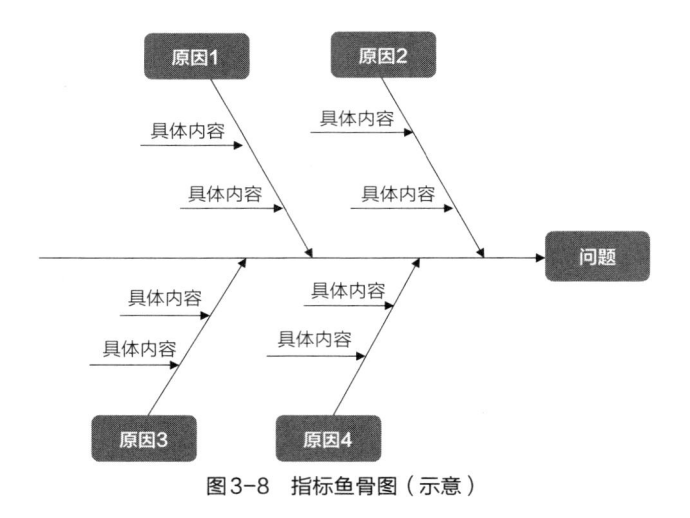

图3-8　指标鱼骨图(示意)

鱼骨图法的具体操作是通过头脑风暴发挥团队智慧,在组织中集思广益,从不同角度、不同层面找出事物(问题)的所有相关影响因素,同时发现问题产生的潜在根本原因的方法。

一般来说,解决问题的思路是这样的:问题→原因→课题→解决方案。

问题和课题有什么区别?问题是"期望"与"现实"之间的差异。例如，以公司的营业额为例，公司期望营业额是同比增长10%，但实际上营业额与去年同期持平，因此营业额没有达到同比增长10%这件事就成了问题。同样是在刚才的情境下，引起"营业额没有达到同比增长10%"这个问题的原因可能有很多，比如"经济下行""产品的质量有所下降""销售人员的效率下降"等，总之可以通过头脑风暴法找到很多原因。但是在这些原因中，公司需要去处理那些必须要处理且在自己可控范围内的部分，这部分就是课题。

在上面的例子里，"产品的质量有所下降"和"销售人员的效率下降"是公司需要处理的课题，但是"经济下行"不是。

一旦成为课题，"产品的质量有所下降"和"销售人员的效率下降"就会以"如何提高产品的品质"和"如何提高销售人员的效率"的形式在鱼骨图的"鱼头"处呈现出来。

问题的产生是有原因的，而课题是有解决方案的。相对应地，画鱼骨图时，前者是一种"问题/原因类鱼骨图"，后者是一种"课题/解决方案类鱼骨图"。

发生某个问题的时候，我们会寻找引发这个问题的原因，"为什么会这样？""为什么……""为什么……"这样的反复追问导致了问题/原因类鱼骨图的产生。在"问题/原因类鱼骨图"当中，要将问题作为鱼头，将推测的引起问题的原因当作大刺，通过反复探究"为什么"来落实小刺。

完成"问题/原因类鱼骨图"，就能找到引发问题的很多原因。然后将引发问题的部分原因变为课题，就可以寻找解决方案，这时候就要通过反复探究"怎么办"来将解决方案具体化。"课题/解决方案类鱼骨图"能够表现课题（目标）与解决方案（手段）之间的关系，将希望解决的课题作为鱼头，将可能实现课题的解决方案作为大刺，通过反复探究"怎么办"来落实小刺。

在众多的原因或者解决方案中，选择3~5个对鱼头影响力最大的要因。因为实际的解决方案会受到时间、人力和资金等因素的限制，因此不用选择太多要因。为了有效利用资源，需谨慎选择相对重要的解决方案。在实际操作中，如果问题不是特别复杂，也可以直接确定课题并找出解决方案。

由于不同战略目标的实现总是受到一些关键因素的影响，因此企业可以通过头脑风暴找出这些因素，并将它们与特性值一起，按相互关联性整理成层次分明、条理清楚并标出重要因素的图形，这个图形就叫指标鱼骨图。

3.4 通过战略解码，导出组织KPI和重点工作TOP N

根据多年企业战略管理实践，目前运用SDBE领先模型进行战略解码的主要方法之一是基于业务执行力模型（Business Execution Model，BEM）的解码方法，整体架构如图3-9所示。

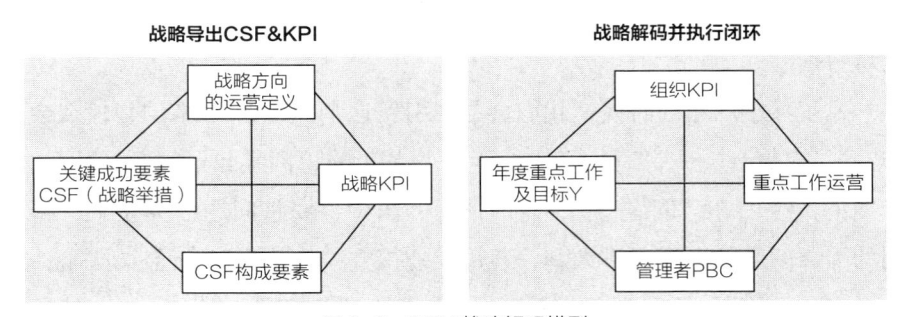

图3-9 BEM战略解码模型

BEM模型是由三星电子提出、华为结合六西格玛质量方法改进并推广的业务执行力模型。该模型通过对企业战略进行逐层逻辑解码，导出可管理、可衡量的KPI，以及可执行的重点工作和改进项目，从而确保战略目标被有效分解到组织和个人。它适用于大型规模、业务复杂多样、多地域分布的企业或组织。其解码步骤如图3-10所示。

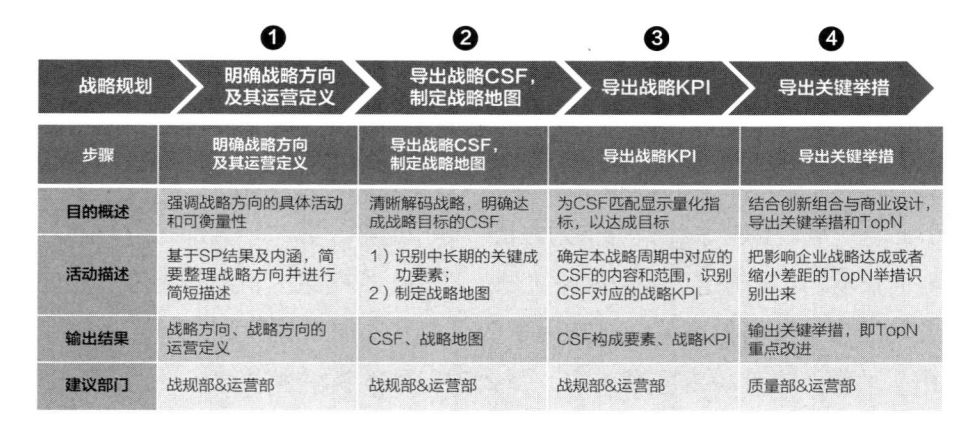

战略规划	❶ 明确战略方向及其运营定义	❷ 导出战略CSF，制定战略地图	❸ 导出战略KPI	❹ 导出关键举措
步骤	明确战略方向及其运营定义	导出战略CSF，制定战略地图	导出战略KPI	导出关键举措
目的概述	强调战略方向的具体活动和可衡量性	清晰解码战略，明确达成战略目标的CSF	为CSF匹配显示量化指标，以达成目标	结合创新组合与商业设计，导出关键举措和TopN
活动描述	基于SP结果及内涵，简要整理战略方向并进行简短描述	1）识别中长期的关键成功要素；2）制定战略地图	确定本战略周期中对应的CSF的内容和范围，识别CSF对应的战略KPI	把影响企业战略达成或者缩小差距的TopN举措识别出来
输出结果	战略方向、战略方向的运营定义	CSF、战略地图	CSF构成要素、战略KPI	输出关键举措，即TopN重点改进
建议部门	战规部&运营部	战规部&运营部	战规部&运营部	质量部&运营部

图3-10　BEM解码步骤

3.4.1　识别关键成功因素，绘制战略地图

CSF（Critical Success Factors），即关键成功因素，是为达成企业愿景和战略目标而需要组织重点管理的核心因素，这些核心因素能够确保企业竞争优势的差别化。通常来说，关键成功因素指的是一些特性、准则或能力，如果能够适当且持续地维持和管理，就能对公司在特定产业的竞争中取得成功产生显著的积极影响。关键成功因素提炼是否到位是战略目标能否达成的关键。

在实际操作中，明确关键成功因素通常采取研讨会的方式，召集公司的高管和相关核心人员参与，经过"分组讨论—小组代表分享—现场归纳总结达成共识"的流程，在有限的时间内最大限度地萃取与会人员的个体智慧，并获得成果。

那么企业如何识别并提炼它的关键成功因素呢？

首先，需要对关键成功因素的主要特征有一定的了解，具体如下：

（1）关键成功因素是对企业成功起决定作用的某些战略因素的定性描述。

（2）关键成功因素能够辨别那些决定组织健康发展和生命力的问题。

（3）关键成功因素就是那些管理层必须经常关注的区域，对这些区域的运行情况要经常进行度量，并提供度量信息以供决策使用。

（4）不论组织的规模有多大，它的关键成功因素一般为5～8项。不过通常会先提炼不少于20项主要成功因素，然后再进行针对性优化。

企业可以按照平衡计分卡的方法，基于财务、客户、内部运营和学习与成长4个维度确定企业的战略主题，再基于战略主题识别并提炼出关键成功因素，从而保证关键成功因素的平衡性。如果关键成功因素之间存在不平衡，或者缺乏因果关系，那么就需要重新审视关键成功因素，如图3-11所示。

关键成功因素维度	关键成功因素描述				
财务	扩展高利润产业	成熟产业利润最大化	销售额增加	供应链成本降低	资产利用率最大化
客户	市场份额提升	产品价值最大化	提升产品品牌美誉度	构建客户亲密关系	提高产品的质量
内部运营	开发符合客户需求的产品	中低端产品利于维护	采购流程提效	缩短供货周期	供应链流程优化
学习与成长	获取高素质人才	构建先进的企业文化	构建知识管理体系	构建技术壁垒	企业数字化

图3-11 关键成功因素（示例）

其次，企业在提炼出关键成功因素时，可以结合以下问题来思考，以确保提炼的关键成功因素的准确性。

（1）影响企业战略目标达成的最关键因素是什么？（例如，客户满意度、费用控制、技术创新等。）

（2）什么因素给企业带来了最大的困扰？

（3）企业应该给客户提供什么样的产品或服务？

（4）哪些因素决定了客户的满意度？

（5）企业已经认定哪些明确的组织问题？

（6）企业的哪些部分已经感受到竞争压力？

（7）企业的主要成本是什么？

（8）哪些环节的成本占比最高？

（9）哪些环节改善的空间最大？

（10）要使企业在市场上具备竞争优势，赢过竞争对手，从哪些环节着手效果最佳（或最具潜力）？

最后，不同企业的关键成功因素各不相同，企业要结合自身实际来识别和提炼。不同行业的成功需要关注不同的因素，但即使是处于同一个行业中的企业，由于所处外部环境的差异及内部条件的不同，它们的关键成功因素也是不尽相同的。企业需要结合自身实际情况来识别并提炼出对战略目标起关键作用的关键成功因素，以确保将企业资源投入到经营管理的重点上，避免资源的浪费。

在识别并提炼了关键成功因素后，企业可以依据它们来明确战略实施路径，从而绘制战略地图，清晰描述企业是如何创造价值的。战略地图的核心是企业有什么样的战略，就把它们用战略地图的形式呈现出来。战略地图的绘制，是对企业愿景、使命和战略重点的形象化描述，其具体绘制流程如下。

第一步，确定股东或利益相关者的价值差距。比如，股东期望3年之后营业收入能达到10亿元，但是公司目前只达到3亿元，距离股东的预期还差7亿元，这7亿元的差距就是企业的总体目标。

第二步，调整客户的价值主张。要弥补股东的价值差距，实现7亿元营收的增长，就要对现有的客户进行分析，调整企业的客户价值主张。

第三步，基于股东价值目标与客户价值主张，从内部的关键流程——运营管理流程、客户管理流程、创新流程等，来确定企业战略主题，即企业短期、中期、长期要做什么事。

第四步，提升战略准备度。分析企业现有无形资产的战略准备度是否具备支撑关键流程的能力。如不具备，要找出办法来予以提升。企业的无形资产分为三类：人力资本、信息资本、组织资本。

第五步，规划价值提升时间表。针对5年内消除7亿元差距的目标，要确定推进时间：第一年提升多少，第二年、第三年分别提升多少……将提升的时间表确定下来。

第六步，形成执行战略所需要的行动方案，并配备资源。

笔者所在团队在为某企业做人力资源的咨询项目时，用平衡计分卡将公司的战略绘制形成了战略地图（如图3-12所示）。战略地图包括若干战略主题，这些战略主题之间存在着紧密的因果关系，层层递进，以最终实现企业的发展目标。

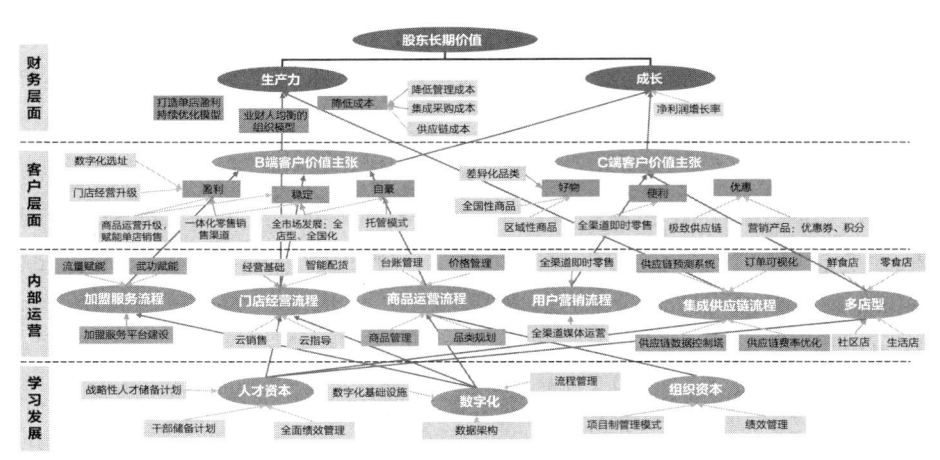

图3-12 某企业战略地图

通过识别关键成功因素，进而绘制形成战略地图，不仅可以让企业上下达成对战略目标的共识，确保企业战略目标被成功落地执行，还能审视财务、客户、内部运营及学习与成长这4个维度目标的内部一致性，以及与战略目标、组织的短板建设、企业流程要求的一致性。

3.4.2　对齐战略地图，导出战略KPI

战略地图描绘出来之后，企业可以对齐战略地图，导出战略KPI。战略KPI是指衡量战略是否达成的KPI，与考核KPI是有所区别的，战略KPI确定的过程如图3-13所示。

CSF导出	导出备选指标	筛选	平衡观点的检验	战略KPI确定
	➢ 应用KPI Pool ➢ 应用标杆/友商资料	➢ 基于选定评价标准筛选备选指标	➢ 将已导出的指标从绩效的观点检验，以确保战略的达成	
指标数	50+	15~20	12~15	10~12

图3-13　战略KPI确定的过程

从CSF导出战略KPI时，存在两种情况：

（1）在CSF可以明确导出KPI的情况下，直接导出战略KPI，比如收入增长可以直接导出"收入"指标，如图3-14所示。

图3-14　关键成功因素与KPI逻辑分解

（2）在CSF不明确时，需要分解CSF的构成要素，针对CSF的构成要素进行KPI设计，根据CSF构成要素导出战略备选KPI。

那么，怎样导出CSF构成要素呢？华为内部使用的是IPOOC方法，即从Input（输入）、Process（过程）、Output（输出）、Outcome（结果）4个维度对CSF展开剖析：

Input：指导入的资源，一般包含人、财、物信息；
Process：指从战略的视角看影响CSF达成的关键活动、过程和流程；
Output：指基于流程视角的直接输出，例如产品、制度、客户等；
Outcome：指基于内外部客户视角的最终收益，例如经济结果、品牌增值等。

通常来说，CSF构成要素本质上是更细颗粒度的关键成功因素，一般采用动宾短语的形式表达，如"匹配客户需求的解决方案"。CSF的构成要素不宜过多，一个CSF的构成要素最多不超过5个。

由于每一个关键成功因素可能有多个指标反映其特性，因此需要对众多备选KPI进行分析与筛选，最终确定战略KPI。企业可以从战略相关性、可测量性、可控性、可激发性4个方面对战略KPI进行评价和筛选：

（1）战略相关性：绩效指标与战略、战略目标需要强相关；要适合组织业务特性，且能代表战略目标。比如成为行业领军者，就需要有"市场份额"这样的指标。

（2）可测量性：能收集到测量的基础数据（采集来源）；能明确测量基线，且能做客观测量；能设定具体测量指标值。比如"市场份额"可以从第三方调查公司的调查数据获取。

（3）可控性：通过组织努力确保可控，受不可抗力影响很小。比如某国的市场份额靠竞争实力可以实现，但是该国内发生区域性战争就不是企业可以控制的，这时候就不宜给该区域下达销售指标。

（4）可激发性：能用于牵引改善绩效的行动；组织全员愿意付出努力改善指标，一般是跳一跳可以够得着的目标。

下面通过一个例子来说明。笔者团队在为一家企业做组织绩效咨询项目时，针对战略举措"提升单店客户盈利水平"，使用IPOOC方法导出其CSF构成要素，并针对构成要素设计了7个备选KPI，如表3-1所示。

表3-1　CSF不明确时导出备选KPI

战略举措	IPOOC	CSF构成要素	备选KPI
提升单店客户盈利水平	Input	商品运营数字化平台搭建	数字化平台按照里程碑节点开发和上线
		即时零售小程序全国推广落地	会员小程序装载率
		专业人员到位情况	资深培训专家到位率
	Process	策划并推行好物节方案	好物节期间特定品类销售增长率
		基础优化督导	基础优化计划完成率
	Output	建立门店经营标准体系	督导达标率
	Outcome	单店复合销售增长	单店销售复合增长

在导出7个战略备选KPI后，笔者团队从战略相关性、可测量性、可控性、可激发性4个方面出发设计了备选KPI评分表，通过评分的形式最终筛选出2个合适的战略KPI，如表3-2所示。

表3-2　备选KPI筛选结果（示例）

备选KPI	评价标准（每个维度10分）				分数	备注
	战略相关性	可测量性	可控性	可激发性		
数字化平台按照里程碑节点开发和上线	3	3	3	9	18	
会员小程序装载率	2	8	3	4	17	
资深培训专家到位率	2	3	8	4	17	
好物节期间特定品类销售增长率	3	3	3	3	12	
基础优化计划完成率	7	9	6	5	27	战略KPI
督导达标率	4	5	4	9	22	
单店销售复合增长	9	5	4	9	27	战略KPI

当然，在导出战略KPI后，还需要从财务、客户、内部运营、学习与成长4个维度来检验战略KPI的平衡性，以确保其可以支撑战略的达成。如果战略KPI之间存在不平衡，那么就需要对战略KPI进行调整。企业的战略KPI数量一般在10～12个，企业可以结合自身的战略目标与经营状况酌情增减。

3.4.3 基于BSC原则，确定组织KPI库

战略解码的核心输出成果之一是组织KPI库（KPI Pool，即KPI的集合），也就是整个组织的考核指标集。企业可以采用平衡计分卡解码自身的战略目标，然后基于导出的绩效指标构建组织指标库。

表3-3 基于BSC的战略解码表（示例）

维度	战略目标	编号	衡量指标	目标值	备注
财务	企业价值最大化	1	营业收入		
		2	净利润		
	降低运营成本	3	成本费用利用率		
客户	提升产品市场占有率	4	各产品市场占有率		
	提升满意度	5	客户投诉		
内部运营	提高产品产能	6	各产品产能		
	建设ERP平台	7			
学习与成长	人才胜任度	8			
	……				

基于BSC解码导出的绩效指标比较多，为了便于查询与管理，企业的指标库通常可以分为三个层级：公司级指标库、部门（团队）级指标库及岗位级指标库。不过在实际应用中，一般建议企业的指标库最多建到部门（团队）级即可。如果建到岗位级的话，内容就会过于细化，会使员工的工作失去重点，进而分散他们有限的精力，使他们不能高效率地完成自己的工作。

指标库的结构通常包括指标类别、指标名称、设立目的、指标定义/口径、单位、计算公式、评分规则、考核关系、考核周期、数据来源等，具体如下。

（1）指标类别：指标类别是说明设计的指标是属于财务类、客户类、内部运营类还是学习与成长类。比如，公司营收、公司利润等都属于财务类指标。

（2）指标名称：指标名称是说明该指标衡量的绩效内容，可以让大家明白指标的范围与性质，如销售增长率、客户投诉率等。

（3）设立目的：描述的是设立该指标的目的，也就是解释"为什么要设立该指标，不要该指标可以吗？"的问题。如设定销售增长率的意义是：通过对该指标的考核，掌握公司某一阶段内的销售情况，这是公司扩张增量资本和存量资本的重要依据，指标值越大，表明公司增长速度越快，市场前景越好。

（4）指标定义/口径：它是对指标的性质和内容的详细描述。如销售增长率是描述企业某一阶段销售收入的变化程度，是评价企业成长状况和发展能力的指标。需要注意的是，对指标的描述要尽量清晰，让人明确实质内容，并且不会产生歧义。

（5）单位：该指标的核算单位。比如指标"商品销售收入"的核算单位是百万元，指标"干部胜任率"的核算单位是百分率（%）。

（6）计算公式：指评估该指标的结果的方法。计算方法应该科学合理，能够反映出指标的真实情况。

（7）评分规则：指评定该项指标完成情况的评分规则。评分规则通常分为量化指标和非量化指标。对于量化指标，一般采用线性赋分方法；对于非量化指标，则可以借助QQTCR模型，从质量（Quality）、数量（Quantity）、时间（Time）、成本（Cost）、风险（Risk）等维度来确定衡量标准。

（8）考核关系：描述的是考核对象与被考核对象，比如"干部胜任率"是公司对人力资源部门的考核。

（9）考核周期：按照时间，考核周期可分为年度、半年度、季度及月度考核。一般来说，年度综合考核是必不可少的，因为年度综合考核涉及年度奖金的发放。对于不同类型的指标，它们的考核周期通常也是不同的。如创新经营项、资产利润率宜每年考核1次。

（10）数据来源：指考核指标数据源于哪个系统或哪个渠道。数据来源应该可靠、准确、及时，能够反映出指标的真实情况。

因为外部环境发生变化、战略调整、客户需求变化等因素，KPI每年都需要更新和调整。可见，针对不同的组织、不同的部门，设计或者选择对应的KPI库是战略解码团队每年的重要工作。在建立指标库后，企业可以直接从指标库内选择合适的指标来对部门、团队及员工进行考核。

> ✦小贴士：指标库中的指标需满足SMART原则
>
> 1. 明确性（Specific）：考核指标是具体、明确的，是工作结果或关键行为；评价标准有准确定义，不存在含糊不清的情况。
> 2. 可衡量性（Measurable）：量化指标可以精确计量；非量化指标有清晰且描述准确的关键控制点，行为特征表述清晰。
> 3. 可达成性（Attainable）：在付出努力的情况下指标是可以实现的。
> 4. 相关性（Relevance）：指标是与工作的其他目标相关联的；指标是与本职工作相关联的。
> 5. 时限性（Time-Based）：绩效管理用于评价被考核者在一段时间内的工作表现或贡献。如果设计的指标没有清晰的时间期限，则不具有可操作性。

3.4.4 聚焦关键点，输出重点工作TOP N

在战略解码的环节中，战略目标既可以分解为量化指标，又可以分解为暂时不能量化、需要用语言描述的重点工作。对于战略目标中一些无法量化的关键考核因素，SDBE领先模型按照重要性或者一定标准进行排序，把排序靠前的N个问题（即TOP N），作为需要改进的工作重点，进行专项改进，以在保证企业年度经营计划完成的同时，使整个企业竞争力不断提升。

TOP N是一种自上而下推行的非量化考核和改进方法，主要涉及业务增长和能力建设等方面的重点工作，涵盖的内容有客户关系管理、营销管理、研发管理、交付管理、平台建设、能力建设等。对于企业TOP N重点工作的一些建议原则如下。

（1）为达成企业中长期战略目标，要明确哪些是最关键、最需要优先考虑的事情，给出重点工作清单。

（2）明确哪些是需要企业各业务部门和职能部门共同完成的工作，哪些是某个下级部门独自就能够完成的工作。原则上，企业的重点工作，要体现整个企业的共同努力。

（3）制定一定的排序规则，按轻重缓急、资源占用及其他规则来考虑，对这些重点工作进行优先级排序。

（4）原则上企业及其下部门的重点工作不超过10个。

【案例】华为云管端一体化的重点工作TOP N

华为要实现云管端一体化，进入消费者和企业BG这个市场，其重点工作有什么？第一项是要构建适合消费者BG和企业业务的管理体系，包括流程、IT体系；第二项是要逐步搭建支撑消费者未来目标的市场营销体系，包括在欧洲、亚洲等区域搭建市场营销体系；第三项是要补齐渠道管理能力和消费者洞察能力；第四项是要针对消费者市场，设立不同的手机产品线、不同的系列等，这就是将战略目标分解成具体的重点工作的TOP N。

战略管理中讲究的"战略要做1年，看3年，想5年"，就是指在时间周期上，以及在"思、知、行"关系上体现战略解码原理。我们一般可以看到：公司在制定5年战略规划时，会针对5年后目标的实现确定战略重点、关键成功因素及支撑性的关键举措。

然而，这些关键举措必须在制定规划的头一年就有具体的体现，并作为当年的里程碑行动来开展。此外，在制定规划的头一年，有时还会有一些在当年发生、当年解决、当年结束的重大事件，如由下往上、由外部传导到内部的亟待改进的事项，它们对于整个5年的战略规划的成败也具有非常重要的意义。这时，企业也需要把这些事件考虑进来，将其与战略性关键举措的年度推进置于同样重要的位置，并形成当年战略落地的年度TOP N。

【案例】华为面向未来的关键TOP N

2021年华为公布了面向未来的TOP N，主要有5个方面：
（1）优化产业组合，增强产业韧性；
（2）推动5G价值全面发挥，定义5.5G，牵引5G持续演进；
（3）以用户为中心，打造全场景无缝的智慧体验；
（4）通过技术创新，降低能源消耗、实现低碳社会；
（5）努力解决供应连续问题。

针对第（2）条"推动5G价值全面发挥，定义5.5G，牵引5G持续演进"，华为倡议产业实施8大举措以加速5.5G时代到来，具体包括：①发放更多频谱以加速产业的发展，与产业伙伴共同探索更多有价值的新商用场景；②与产业伙伴共同推动F5.5G产业和标准的成熟；③在Net5.5G演进方向上尽快达成共识；④共同定义L4/L5网络自治目标并推动标准共建互认；⑤与产业伙伴共建开放共赢的多样性计算产业；⑥与伙伴共同定义满足多样数据处理需求的存储架构；⑦打造智能世界云底座并共建云生态；⑧统一能效指标体系并持续创新，助力行业节能减排。

SDBE领先模型认为，TOP N既可以是3～5年的，也可以是年度的，甚至可以按照季度来衡量。企业在提炼TOP N时必须遵循两点：首先，

TOP N要能够支持业务设计，特别是要支持价值主张的实现。因为竞争力来自独特性，来自差异化，所以关键举措一定要能支撑差异化的实现，支撑业务设计的价值主张。在过去几年里，华为终端有专门研究照相的团队、研究续航的团队、研究半导体的团队、研究芯片的团队，这造就了华为手机的独特性。其次，TOP N要包含重要的流程设计。过去形成的管理体系能用的可以留下，不能用的要先优化再使用，没有的管理体系要补上。比如，现在华为组建一个新的业务部门，都会先界定该业务部门的流程范围，并将部门执行流程写入公文。

CHAPTER 4

第4章

组织绩效目标

企业发展的本质,就是把企业的目标、个人的目标变成所有人的目标,促使所有人朝着同一个方向努力,力出一孔。

组织绩效是组织目标的达成情况,包括量化目标和非量化目标、短期和长期目标、财务和非财务目标、结果目标和过程目标。

4.1 组织绩效要支撑企业战略目标落地

组织绩效是指某一时期内,对组织基于自身职责定位承接的企业或上级组织目标完成结果的综合衡量。用SDBE领先模型来说,组织绩效就是以企业或组织为单位,以KPI和重点工作TOP N来衡量的,以季度、半年度、年度为周期设定的部门考核目标。

企业通过促进组织绩效的不断改进,从而激发组织活力,提升组织绩效,实现企业的战略目标。

4.1.1 组织绩效不等于部门负责人的个人绩效

一个企业为什么要做好组织绩效的管理?组织绩效能帮助企业在战略既定的前提下,衡量各部门"是否在做正确的事"及其"做事的结果效果如何"。组织绩效的目的是引导、牵引组织的行为,同时支撑企业战略的达成,也是对部门贡献的衡量。

组织绩效通常以年度为单位对组织目标的达成情况进行考核,组织绩效的作用主要有三个。

1. 组织绩效是支撑战略达成的"指挥棒"

企业战略目标制定后,会自上而下逐级分解,从企业分解到一级部门/业务线,从一级部门/业务线分解到二级部门及业务线下属部门,确保组织的战略诉求落实到组织绩效里面,再从二级部门及业务线下属部门分解到基础岗位,将企业管理者的责任和压力转变成每个部门的责任和压力,促使大家为了实现部门的目标而不断努力奋斗。"千斤重担人人挑,人人肩上有指标"。

任正非表示,如果战略制定好并分解完后,部门及部门负责人感觉不到压力,那么这个部门及部门负责人就可以撤销了,因为其对企业战略目标不会有贡献。

比如，华为曾在1998年的时候提出了要成为"世界一流通信设备供应商"的战略目标，为了实现这个目标，华为高层确定了6个维度的关键成功要素：市场领先、利润和增长、制造优势、顾客服务、人与文化、技术创新；确定一级维度之后，再将每一个维度进行逐级细分。例如，顾客服务可以分解为服务质量、培训客户、项目管理，其中，服务质量又可以进一步细分为产品满意度、服务态度满意度、产品安装成本、产品安装准时性、顾客响应速度等。考核指标最终发挥"指挥棒"的作用，牵引组织和员工的行为，让战略能够有效聚焦。

2. 组织绩效促进组织协同，牵引所有部门力出一孔

组织绩效通过对组织的考核，促进组织之间形成足够的协同，激发组织的活力。企业在做组织绩效时，需要进行绩效指标互锁。

很多企业都面临"部门墙"问题，部门间的协作、配合不顺畅，出现相互推诿的现象，这时候如何通过设计合理的指标来实现双方考核的互锁就非常关键。例如，销售部门设置销量指标，研发部门相应地设置新产品销量指标。销售部门销量指标的达成很大程度上依赖新产品的竞争力，而研发部门的新产品销量指标又依赖销售部门能否有效获取客户。如此一来，通过指标互锁，销售和研发部门得以高效协同工作，共同为客户创造价值。

3. 组织绩效对组织贡献进行衡量

组织绩效的评价结果最终体现了部门的价值创造，而价值创造的大小决定了部门奖金包的大小。很多企业想对组织贡献进行衡量，但是因为组织绩效指标设计环节做得不扎实而不敢用。

比如，有的企业把组织绩效转换成绩效系数来影响每个人的奖金：假如部门组织绩效为A，系数为1.5；部门组织绩效为B，系数为1.2。看上去，企业衡量了组织贡献，但是效果却不明显。为什么呢？因为绩效考核

结果为A的部门和绩效考核结果为B的部门，仅仅相差了0.3的奖金系数，不能对绩效好的部门产生足够的激励，从而无法有效点燃部门及其员工的热情。

组织绩效的提升，依赖组织中所有个体的奋斗及努力。对于一家企业来说，组织绩效是企业战略目标的实现程度；对于一个部门/团队来说，组织绩效是任务完成的结果。

因此，组织绩效并不等于部门负责人的个人绩效，部门负责人的绩效不仅包括他所辖员工的绩效及所负责部门的组织绩效，还包括他个人的绩效。部门负责人的个人绩效要体现其岗位的独特价值，管理者不能只盯着组织绩效的完成情况，还要担起岗位的责任。

当然，如果组织经营效果不好，组织绩效完成的结果不好，那么部门负责人就不可能有好的绩效结果。作为一个部门的负责人，他不仅必须是一个能冲锋陷阵的能手，还必须是一个能带领团队攻城拔寨的主帅。

4.1.2　组织绩效指标及目标的来源

组织绩效层层分解，越到基层组织，其颗粒度越细。层层分解是为了保证目标效力不衰减，有利于上下对齐，让各级组织的目标及责任人的主要目标清晰可见。

企业的经营管理，通常会以年度、半年度、季度为阶段设立组织绩效目标，然后在该阶段结束的时候，考察目标有没有达成。组织绩效指标及目标的来源主要有三个，如图4-1所示。

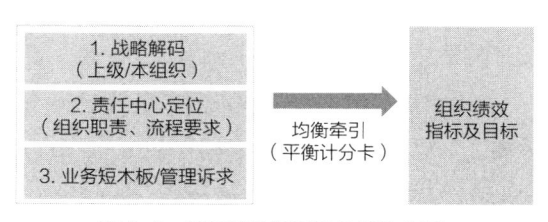

图4-1　组织绩效指标及目标的来源

1. 战略解码（上级/本组织）

上级/本组织通过SDBE领先模型，解码每一个部门的关键任务及KPI。在对战略进行解码的过程中，无论按职能部门进行横向分解，还是按管理层次进行纵向分解，最终都要实现企业战略目标和部门绩效目标、部门绩效目标和个人绩效目标的上下对齐。例如，某航空公司通过战略解码逐步分解战略目标并最终确定KPI，如图4-2所示。

战略方向：运营优化	战略目标	指标	目标值
财务：利润和投资回报（增加收入、用更少的飞机）	利润提升	利润增长率	30%增长
	收入增长	收入增长率	20%增长
	飞机数量减少	飞机架数	5%减少
客户：吸引和保留更多的客户（准时、低价）	客户量增加	客户数	12%增长
	飞机准点到位	到位准点率	排名第一
	价格更低	价格排名	排名第一
内部运营：快速地面周转	提高地面周转率	待飞时间	30分钟
		准点起飞率	90%
学习与发展：地勤和调度能力	提高地勤和调度能力	地勤人员培训率	90%
		持有公司股票的地勤人员比例	85%

图4-2 某航空公司的战略解码路径

2. 责任中心定位

每一个部门都有一个来自企业的原始诉求，也就是说，每个部门在端到端的流程里应履行的职责是组织绩效的关键。为什么在设计KPI的过程中，经常会出现错位？为什么不同部门之间会出现扯皮、互相不买账的情况？很可能就是因为企业没有对部门进行责任定位。部门责任中心定位的不同会直接影响组织对上级和流程目标的承接方式与范围，如表4-1所示。

表4-1 责任中心定位（以华为为例）

责任中心	说明	典型部门	典型KPI
利润中心	责任中心体系的核心，直接面向客户承担端与端责任，对利润负责	区域产品线/地区代表处	收入/回款/利润
收入中心	面向外部客户创造收入的组织，以追求规模和增长为主要目的	系统部	订货/客户满意度/格局/竞争
成本中心	为利润中心服务，是利润中心承担客户端到端责任的组成部分，投入与产出之间有着密切的匹配关系，对可控成本负责	生产制造/采购	交付质量/成本率/运作效率
费用中心	不直接面向外部客户，为其他责任中心提供服务，投入与产出之间无严格的匹配关系，对费用发生额、改进率负责	职能部门/研发预研部门	服务满意度/关键任务

例如，企业成立研发产品线的目的是希望产品线能和销售一起，使产品在市场上成功。有了这个定位后，企业就要考核该产品线的收入与利润，这些考核指标不是源于战略解码，而是源于部门的责任中心定位。

3. 业务短木板/管理诉求

这里指的是为改善组织能力短木板及应对管理诉求（包括来自领导、客户、合作伙伴、上下游的诉求）需进行的相关重点工作。比如，笔者团队曾服务的一个客户，他有8家子公司，其中7家子公司的回款都没有问题，只有1家子公司的回款出现了很大问题，那么这家销售回款有问题的子公司就是该客户的短木板。对此，在确定组织绩效考核时，应针对这个短木板专门制定考核指标。

【案例】华为组织绩效目标的分类

华为的组织绩效目标主要分为三类：战略目标、经营目标、管理改进目标，如表4-2所示。战略目标体现的是战略规划（SP）的长期诉求，明确长期战略意图及分阶段目标；经营目标体现的是企业当年的经营诉求和重点；管理改进目标主要聚焦组织关键短板，对标业界标杆进行持续改进，提升能力。

表4-2 华为组织绩效目标的分类

组织绩效目标分类	绩效指标
战略目标	机会点、格局、竞争、风险管理
经营目标	机会（订货）、增长（收入/回款）、投入（销管研各项费用）、效率（运营资产效率）、回报（利润/净现金流）、风险（超长期应收风险敞口）
管理改进目标	客户（客户满意度/品牌）、内部运营（变革/质量/内控）、学习与成长（人才数量与质量/人的效率与效益）

组织绩效的重点在于，它是以整个企业或者上级的组织目标来分解的，所以组织绩效不是独立存在的。重视组织绩效能让企业所有员工正确地执行目标，保证组织整体效能的激活，确保企业战略的顺利达成。

4.2 组织绩效指标设计：全面拉通，差异适配

组织绩效指标的设计需要实现上下对齐、分层担责，部门间左右拉通、横向协同，同时还要差异适配、突出重点，这样才能具有足够的牵引性，形成合力，促进组织目标的达成，进而支撑企业战略目标的实现。

4.2.1 上下对齐，确保层层支撑到位

组织绩效是战略到执行落地之间的桥梁，绩效体系的有效执行依赖企业全体管理层和员工对战略的共识和理解，以及全体员工对绩效的承诺。只有组织的各级目标都与战略保持方向一致，每个目标才能实现对企业战略的支撑。

在SDBE领先模型的战略解码过程中，企业会根据部门的独特价值来分解战略目标，确保每个目标都有承接部门，保证部门目标和企业战略是

一致的；各部门再将分解后得到的目标继续下分到员工层面，确保部门目标的达成，这样就能强力支撑企业战略的有效落地，如图4-3所示。

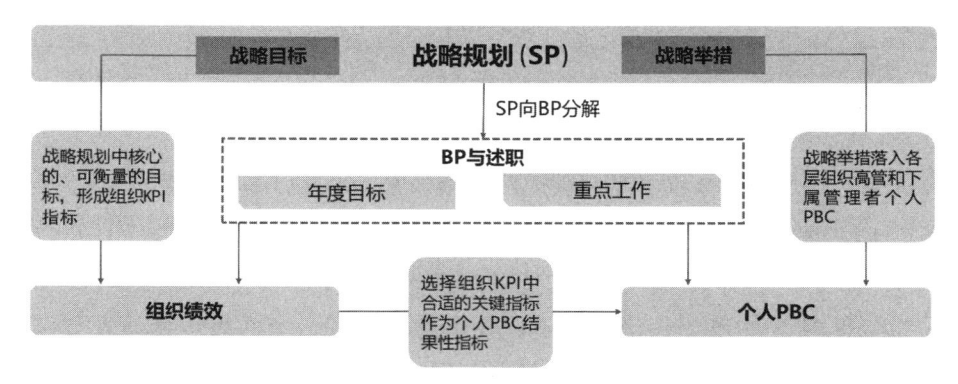

图4-3　绩效目标上下对齐

在设计绩效指标的时候，企业需要注意各级目标与组织战略的方向是否实现了上下一致。如果个人绩效目标与组织绩效目标之间出现了偏差，那么该绩效指标将无法支撑组织绩效目标的达成。

【案例】华为某研究所目标没有实现上下对齐

一个周六的早上，华为某研究所接到了一个紧急电话：某省有个32模的点瘫痪了，导致几万名用户的通信受到了影响，希望研发人员能够马上解决问题。项目组长罗璇（化名）迅速组织团队开展工作，但由于是新建团队，团队成员只对自己职责内的事情比较熟悉，缺少解决问题的深度支撑能力，在处理综合性紧急事件时相互之间配合不熟练，以致奋战了10多个小时还是没能解决问题。在巨大的压力下，项目团队更加慌乱了。最终，团队只得求助该省的一位售后服务专家，这才顺利地解决了问题。

造成这类问题的原因是，项目组成员与项目组的工作目标没有实现上下对齐，个人工作目标与组织目标之间出现了较大的差距，每个成员只关心自己的"一亩三分地",缺少对重大业务问题的综合性理解,导致在遇到重大问题时难以形成团队力量来支撑目标的达成。

在这件事情之后,该研究所收到了服务专家发来的邮件,邮件内容提到"希望研发能'知耻而后勇'"。项目组长罗璇说:"当时觉得特别丢人,于是我们痛定思痛,开始重新梳理重大事故的处理机制,明确流程和每个人的分工,强化每个人的关键能力,以确保对重大业务问题的深度解决能力。"在那以后,再遇到类似的问题,团队能以成熟的方式来应对,一定程度上也提升了团队绩效水平。

由此可见,企业要形成在共同的愿景和战略目标下的"上下同欲者胜"的绩效文化,形成对绩效的承诺。企业可以发动各级组织参与到绩效指标的分解中,尤其是考核者团队与被考核者团队要进行共同研讨,并达成共识,确保各级目标与组织战略的方向上下对齐、层层支撑到位。

4.2.2 横向协同,部门指标"拧麻花"形成合力

随着企业的飞速发展,内部各部门之间的权责越来越明确,而部门间的交流也变得越来越频繁。因此,企业战略目标的实现很多时候不能仅仅依靠将目标分割到不同的独立业务单元,而往往需要多部门相互支持,形成合力。

传统的绩效考核一般是严格按照部门自己的KPI来考核的。如果让员工放弃自己部门的绩效目标,无条件去帮助别的部门完成绩效,但得不到奖励,他会积极帮助其他部门吗?这显然是不切实际也不合理的。

【案例】Y企业部门指标设计

Y企业是一家制药企业,每年年初,Y企业会制定年度战略目标,一

级部门的负责人签订年度目标责任书，各方面的业绩与相关的绩效指标挂钩，但最终的绩效结果往往令老板非常不满意。

例如，2022年一季度销售额和利润等方面完成得都非常好，但生产部因为生产进度跟不上，导致有时会断货，因而考核指标没能完成。而人力资源部的绩效指标因为跟利润挂钩，因此完成得很好。在老板看来，生产部虽然出现了断货，但非常辛苦，也为企业做出了很多贡献；而人力资源部事实上并未做出多少贡献，只享受了利润这个指标的福利。这样的考核结果非常不公平。

从表4-3中可以看出，人力资源部考核指标中净利润完成率占比30%，人均销售收入完成率20%，人工成本占毛利比20%，招聘到岗率20%，工作计划完成率10%。人力资源部的绩效指标中跟销售相关的指标占比高达70%，而人才组织这部分的占比只有20%，这种设置显然是不合理的。

表4-3 Y企业人力资源部和生产部绩效考核指标对比

绩效指标	人力资源部权重	生产部权重
净利润完成率	30%	
人均销售收入完成率	20%	
人工成本占毛利比	20%	
招聘到岗率	20%	
工作计划完成率	10%	10%
制造费用下降率		20%
半成品一次性合格率		20%
采购成本节约		15%
内外部检查缺陷率		20%
设备正常使用率		15%

生产部的绩效指标中制造费用下降率20%，半成品一次性合格率20%，采购成本节约15%，内外部检查缺陷率20%，设备正常使用率15%，工作计划完成率10%，其中没有跟销售利润挂钩的指标。

从案例中可以看到，Y企业对经营目标的分解，缺少"拧麻花"式的指标设计。如此一来，就会造成有些人员干活、其他人可以坐等回报的不合理现象，不仅无法在部门间形成合力，甚至会带来争吵。

因此，为了促进企业战略目标的实现，组织绩效指标的设计不仅要确保部门目标与企业战略目标上下对齐，还要使各部门绩效指标"拧麻花"，实现部门间的左右拉通，建立起各部门间的连带责任和协作关系，保证横向一致性。

【案例】L企业设计的"拧麻花"式部门指标

L企业的一级部门主要有营销中心、项目交付中心、工程技术中心、生产制造中心和供应链管理中心，基于这些部门的不同职责和相互之间的关联性，L企业设计了它们的组织绩效考核指标，如图4-4所示。

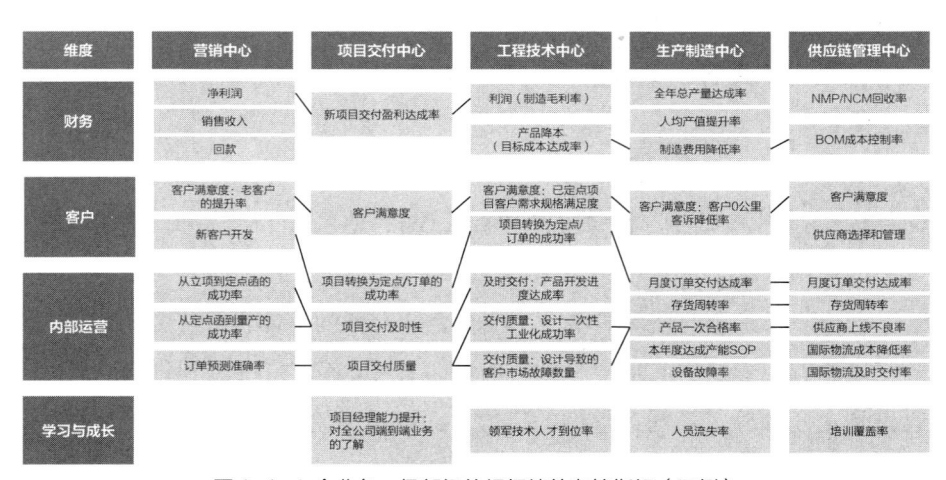

维度	营销中心	项目交付中心	工程技术中心	生产制造中心	供应链管理中心
财务	净利润；销售收入；回款	新项目交付盈利达成率	利润（制造毛利率）；产品降本（目标成本达成率）	全年总产值达成率；人均产值提升率；制造费用降低率	NMP/NCM回收率；BOM成本控制率
客户	客户满意度：老客户的提升率；新客户开发	客户满意度	客户满意度：已定点项目客户需求规格满足度；项目转换为定点/订单的成功率	客户满意度：客户0公里客诉降低率	客户满意度；供应商选择和管理
内部运营	从立项到定点函的成功率；从定点函到量产的成功率；订单预测准确率	项目转换为定点/订单的成功率；项目交付及时性；项目交付质量	及时交付：产品开发进度达成率；交付质量：设计一次性工业化成功率；交付质量：设计导致的客户市场故障数量	月度订单交付达成率；存货周转率；产品一次合格率；本年度达产能SOP；设备故障率	月度订单交付达成率；存货周转率；供应商上线不良率；国际物流成本降低率；国际物流及时交付率
学习与成长		项目经理能力提升：对全公司端到端业务的了解	领军技术人才到位率	人员流失率	培训覆盖率

图4-4 L企业各一级部门的组织绩效考核指标（示例）

从中可以看出，L企业在设计各一级部门组织绩效指标的时候，进行了横向拉通和互锁，例如：营销中心的"净利润"指标和项目交付中心的"新项目交付盈利达成率"，以及工程技术中心的"利润（制造毛利率）"

指标形成互锁，工程技术中心的"产品降本（目标成本达成率）"指标和生产制造中心的"制造费用降低率"，以及供应链管理中心的"BOM成本控制率"指标形成互锁……各部门相互之间"拧麻花"，形成合力，从而力出一孔，共同实现企业的战略目标。

实现团队目标才是真正的成功，共赢才是真正的成长。组织绩效指标的设计，需要横向协同才能更好地打破"部门墙"，形成合力，围绕总体目标努力，共同促进组织绩效目标实现1+1>2的结果。

4.2.3 基于部门责任定位，差异化设计指标

组织绩效指标及目标的来源之一是部门的责任中心定位。不同的部门责任中心定位直接影响部门对上级和流程目标的承接范围与承接方式，不同的责任中心定位意味着考核要素的设计模式和内容不同。明晰的责任中心定位是组织进行绩效管理的前提，以便更好地评估和激励各级组织和员工。

责任中心强调组织的一切成果发生在客户界面，清晰地划分责任中心的目标、指标与责任，将每一个单元（BG、地区部、产品线、职能部门等）的输出成果以客户端价值为衡量标准，让组织回归以客户为中心。此外，责任中心是全面预算的基石，围绕企业经营的整体目标努力。

虽然有的责任中心负责挣钱，有的责任中心负责花钱，但各类责任中心只是责任和分工不同，它们的定位并无等级差别。责任中心定位主要依据部门对产出和投入资源的控制或影响程度，部门责任中心除了有通用的定义，还与企业和上级的管理意图有关系。

综合来看，企业确定部门责任中心的相关原则包括：

（1）根据部门职责、部门对组织的贡献及投入资源的控制或影响程度来确定。

（2）各类责任中心定位并无等级差别，只是分工不同。

（3）基于部门业务管理模式的变化，其责任中心定位有可能是变化的。比如，企业的技术支持部早期很可能是成本中心，但是随着企业的发展壮大，业务管理模式发生变化，技术支持部既要对成本负责又要对收入与利润负责，并拥有了收入与生产经营决策权。这样，技术支持部就逐渐转变为企业的利润中心。

（4）每个责任中心内部的具体子部门定位可能与上级部门的不同，具体与其应负职责相关。比如，在华为财务系统中，既有费用中心，又有利润中心。它的子部门市场财经部是利润中心，因此融资销售额是该部门的重要考核指标之一，而融资销售解决方案设计也就成了该部门的重点工作。

华为根据不同部门的职责及部门对企业的贡献、投入资源的控制或影响程度，将不同部门分为利润中心、收入中心、成本中心、费用中心。

华为最核心的利润中心就是代表处，代表处面向客户。那么，产品线不直接面向客户，为什么也是利润中心？

第一，一线的所有代表处都有产品解决方案副代表，而且各个产品线都有落到代表处的产品行销人员。产品行销人员是依据产品设立的，直接向代表处的产品解决方案副代表汇报，产品线承担赋能职责。因此，产品行销人员其实是面向客户的。

第二，很多企业的产品线不是利润中心，就会导致一个问题：市场部和研发部之间相互推诿。如果产品部和市场部都是利润中心，就会使产品线和一线双方同亏同赢，两个利润中心数据一致。

第三，华为把产品线作为利润中心，使得产品线和代表处在面向客户时，利益是完全一致的。在销售过程中，产品线直接参与销售，这样更有利于提高打单的成功率。

从利润中心的角度来看，华为突出重点，突出客户界面，突出产品线，而且把其他支撑性的部门通通放开，要求没那么严，也没那么高，让成本中心和费用中心的工作以服务客户为主要目的，一切为了客户。

由此可见，不同部门对企业的独特价值是不一样的。比如，一家企业经营活动是以营销为主的，那么销售部门是它的利润中心，价值定位会高于其他部门；如果企业经营活动是以制造为主的，那么生产部门的价值定位就会高于其他部门。责任中心确定了，部门的组织绩效衡量指标有很大一部分就可以确定了。

然而，部分企业在设置不同部门的绩效考核指标时，通常采用一刀切的方式，使得它们不能为企业贡献自己的独特价值，难以对企业战略进行支撑。比如，对各个部门都设置利润增长率指标，虽然这种统一的做法从某种意义上来说是"公平"的，但是没有考虑不同部门的价值定位。

我们可以借鉴和参考华为设计不同业务单元的绩效指标的方法，差异化设计组织绩效指标，这样就能让各部门共同围绕企业的战略目标奋斗，提升企业整体的绩效。

【案例】华为基于部门的独特价值，差异化设计组织绩效指标

华为研发部门主要负责开发产品，而销售部门主要负责开拓客户，把产品销售给客户。基于这两个部门的不同职责和相互之间的关联性，华为设计了它们的绩效考核指标，如表4-4所示。

表4-4 华为研发部门与销售部门的绩效考核指标（示例）

部门	考核指标	
	相同部分	差异部分
研发部门	战略目标、新产品销售、客户满意度、网络运行质量、市场份额、收入/订货、利润率、存货周转效率	产品竞争力、产品进度偏差、产品规格实现、技术断裂点、专利覆盖率、产品质量（返修率/事故）、研发降本
销售部门		客户关系、回款/现金流、资金周转效率/服务成本率/销售费用率

从中可以看出,这两个部门虽然一个在内,一个在外,但是通过基于部门的价值定位进行差异化的绩效指标设计,相互之间形成合力,从而使得研发部门和销售部门力出一孔,共同实现以客户为中心。

组织绩效管理的目的是确保每个组织发挥其最大的潜力,实现其独特价值,为组织做出应有的贡献。如果企业不能有效区分组织的独特价值,从而进行有效的组织绩效管理,那么不同组织之间就可能出现"职责黑洞"或者"互相掣肘"等现象,难以做到力出一孔,各个部门就很容易偏离企业的战略意图。

4.2.4 业务发展阶段不同,考核重点不同

组织绩效需要考虑不同部门的业务特征和发展阶段,设置差异化考核。随着业务场景和业务特征多样化,如果用一套统一的管理标准来适配全部业务,只会给业务发展带来困扰,甚至会破坏业务发展。因此,需要针对业务的差异性来设计相应的KPI。例如,针对市场上的"盐碱地"和"产粮田",考核指标自然不能一样,否则就没有人愿意去"盐碱地"了;另外,针对"盐碱地"还可以采用战略补贴方式,把阶段性的目标和战略补贴挂钩,同时在干部晋升策略上倾斜,企业需要用多套手法激发干部和员工的积极性。

处于初创期的业务和处于成熟期的业务,考核指标同样要避免雷同。在业务的孵化期、初创期,不建议使用利润这样的考核指标,因为这时产生不了利润。应该根据处于初创阶段的关键事件进行管理。在业务的成长期,要迅速地"攻城略地",对应的考核应该以规模增长为先,其次是利润,企业要关注的是产品的推出、占据市场份额、获取山头项目,以此快速做大规模。而对于已成熟的业务,市场增长空间已经不大,因此更多的

是以利润改进为先，成长次之。企业不同发展阶段的考核重点及典型指标如图4-5所示。

拓展期重点
市场突破、规模上量、战略目标，比如新机会、新业务模式、新市场格局、新竞争、山头目标

经营指标
销售收入、销售毛利、破局市场的关键举措和关键结果

成长期重点
牵引规模，有利润的增长、有现金流的利润

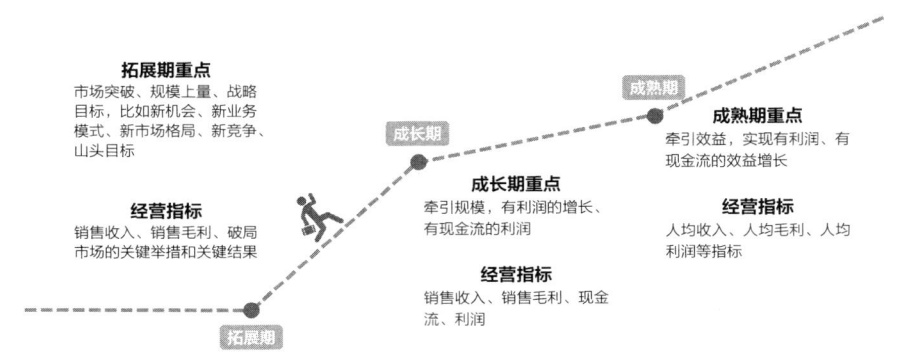

经营指标
销售收入、销售毛利、现金流、利润

成熟期重点
牵引效益，实现利润、有现金流的效益增长

经营指标
人均收入、人均毛利、人均利润等指标

图4-5 企业不同发展阶段的考核重点及典型指标（示例）

【案例】华为不同阶段市场团队的考核牵引要点

基于业务的不同发展阶段，使长期与中短期达成平衡，市场团队的考核应配以不一样的考核激励方案，不同阶段市场团队的考核牵引要点如表4-5所示。

表4-5 不同阶段市场团队的考核牵引要点（示例）

不同阶段	导入期	成长期	成熟期
业务场景	牵引机会，放量和改善盈利	牵引规模，实现盈利	牵引效益，提升盈利能力
考核要点	• 市场导入：市场突破、实现战略市场目标（新业务、新机会、山头项目、竞争格局） • 考核关键举措和关键事件	• 有效规模增长：有利润的增长，有现金流的利润 • 考核收入和现金流	• 有利润，有现金流，效益持续增长 • 考核收入、利润、现金流

总而言之，组织绩效考核要牵引业务发展和组织目标达成，企业真正想要什么，就牵引什么。因此，在设计组织绩效指标时要注意灵活性，应该根据企业实际情况的变化而变化，要考虑企业在不同阶段的发展重点，

始终围绕企业的战略目标来设置,避免重点战略被忽略。

4.2.5 良好的沟通机制,确保目标共担

组织绩效从战略出发,最终根据不同部门的职责和定位,形成有效的考核依据。然而,组织绩效在很多企业被视为管理难题,其中很大的原因就是缺乏良好的沟通机制,使得组织和员工无法正确地执行目标,从而无法保证组织整体效能的激活和企业战略目标的顺利达成。

企业组织绩效在从上往下分解的过程中,往往容易出现以下问题:

(1)认为绩效管理是人力资源管理部门的事,上下级部门管理者之间出现目标博弈的情况;

(2)上下级组织之间的指标可能会出现分解不到位、有缺失或不一致的现象;

(3)基层组织因为没有充分参与高层的绩效研讨,容易导致理解困难,难以达成共识,员工本能地会对绩效评估结果的公正性表示质疑。

SDBE领先模型认为组织绩效目标分解要强调上下共识,在各级管理团队之间建立良好的沟通机制,帮助考核者团队与被考核者团队澄清绩效指标达成的目标值、具体举措和所需资源,并最终达成共识。组织绩效目标沟通可以在企业高管层团队与所有事业部之间、事业部高管层团队与下属所有部门之间、部门管理层团队与下属主管团队之间开展。只有组织的各级目标与战略保持方向一致,每个目标才能实现对企业战略的支撑。

【案例】华为绩效目标沟通会

华为的绩效管理成功的原因在于,华为每年在制定KPI时,都要在内部发动所有干部和员工展开大讨论,在企业统一的大战略目标下,明确每个部门的KPI,然后一一执行。基于企业战略目标去制定统一的、标准化

的KPI，对于规模越大的企业来说，就越关键。如果部门各自为政，只考虑自己的发展方向，KPI制定五花八门，那么绩效管理就可能一团糟。

1999年2月，华为各系统对《华为公司公司级关键绩效指标（KPI）体系（草案）》展开了激烈的大讨论。例如，华为研发系统在讨论中将问题聚焦在几个关键矛盾上：强调新产品销售额比率的增长，会不会忽视老产品的稳定和优化？强调成本控制，会不会导致重成本轻质量的问题？强调人均新产品毛利的增长，会不会让研发部门过于追求短期利益而忽视长期利益？产品的销售情况要依赖市场部，如果市场部不积极销售新产品，就会影响研发系统KPI的达成，那么如何解决跨部门目标不一致的问题？

在具体的操作中，组织绩效目标的沟通需要穿透层层组织，直到员工执行层面上。从"我们是一家有什么使命、有怎样愿景的公司，我们的市场定位如何，我们的战略三年目标是什么"，到"我们的当年重点战略举措、关键成功因素及平衡计分卡"，再到"将平衡计分卡上的关键举措分解为多项任务和实施步骤"等，都需要各级管理者和员工的深度参与。

华为根据企业直线管理和行管指导的矩阵管理特点，建立了上下对齐、左右拉通的绩效目标沟通机制，如图4-6所示。

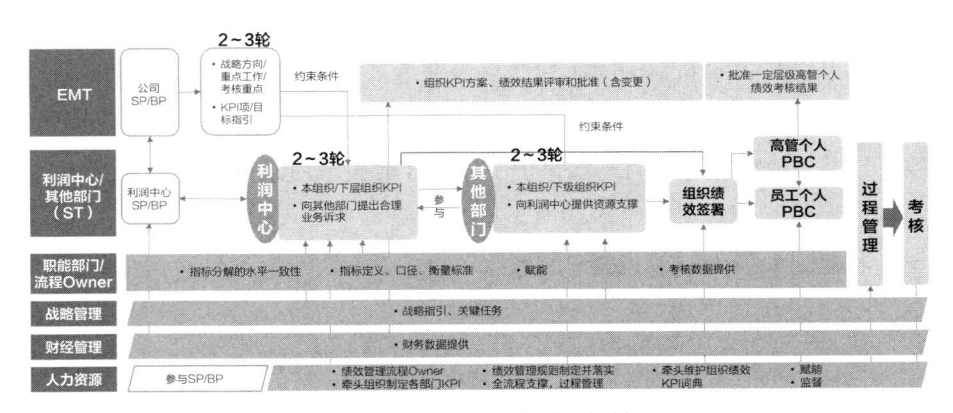

图4-6 华为绩效目标沟通机制

可见，企业不仅要有明确的战略目标，还要建立良好的绩效沟通机制，让员工知晓目标并为之奋斗，确保目标共担、责任共担。

4.3 制定部门绩效指标，牵引各组织发挥最大潜力

彼得·德鲁克曾说："战略管理是指实现企业目标的一系列决策和行动计划，任何行动从语义学的角度分析都包含这样几个问题，即做什么，由谁做，怎么做，在哪里做，何时做。"

企业战略目标分解到各部门后，各部门基于自身责任中心定位和业务短板/管理诉求，再将其转换为部门的绩效指标，形成对部门的绩效考核表，从而牵引各级组织发挥最大的潜力。

4.3.1 梳理部门职责，确定部门重点工作

企业的每个重大战略都会经过层层解码，经企业战略管理部门制定，及核心经营管理团队确认后，得出可衡量和可管理的关键成功因素，再分解到各部门，让各部门充分理解并落实执行。如此一来，各部门就能够找到自己在该战略中所处的位置，发挥自己的作用。

为确保部门工作的顺利开展，为组织绩效提供明确的指导，同时充分发挥其在战略中的作用，企业需要厘清各部门的职责。也就是说，确定绩效指标前要先明确各部门对企业战略目标的价值。企业可以通过对业务流程（价值流）的梳理，来确定各项关键价值活动的责任部门和协同部门，进一步厘清各部门的职责。

表4-6是笔者团队在为一家企业做咨询服务时，对业务流程梳理后确定的关键价值活动在部门间的分工结果。

表4-6 关键价值活动梳理及部门职责分配（示例）

主业务流程	序号	关键价值活动	销售部	市场部	大区/省区	平台业务部	人力行政部	财务部	总经办
战略与经营管理	1	组织战略务虚研讨							★
	2	组织战略方向和定位研讨							★
	3	组织战略解码							★
	4	组织公司经营规划拟制							★
	5	组织各部门策略和规划梳理							★
	6	组织年度战略与经营会议							★
	7	组织编制人力规划					★		
	8	组织编制财务预算规划						★	
	9	经营目标制定与下达						★	
	10	经营目标完成总结						★	
	11	组织阶段性战略落地回顾							★
产品营销	12	市场调研及竞品研究		★	√				
	13	产品卖点及配方		★					
	14	产品定位		★					
	15	包装设计		★					
	16	销量目标预测	★		√			√	
	17	经销商策略	★		√				
	18	全国性消费者促销计划	√	★	√				
	19	区域性消费者促销计划			√				
	20	助销品采购							√

注："★"表示主导，"√"表示协同。

在厘清部门职责后，企业需要结合战略目标确定部门的重点工作。各部门重点工作确定的基本原则是：（1）为达成部门目标，哪些是部门或团队最关键的、需要优先考虑的、需要共同完成的事情；（2）对需要考虑的事情开展优先级排序；（3）需要考虑的事项最好不超过8项。

企业可以将财务和客户维度的年度重点工作和措施归为重点业务措施；将内部运营及学习与成长维度的重点工作和措施归为重点管理措施，而且这些重要措施都要保证SMART化。

各部门需要完成的重点工作不仅会体现各部门在企业战略中的独特价值，还会落实到具体负责人。重点工作责任人在明确工作目标与评价标准后，要输出详细的可执行的行动计划与完成时间，以确保重点工作的落地，如表4-7所示。

表4-7 年度重点工作（TOP N）细化表

序号	年度重点工作	评价标准	可执行的行动计划	负责人	协同方	完成时间
1						
2						
3						
……						

厘清部门职责，确定部门的重点工作任务后，就可以确定部门相应的衡量指标，确保部门工作不偏离企业战略。

4.3.2 基于责任分解矩阵，分解组织绩效目标

部门绩效指标要围绕企业的战略目标来分解，不能各部门孤立地去制定。在确定财务、客户、内部运营及学习与成长4个维度的关键成功因素，并根据关键成功因素确定企业级KPI后，企业需要结合部门职责与责任中心定位，将KPI落实到责任部门，从而形成部门的绩效指标。

将企业指标分解到部门指标，常用的一种方法是责任矩阵分解法。这种方法也可用于部门目标到岗位目标的分解。

笔者曾为一家酒店T做绩效薪酬体系建设咨询服务。在搭建绩效薪酬体系时，先根据BSC从财务、客户、内部运营、学习与成长4个维度制定了企业级绩效指标库，然后通过责任矩阵分解法，分解组织目标，确定了部门绩效指标，如表4-8所示。

表4-8 T企业基于责任矩阵分解法确定部门绩效指标

维度	绩效指标	人资部	财务部	物业部	运营部
财务	营收				√
	净利润	√	√	√	√
	费用控制	√	√	√	
客户	客流量				√
	会员充值				√
	产品/服务质量	√	√	√	√
内部运营	工作计划完成率	√	√	√	√
	财产安全			√	
	人身安全			√	
	公共关系维护			√	
学习与成长	岗位胜任率	√			
	招聘到岗率	√			

应用责任矩阵分解法将企业指标分解到每个部门时，可能表现形式一致，也可能表现形式不一致。如在企业层面的指标可以是"成本降低"，分解到行政部门可能是"行政费用降低"，分解到采购部门可能是"采购成本降低"等。

因此，为了确保上级的目标和重点工作能够在下级部门得到层层落实，且可能有些指标需要由多个部门来承接，因此在制定部门绩效指标时还需要考虑绩效指标在横向部门中的责任分配与承接，如表4-9所示。

表4-9 KPI由多部门承接（示例）

绩效指标	销售部	财务部	人力资源部	……
企业营收	○	×	×	
企业净利润	○	*	*	
……				

注："○"表示完全承接，"*"表示直接部分承接，"×"表示间接部分承接。

基于责任矩阵分解法，把企业目标层层分解落实到各部门，上级部门的指标通过下级部门落实，下级部门的指标完成能够确保上级部门的指标完成，让各部门对自己应该承担的责任一目了然，分层担责，从而确保企业战略目标更好地实现。正如华为倡导的"砍掉中层干部屁股"，其目的之一就是要打破部门本位主义，要求每个中层干部都要有全局观，不能只从本部门的利益出发来开展工作。

4.3.3 组织绩效指标数量和权重设计

通过从组织绩效KPI的主要来源提炼出部门的组织KPI后，接下来就要对部门组织绩效指标数量、权重、目标值，以及评分规则等进行设定，进而将其转换为真正的部门绩效考核指标。

部门组织绩效指标的数量，通常情况下建议定为8～12项，组织层级越往下，原则上数量递减。指标数量过少容易造成考核不够全面，风险过于集中；而指标数量过多又会分散部门注意力，影响效率，并且有可能使企业的考核成本过高。

因此，部门组织指标必须聚焦经营重点，企业可以通过对组织绩效KPI进行有效性评估，从而筛选出适当数量的指标，最终确定各部门的KPI。组织绩效KPI的有效性一般从可理解性、可控制性、可实施性、可信性、可衡量性、可低成本获取、与目标一致、与整个指标体系一致等几个维度来评估。

（1）可理解性：该指标是否可被简单明了地理解；

（2）可控制性：该指标的结果是否有直接责任归属，或者说是否能被直接责任人基本控制；

（3）可实施性：是否可以采取行动来改进绩效；

（4）可信性：是否有稳定的数据来源和科学的数据处理方法来支持该指标；

（5）可衡量性：是否能够量化，是否有可信的衡量标准或计算公式；

（6）可低成本获取：获取数据的成本是否高于其带来的价值；

（7）与目标一致：该指标能否与某个特定的战略目标相联系；

（8）与整个指标体系一致：该指标是否与组织中上一层或下一层的指标相联系。

组织绩效KPI有效性评估表可参考表4-10。

表4-10　组织绩效KPI有效性评估表（示例）

评估对象	评估指标	可理解性	可控制性	可实施性	可信性	可衡量性	可低成本获取	与目标一致	与整个指标体系一致	备注	是否有效
示例：××大区	商品销售收入	Y	Y	Y	Y	Y	Y	Y	Y		是
示例：用户营销总部	品牌知名度	Y	Y	Y	Y	Y	N	Y	Y	缺乏有效的手段来收集数据	否
……											
……											
……											

注："Y"表示该指标满足该判断维度的特性，"N"表示该指标对该判断维度的满足不够。

适当的指标数量不仅能使各部门绩效目标更加明确，也让企业的绩效考核更加具体且有针对性。确定了组织绩效指标的数量后，就需要根据工作优先顺序和承担的责任来设计各项KPI的权重，指标权重体现了牵引的力度。

一般来说，如果使用平衡计分卡的考核模式，每个维度的KPI权重分配可以参考以下范围：针对前台部门，财务维度的KPI权重占60%～80%，客户维度的KPI权重占10%～15%，内部运营维度的KPI权重占5%～15%，学习与成长维度的KPI权重占5%～10%；针对中后台部门，财务维度的KPI权重占20%～40%，客户维度的KPI权重占10%～15%，内部运营维度的KPI权重占45%～60%，学习与成长维度的KPI权重占5%～10%。此外，绩效指标权重分配在同级别、同类型部门之间应具有一致性，同时又要兼顾每个部门的独特价值。

权重是绩效指标体系的重要组成部分，是对各项指标在绩效评价中的重要程度的权衡，绩效指标的权重不同会形成不同的评估结果。绩效指标的权重设计大多是凭人为经验判定的，但其设计也不能太随意，要充分体现企业的战略目标和部门的价值定位，这样才能引导员工向着组织期望的方向努力。

4.3.4 组织绩效指标的目标值设定方法和评分规则

在分配各绩效指标的权重之后，还需要确定各指标对应的目标值。组织绩效指标的目标值是企业对未来绩效的期望，是绩效指标的衡量基准。

那么，一项KPI做到什么程度才叫"做得好"，也就是说，组织绩效KPI的目标值该如何确定呢？例如，一个业务单元的规模目标——收入，当年要做到什么程度为好？要比去年增加多少百分比？哪些产品的收入增长更加明显？再比如，一项KPI如果是赢下山头项目，那么山头在哪个市场？什么时候进入这个市场，占据多大市场份额？什么产品要进入市场，范围是多大？这些目标必须完成到什么程度，组织与上级才满意？以上都是确定组织绩效KPI目标值需要考虑的问题。

因此，组织绩效KPI目标值的确定，一般需要上级部门和相关专业部门结合企业战略、年度业务目标，并结合指标的历史数据（包括上阶段指标完成情况、企业历史上最好情况、可提升的空间等）与被考核者的实际情况来综合确定，同时也应参考行业的标杆数据。只有这样，才可能下达相对合理的目标，也才可能获得上下共识。

目标值设定得太低就会失去考核的意义，设定得过高也不会有好的效果，目标值最好做到"跳一跳，够得着"。如果没有历史数据，就需要预估一个数据，后续再根据实际情况进行调整。即使是一个模糊的数据，也比没有数据强。

1. 组织绩效指标的目标值设定要求

（1）各部门的目标值要体现企业战略/部门SP及相关管理要求的落地。

（2）各部门的目标值设置应体现持续改进原则，并参考业界标杆。

（3）组织绩效指标的目标值由被考核部门给出建议，直接由上级决策，行业/第三方提供专业支撑。

（4）各部门应就组织绩效指标的考核口径和相关基础数据与相应的行业/第三方进行沟通确认，确保数据的准确和客观公正。

2. 组织绩效指标的目标值设定方法

（1）"四维比较法"

华为在确定组织绩效指标的目标值时，采用"四维比较法"。

维度一：与行业发展趋势比。如果一个行业每年市场容量增长35%，但是企业的规模只增加了30%，即便打败了隔壁的老对手，也是没有意义的。正所谓"赢了竞争对手，却输给时代"，所以组织绩效的目标应着眼于行业发展趋势。

维度二：与竞争对手的发展比。不仅要跟上行业发展的速度，还要赶上竞争对手的速度。例如，和我们同级别的竞争对手增长了100%，而我们却只增长了50%，如果只看自己的增长，我们可能心生得意，却没有意识到在市场份额上已经被蚕食了。对于这样的情况，市场占有率等相对指标比销售收入、销售收入增长率等绝对指标更能体现问题。因此，我们必须对标同级别甚至更强的竞争对手，学习其优点，补齐自己的短板。

维度三：与企业内同类业务比。指不同产品线、区域销售组织等同类业务之间进行横向比较。采用赛马的方式促进你追我赶。

维度四：与历史比。"有改进，大奖励"，持续改进，就可以牵引各组织发挥最大潜力。

"四维比较法"能够解决目标难以达成共识的问题，通过定标比照，将企业组织绩效和行业发展、实践标杆进行比较，找出目标、找出差距，提出针对性发展思路，从而实现企业的期望。

（2）其他方法

仅仅通过"四维比较法"推导出单一的目标值，不一定能够弥合上下级对目标期望的不一致，也不能很好地包容市场变动因素，且体现不了对超出期望、超出奖励的牵引力度。因此，考虑到不同组织、部门及员工个体之间存在能力上的差异，企业可以通过设定"底线值""达标值""挑战值"的方法来设定目标值。

底线值是战略落地最基本的业绩保证，是绩效指标达成结果的最低要求，一般为达标值的60%～80%，达不到则绩效得分清零。

达标值反映企业正常战略诉求的业绩，是维持管理的基本水准，是绩效指标的正常目标值。

挑战值是超出企业战略预期的业绩，是在达标值基础上设定的挑战目标，一般为达标值的120%，体现的是企业自上而下的目标强有力的牵引，是需要付出很大努力才能达成的。

3. 组织绩效指标的评分规则

目标值确定之后，就可以考虑设置相应的评分规则。组织绩效指标的评分规则可以分为量化指标和非量化指标两类。

（1）量化指标评分规则

对于量化指标，一般采用线性赋分方法。核心经营指标可以设立3个目标值，采用线性插值法确定分数，赋分方式可参考如下示例。

① 当实际完成值$X<$底线值时，得分清零；

② 当底线值$\leq X \leq$达标值时，得分$=60+40\times(X-$底线值$)/($达标值$-$底线值$)$；

③ 当达标值$<X\leq$挑战值时，得分$=100+20\times(X-$达标值$)/($挑战值$-$达标值$)$；

④ 当$X>$挑战值时，得分$=120$分。

并非每个指标都要设置3个目标值，不适合设置多级目标的指标只需设立一个目标值，赋分方式可参考如下示例。

① 当实际完成值$\leq$目标值时，得分$=$达成率$\times 100$；

② 当实际完成值$>$目标值时，得分$=120$分。

（2）非量化指标评分规则

对于工作范围内相对长期性、过程性、辅助性的难以量化的关键任务，可借用QQTCR模型（如表4-11所示）确定衡量维度，或者通过定性的等级划分进行转化（如表4-12所示）。这类关键任务一般拆分为多个节点，并定义各节点的评价标准，以减少评估中的主观因素。

表4-11 QQTCR模型

考核维度	考核方式
质量（Q）	评价效果、检查结果、完成情况、合格率、投诉情况、满意度、准确性、周转次数等
数量（Q）	个数、人数、次数、项数、时数、额度等
时间（T）	完成时间、批准时间、开始时间、结束时间、计划完成率、及时性等
成本（C）	费用额、节省数量等
风险（R）	出错数/率、失误次数等

第 4 章 组织绩效目标

表4-12 定性的评价等级划分（示例）

评价等级	评价标准
未达到预期	• 关键事项未达成上下共识的目标 • 关键事项的表现低于合格水平，妨碍了上级组织整体业务目标的实现
达到预期	• 关键事项达成了基本目标，某些方面的表现超出了预期 • 为上级组织整体业务目标的实现做出了切实的贡献
超出预期	• 关键事项的达成超出预期 • 完成了额外的工作，并为上级组织的整体业务目标的实现做出了卓越的贡献

以绩效指标"××系统平台建立"为例，从时间和质量维度，结合分级评价进行综合考评，最终经过加权计算得到指标的总分，如表4-13所示。

表4-13 "××系统平台建立"指标评分规则（示例）

指标	考核子维度	维度权重	考核标准		
××系统平台建立	计划完成情况	25%	根据工作计划中规定的各关键节点检查工作的完成情况。每个关键节点的成果每延迟一周扣5分。满分100分，扣完为止		
	××系统平台设计上线评价	25%	未达到预期	达到预期	超出预期
			60分以下	60～100分	100～120分
			未达到预期标准：系统平台方案结构不完整，在经过3次以内的修改后仍不符合公司现状，最终未能获得审查通过 达到预期标准：系统平台方案主体结构完整，但是部分内容缺失；系统平台方案在经过3次以内的修改后基本符合公司现状，并最终获得审查通过 超出预期标准：系统平台方案主体结构完整，内容严谨细致、规范合理；方案针对性强，1次即获得审查通过		
	××系统平台运行成效评价	50%	未达到预期	达到预期	超出预期
			60分以下	60～100分	100～120分
			未达到预期标准：系统平台运行不正常，试运行过程中出现问题，导致运行效果较差 达到预期标准：系统平台运行基本正常，但需要解决试运行过程中的一些问题，运行效果部分有偏差，或者时间节点、成本预算有超标现象 超出预期标准：在公司规定范围内推行下去，试运行非常顺利；通过试运行，实现预期管理成效，促进经营业绩提升，获得作战部门认可		

组织绩效指标目标值和评分规则的确定是确保绩效管理体系公平客观的关键环节，因此，科学而合理地设置组织绩效指标的目标值和评分规

则，做到清晰明确且留出空间，这样才能牵引部门或员工为了实现目标不断奋斗，进而在企业内部营造积极向上的竞争氛围。

4.3.5 形成部门指标，输出部门绩效考核表

在确定组织绩效各项指标的权重、目标值和评分规则之后，还要明确每一项组织绩效指标的考核周期。组织绩效指标的考核周期，需要结合 KPI 本身的业务经营周期来确定。比如，一些 To B 的业务项目，周期一般在 3～6 个月甚至一年，那么相关的绩效指标的管理周期应合理设置为半年甚至一年，因为如果设置为季度考核，数据还没有出来或者不便于统计数据。还有一些指标是要贯穿全年的工作才能够体现出来的，也不适宜设置为短周期指标，比如应该设置为年度考核（不能按季度考核）的指标有第三方客户满意度、组织干部人才类 KPI 等。但是如果业务周期比较短，比如简单产品的交易，每个月可以很好地核算业绩，那么应用月度考核也是可以的。

组织绩效考核体现的是企业关于部门业务和绩效提升的重点，企业最终输出的部门绩效考核表可以参考华为组织绩效考核表的结构，并结合自身实际管理现状综合使用。华为组织绩效考核表包含组织绩效 KPI、战略任务和关键举措（TOP N）及关键事件 3 个部分（如表 4-14 所示）。

表 4-14　华为组织绩效考核表（示例）

部门名称									
部门负责人									
第一部分　组织绩效 KPI：按平衡计分卡的形式设置									
【说明】组织绩效 KPI 按平衡计分卡的形式进行设置									
维度	指标名称	权重	目标值			评分规则	考核周期	完成值	考核得分
			底线值	达标值	挑战值				

续表

第二部分　战略任务和关键举措（TOP N）
【说明】不容易量化的、达成长期目标要完成的工作或需要跨部门协同才能完成的工作，确保KPI的有效达成。

维度	战略任务/关键举措	权重	衡量标准	考核周期	完成情况

第三部分　关键事件
【说明】1. 扣分事件：①负向事件，一旦发生，影响重大；②专项检查不符合要求，设定扣分上限。 2. 加分事件：职能管理部门定义规则，并负责提名，或向公司经营管理团队收集，由公司经营管理团队进行评议。

维度	关键事件	衡量标准	考核周期	完成情况

组织绩效考核通常是客观、量化的，由数据责任部门统计结果，和目标比对就能够获得分数。但是在需要评议的指标或者最终的综合评议上，放在一起评议的主要是同一类组织或同一个组织内的下属组织，比如产品线放在一起评议，同一地区内部的代表处放在一起评议。在这里还需要注意，没有必要把两类不同的部门考核结果放在一起评议，虽然它们可能对应着同一个或若干类似的KPI。比如，对市场部考核销售收入时，供应链也要考核销售收入，目的主要是使供应链以市场收入为工作导向，双方仅仅是指标互锁，没有必要将它们放在一起评议。

4.4　不同类型部门组织绩效指标设计

绩效指标是绩效管理的"指挥棒"，要把指标当路标，好的指标要能够实现指哪儿打哪儿、仗怎么打就怎么考核。比如华为为了实现"为顾客提供高质量的产品"的目标，确定了客户对产品的抱怨次数、客户对服务态度的抱怨次数、产品安装的单位人工成本、准时完成安装的百分率、一年中产品安装的失败率等考核指标。

针对不同类型的部门，要根据其不同的组织职责和业务形态，差异化设置组织绩效指标。在SDBE领先模型中，企业组织定位通常划分为主战部门（前台部门）、主建部门（中台部门）及职能部门（后台部门）3种类型，下面将分别介绍这3类部门组织绩效指标的设计。

4.4.1 主战部门组织绩效指标设计：聚焦"多打粮食"

> 我们强调主战部门的责任简单化，就是攻山头，攻下"上甘岭"。主战部门开着主战坦克往"上甘岭"冲，其他修理车、加油车、担架队、炮弹供应车、馒头车……由支援保障部门负责，再加上后勤保障部门。
>
> ——任正非

主战部门要对作战胜败负责，目的就是攻下"上甘岭"，通常是直接为公司创造利润或者直接接触客户的部门，如华为的运营商BG、企业BG、地区部、代表处等都属于主战部门。主战部门的主要职责是制定企业的战略规划，并确保战略的落地执行；积极拓展市场和客户，与目标客户建立良好的合作关系，提高客户满意度和忠诚度；整合内外部资源，确保企业业务的稳定发展。

主战部门是引领企业实现战略目标，提高企业市场竞争力的核心部门，因此，主战部门绩效指标的设计需要聚焦"多打粮食"。以下是一些常见的主战部门绩效考核指标。

（1）销售额：对于以销售为主导的主战部门，销售额是最重要的绩效指标之一。设定合理的销售额目标，可以激励销售人员积极拓展市场和客户，提高销售业绩。

（2）净利润：净利润是销售额减去成本和税费后的净销售额，是衡量主战部门经济效益的重要指标。分析净利润的变化，可以了解部门经济效益的情况，进而制定相应的管理措施。

（3）客户满意度：客户满意度是衡量主战部门工作质量的重要指标之一。对客户反馈进行调查和分析，可以了解客户对部门工作的满意度，进而采取措施，提高服务质量。

（4）新客户开发数量：对于主战部门来说，不断开发新客户是保持竞争力的关键。设定新客户开发数量目标，可以激励销售人员积极拓展市场和客户，提高客户数量和质量。

（5）内部流程效率：内部流程效率是衡量主战部门内部管理效率的重要指标之一。对内部流程进行分析和优化，可以提高部门工作效率和管理水平，降低成本和错误率。

表4-15是华为代表处组织绩效指标设计思路：牵引"多打粮食"的指标占比70%，牵引"增加土地肥力"的指标占比30%。

表4-15 华为代表处组织绩效指标设计思路（示例）

牵引点	序号	KPI名称	设立目的
多打粮食 （70%）	1	订货	促进订货量的提高
	2	销售收入	促进销售收入的提高
	3	贡献利润	衡量盈利能力，体现经营结果
	4	经营性净现金流	衡量资金流动性状况，有效支撑运营
增加土地肥力 （30%）	5	战略	战略山头项目、战略目标、营商环境
	6	客户	关键客户关系管理、客户满意度
	7	组织干部人才	基于业务的长期发展需要，构建关键业务与团队能力，获得竞争优势，使人均贡献提升

笔者在为国内某企业做人力资源咨询服务的过程中，根据其主战部门的职责导向，从组织绩效指标的来源逐条提炼出主战部门组织绩效指标，实现有针对性的指标牵引，如表4-16所示。

表4-16　某企业主战部门组织绩效指标的提取

组织绩效指标来源维度	主战部门组织绩效指标主要来源	典型指标举例
上级KPI和TOP N	SDBE解码内容、战略目标、战略宣贯文件中与本部门强相关的内容等	营业收入 有效店净增长 单店复合增长
跨组织协调	SDBE解码内容、经营分析会/业务决策会会议决议、组织架构/责权说明书等显示与本部门有关联的内容或支撑性内容	共建能力指标 利润、人效指标
业务短板/管理改进诉求	公司文件、领导讲话和指导、流程与变革要求等	内部流程效率
本组织职责重点	主战部门职责重点，指挥战斗，实现规模利润增长、赢得市场，打造市场竞争力等	客户满意度

总的来说，主战部门组织绩效指标的设计需要基于企业的战略目标，并与企业的实际情况相结合，根据不同的情况和需求进行调整和完善。同时，还需要建立相应的监控和反馈机制，确保绩效指标的准确性、客观性及可落地性。

4.4.2　主建部门组织绩效指标设计：关注能力建设与投射

> 什么叫主建？队伍组建好了才能作战，你们做好了服务和提升了能力，都是贡献。
>
> ——任正非

刘伯承曾讲，既要善于使用兵力，又要善于积蓄武力，只重视其中一个，无论如何都难以持久。主战与主建，就其本质而言，是彼此影响、互为联动的，要以"战"为牵引、为准绳，以"战"领"建"。其中，"建"是基础，如果"建"不过硬，"战"则出师难捷；而"战"是目的，如果"战"不胜任，"建"则白费工夫。

主建部门通常是指企业中负责能力建设、提供资源的部门，例如，采购部门、供应链部门、研发平台开发部门、制造部门等都属于主建部门。

由于主建部门不直接"打粮食",因此如何对其进行绩效考核成了许多企业面临的难题。在很多老板的思维里,最理想的状态就是企业能考核主建部门的经营价值,也就是考核这些部门对于"打粮食"做出了多大的贡献,但这显然是不现实的。为此,企业只能寻找相应的替代指标。有些企业将经营目标拆分为战略目标,将战略目标分解到每个主建部门,但这往往又容易造成主建部门对主战部门的支持力度大大减弱。因为无论战略目标的分解如何科学,一旦没有关联主建部门经营结果的KPI,就会缺乏说服力。

主建部门的核心职责是及时为一线作战部门输送"弹药",因此,主建部门组织绩效指标的设计重点是能力建设与业务支持,如图4-7所示。

绑定直接支持的主战部门的组织绩效指标 ＋ 本部门效率提升指标

图4-7 主建部门组织绩效指标设计

(1)重点考核主建部门"输送资源"的结果,而不是考核"落地规则"的结果。要重点考核主建部门"输送资源"的结果,也就意味着要从主战部门的经营业绩中拆分主建部门的贡献,以此使主建部门考虑如何弹性地适配规则,而不是刚性地"一刀切"。

(2)明确主建部门的资源运作方式,将指标进行量化。换句话说,主建部门绩效考核的结果指标还应该围绕一个主题——效能(即效率)提升,其他过程指标都是为效能提升这个结果指标服务的。

笔者在为某企业做人力资源咨询服务的过程中,根据其主建部门的职责导向,从组织绩效指标的来源逐条提炼出了主建部门组织绩效指标,如表4-17所示。

表4-17 某企业主建部门组织绩效指标的提取

组织绩效指标来源维度	主建部门组织绩效指标主要来源	典型指标举例
上级KPI和TOP N	SDBE解码内容、战略目标、战略宣贯文件中与本部门强相关的内容等	××能力建设完成度
跨组织协调	SDBE解码内容、经营分析会/业务决策会会议决议、组织架构/责权说明书等显示与本部门有关联的内容或支撑性内容	共担经营指标：如内部客户满意度
业务短板/管理改进诉求	公司文件、领导讲话和指导、流程与变革要求等	内部流程效率 风险管理能力
本组织职责重点	主建部门职责重点，企业核心能力建设与能力投射、运营效率提升等	工具、流程、机制的优化

显然，主建部门的组织绩效指标设计要使其能够关注效率，这样才能使主建部门依据客户需求及时与主战部门进行"集成"，进而推动业务的持续发展。就像任正非所说："我们公司后方机关的平台，要及时、准确、有效地完成一系列调节，调动资源和力量，为一线输送'弹药'。今天我们的销售、交付、服务、财务都是通过远程支援的。"

4.4.3 职能部门组织绩效指标设计：为前线提供"炮火"

职能部门承担着维护企业日常运作的任务，其主要职责在于保障企业正常运转并不断优化，通过对业务部门的支撑，实现自身工作成果，例如，人力资源部门、财经部门、法务部门、行政部门等都属于职能部门。

在企业中，职能部门是支持业务部门实现目标的重要力量，因此职能部门的组织绩效考核需要具备硝烟味。而能不能有硝烟味，关键就在于考核指标的设计要为前线提供"炮火"，而不是给前线"放火"。

一个好的职能部门的绩效管理，首先一定是源于战略上和业务上的需求，其次才是部门的本职工作，只有这样才能保证职能部门考核的有效性，如图4-8所示。

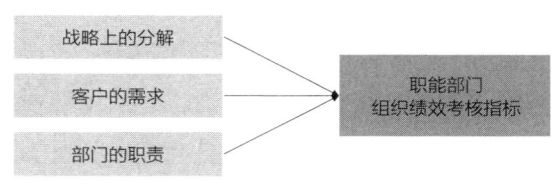

图4-8 职能部门组织绩效指标设计

笔者在为某企业做人力资源咨询服务的过程中，根据其职能部门的职责导向，从组织绩效指标的来源逐条提炼出了职能部门组织绩效指标，如表4-18所示。

表4-18 某企业职能部门组织绩效指标的提取

组织绩效指标来源维度	职能部门组织绩效指标主要来源	典型指标举例
上级KPI和TOP N	SDBE解码内容、战略目标、战略宣贯文件中与本部门强相关的内容等	净利润同比增长 业财融合项目目标 干部胜任率
跨组织协调	SDBE解码内容、经营分析会/业务决策会会议决议、组织架构/责权说明书等显示与本部门有关联的内容或支撑性内容	共担经营指标：有效店净增长、单店复合销售增长、人效指标
管理改进诉求	公司文件、领导讲话和指导、流程与变革要求等	干部激励机制建设
本组织职责重点	职能部门职责重点，如财经部门建设业财一体化平台，促进业务发展等；人力资源部门提升组织效能、促进人才发展、传承企业文化等	资金管理收益率 人力资源制度建设 校招目标达成率

表4-19所示是某企业人力资源体系的组织绩效指标设计。人力资源管理的定位与价值是支撑业务战略、构建组织能力、激活组织与个体。

表4-19 某企业人力资源体系的组织绩效指标设计（示例）

维度	绩效指标	权重	目标值		
			底线值	达标值	挑战值
财务	薪酬包管控				
	E/R执行率				
	人力预算满足度				
客户	匹配业务的组织调整及优化				
	导向冲锋的激励机制				
	关键岗位满足率				

续表

维度	绩效指标	权重	目标值		
			底线值	达标值	挑战值
客户	干部梯队厚度				
	关键员工流失率				
	促进业务发展的文化氛围建设				
	内部客户满意度				
内部运营	HR IT支撑系统建设				
	HR数字运营				
学习与成长	匹配业务需要的HR队伍建设				

诚然，组织绩效不仅要导向可以分配的价值，更要导向价值创造的增加值，否则价值分配也会成为问题。职能部门对于企业而言，主要负责的应该是管理效益的持续提升，因此，职能部门的组织绩效也可以设计为以结果为导向。

以人力资源部门为例，其要对人力资本增值负责，但怎么体现这一点？可以设计人力资源部门的奖金和组织绩效的关联关系：假设企业毛利为1000万元，薪酬、毛利的比值从去年的20%下降到了今年的15%，这说明通过人力资源部门的努力，人力资本增值了5%，人力资源部门通过卓有成效的管理为企业创造了50万元的价值增加值。这50万元就可以作为人力资源部门奖金的基数，乘以一个分配系数后，就可以作为目标奖金。但这笔奖金能不能都拿到，还要结合组织其他指标的完成情况来看，比如企业关键岗位人才到位率、末位淘汰比率、人力资源流程建设等相关指标。其他指标最后也折算成一个均衡系数，对目标奖金进行调节。

职能部门的绩效考核指标和目标的设定，将直接影响企业的战略规划和目标实现。由于职能部门工作比较繁杂，考核中有较多的不确定因素和不可控因素，以及相互交叉因素，容易导致指标提炼困难、难以量化等问题。正确合理地设定职能部门的绩效考核指标，使其不断向前线提供"炮火"，是非常重要的。

CHAPTER 5

第5章
战略执行与监控

为更好地达成经营与运营目标,企业需要构建系统的战略执行和监控机制,系统管控企业战略执行情况,以便根据实施情况及时对具体行动计划、策略和战略方向进行调整。只有有效落实过程管理,策略才有可能执行到位,战略航道才能不偏航。

5.1 做好组织绩效执行与监控，支撑经营结果达成

战略执行与监控包括组织绩效的过程管理，并通过定期对各层级KPI、年度重点工作进行监控，查找问题、分析差距、制定对策，实现闭环管理，持续改善经营业绩，支撑经营结果的达成。

5.1.1 组织绩效过程管理是绩效结果达成的有力保障

彼得·德鲁克说："目标管理要达到两个核心目的：一个是激励，一个是控制，通过设定目标对整个组织的行为进行控制。"从这个角度来看，达成目标不仅仅局限于定目标，而是调动所有的资源，围绕企业或团队的整体目标往前走，持续追踪工作绩效完成情况。

同样地，组织绩效的过程管理是绩效结果达成的有力保障。如果缺失了对过程的控制，只是在绩效考核周期结束的时候才关注绩效，很可能会导致错过原本很好的绩效改进机会，使原本可以避免的问题一再出现，造成资源极大浪费。

为了避免过于关注绩效评价结果而忽视过程管理，应把组织绩效过程管理纳入例行工作。例如，华为为了保证组织绩效在执行过程中处在正确方向上，要求部门主管把组织绩效过程管理纳入例行业务，融入日常工作。

以销售部门为例，大多数企业只关注绩效结果，每月核算绩效目标完成情况，以及能拿多少提成和奖金。而华为重视过程管理，要求销售员每次见完客户之后，都需在CRM系统输出"客户拜访纪要"，列出以下内容：①见了多少次客户，是什么层级的客户？②安排了多少次技术交流会，与多少老板会谈？③客户对企业的认可度怎么样？④客户买了什么产品，后续的购买计划和购买原因是什么？⑤客户不买是因为什么？⑥客户的关注点、客户的痛点是什么？⑦竞争对手的动态如何？

第 5 章 战略执行与监控

可见，企业应该通过对组织绩效的执行情况进行跟踪、管控和管理，减少部门各干各的、遇到相互影响的问题就只能靠向上汇报来解决的情况，确保组织绩效得到有效落实。正如 IBM 前 CEO 郭士纳强调的："执行就是检查、检查、再检查，布置下去的任务一定要检查，否则就有可能落实不了。"

组织绩效管理的目的是集中力量和资源打胜仗，实现年度经营目标。因此，组织绩效过程管理要实现"三聚焦"，如图 5-1 所示。

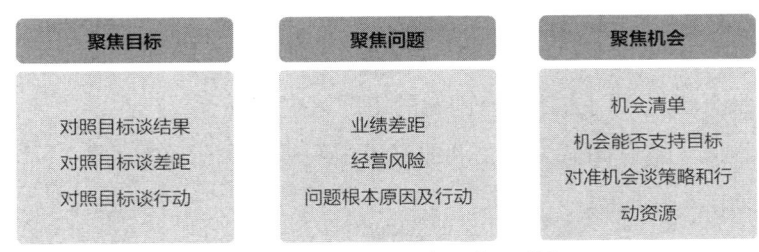

聚焦目标	聚焦问题	聚焦机会
对照目标谈结果 对照目标谈差距 对照目标谈行动	业绩差距 经营风险 问题根本原因及行动	机会清单 机会能否支持目标 对准机会谈策略和行动资源

图 5-1 组织绩效过程管理"三聚焦"

（1）聚焦目标：唯一的目标是年度各项经营目标，年度经营目标是不能随意调整的，要对照目标谈结果、谈差距、谈行动。

（2）聚焦问题：关键是客观地面对问题和风险，不要避重就轻，要发现经营的风险，要找到问题的根本原因及行动方案。

（3）聚焦机会：解决问题只能改善情况，实现年度经营目标还要识别和抓住机会；要列出未来的机会清单，分析这些机会能否支撑年度经营目标；对准机会谈策略和行动资源。

组织绩效的过程管理需要每个月、每个季度去做例行审视，另外每隔半年还要看看有没有出现其他的情况，中间要不要做调整。针对绩效执行过程中出现的问题或者偏差，及时展开分析，制定切实可行的应对方案或纠偏措施，必要时给予资源支持，确保组织绩效结果的实现。

5.1.2 组织绩效执行监控的组织与职责分工

为了更好地实施组织绩效的过程管理，确保绩效目标的实现和组织整体绩效水平的提升，企业还需要建立绩效执行监控的相关组织，并做好职责分工。

笔者在为某企业做组织绩效的咨询服务时，通过问卷和访谈调研的形式发现，该企业的绩效管理过程监控机制不完善，没能形成例行的跟踪监控动作，影响了组织绩效执行落地的效果。其中的典型问题包括：经营分析机制没有正式建立；重点项目缺乏执行跟踪及复盘总结；没有形成闭环机制，没有相关部门去帮助有问题的组织解决问题等。

基于此，笔者团队为该企业明确了组织绩效执行监控的组织及其职责分工，如图5-2所示。

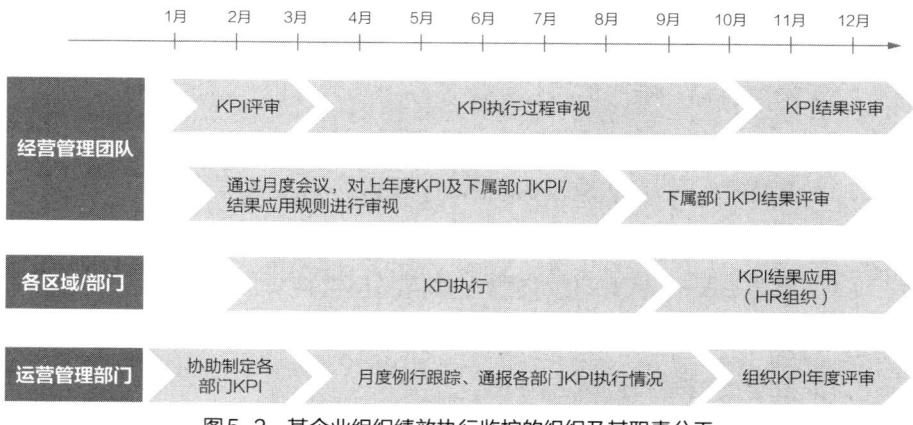

图5-2 某企业组织绩效执行监控的组织及其职责分工

1. 经营管理团队：确保完成公司级KPI

（1）例行审视公司级KPI及重点工作的执行与落地情况。

（2）例行审视各区域/部门KPI及重点工作进展，组织协调资源，指导、帮助和支撑各区域/部门主管完成KPI及重点工作。

（3）对公司/区域/部门KPI及重点工作的结果进行评审，调整目标。

2. 各区域/部门：确保完成区域/部门KPI

（1）例行审视区域/部门KPI及重点工作的执行与落地情况。

（2）例行审视各下级部门KPI及重点工作的进展，组织协调资源，指导、帮助和支撑各下级部门主管完成KPI及重点工作。

（3）每月例行向公司经营管理团队汇报区域/部门KPI和重点工作进展。

（4）对下级部门KPI及重点工作的结果进行评审，调整目标。

3. 运营管理部门：协助各级组织完成KPI及重点工作的制定和评审

（1）例行组织各部门制定KPI和重点工作。

（2）每月例行跟踪、通报各级组织KPI及重点工作的执行情况。

（3）例行组织各部门KPI及重点工作的结果评审。

在组织绩效执行监控的过程中，各级组织管理者要推动组织绩效的达成，帮助企业整体了解组织绩效的执行情况，及时且灵活地应对突发情况。当然，在战略执行的组织保障上，除了要做好各组织的职责分工，还需要建立规范化、标准化的会议机制，从不同角度实施组织绩效执行及达成情况的过程管控。

组织绩效过程管理的抓手主要是月度经营分析会、半年度/年度述职会，以及按需召开的重点工作审视会。企业可以通过建立会议机制，固化各项会议的执行要求，制定会议的筹备、召开、决议、纪要的全流程标准性文件，明确各阶段各项会议的主旨，提升会议的效率，实现组织绩效的过程管理。

5.2 坚持开展高质量的经营分析会，在过程中纠偏

经营分析会是企业战略执行与监控过程中最常见的会议，是落实战略、达成年度经营目标的作战指挥会议。在SDBE领先模型中，经营分析

会属于卓越运营模块，是企业经营过程管理的平台之一。

经营分析会聚焦短期胜利，围绕目标，发现差距，分析问题和解决问题，通过闭环管理，在过程中不断进行纠偏，使得年初制定的战略和目标能够有效达成。

5.2.1 经营分析会是落实战略、达成经营目标的抓手

经营分析会通常定期（如双周、月度、季度等）召开，会议的主要目的是了解经营结果和组织绩效情况，分析当前绩效和经营目标之间的差距，找出造成差距的根本原因，寻找经营机会，从而调整策略、行动和资源配置。

经营分析会是组织绩效管理中的关键动作，是企业落实战略、达成经营目标的抓手。然而，实际上能够有效开好经营分析会的企业并不多见，甚至还有不少企业基本不开经营分析会。

1. 一般企业开经营分析会的常见问题

（1）不开或者不定时开经营分析会。一是以保密或没有时间为由，不开经营分析会；二是经营分析会时间不固定，想要开会就临时发个通知，随意性强，导致会议质量不高、大家对会议不重视；三是经营分析会召开时间不合理，将会议定到每月中下旬，等到开经营分析会的时候，本月度的经营已基本结束，而布置下个月的工作又太早，失去时效性，导致会议意义不大。

（2）定位错误，主题不清晰。没有围绕经营目标的达成情况开会，会议主题零散、不聚焦，无法达成预期效果。

（3）只有回顾而无未来预测。主要是总结过去，缺乏未来预测分析和风险预判。有些企业通过经营分析会回顾过去、审视差距后，只能提出口号式行动计划，与根本原因分析不足有关，也与对未来的预测不足有关。

（4）晒成绩而不直面差距。经营分析主要晒成绩，不做差距分析，没有更深层、更系统地暴露经营问题，也没有追责到人、明确改善计划。

（5）只有财务数据，缺乏根本原因分析。一是只有财务数据分析，没有层层打开、追溯业务问题；二是主要就内部运营层面的问题进行分析，对外部市场和竞争态势没有分析。

（6）重经营分析，轻执行措施。没有针对经营短板的改进对策和执行计划，没有对改进对策和执行计划的层层分解。

2. 经营分析会的总体要求

如何开好经营分析会是一门学问，为避免将经营分析会开成低效汇报会，笔者总结了召开经营分析会的总体要求，如表5-1所示。

表5-1 经营分析会的总体要求

经营分析会	说明
会议目的	促进经营符合预期，达成经营管理目标 ① 对上一个经营周期中的关键经营指标进行定期复盘，及时发现经营过程中的问题并解决 ② 对下一个经营周期的关键指标完成情况进行预测，并识别差距（风险），找到解决方案和责任人 ③ 推动关键经营指标达成，支撑企业成功
重点内容	① 上期任务/措施的落实情况 ② 基于经营实际进展和预测需要采取的措施 ③ 总体经营及重大项目经营风险评估
运作机制	① 例行会议、定期召开：或根据实际情况临时召开 ② 召集人：经营单元责任人 ③ 参与人：经营团队核心成员及专题汇报团队成员（议题相关人员参加）
输入输出	① 输入：经营分析报告 ② 输出：决策结论及经营任务

3. 经营分析会的组织及职责

企业各项工作的顺利开展，离不开强有力的组织保障，经营分析会同样如此。为了保障经营分析会机制的有效运转，需要有面向企业经营分析的核心阵形作为支撑，如图5-3所示。

（1）财经人员：提供财务数据给业务负责人，同时需要进行财经角度的问题分析，实现业财一体。

（2）运营人员：其职责不仅是做组织工作，还要负责方法论支持和决议跟进。

（3）人力资源：要根据业务开展的节奏，前瞻性部署人员，并就人员的发展和激励提出方案。

（4）业务负责人：要聚焦战略和KPI，依照财经人员提供的数据，对业务做深度分析，细化到可执行的任务，提供决策建议和"炮火"需求。

（5）上级领导：需要明确经营重点和问题，提供指导，高效决策。

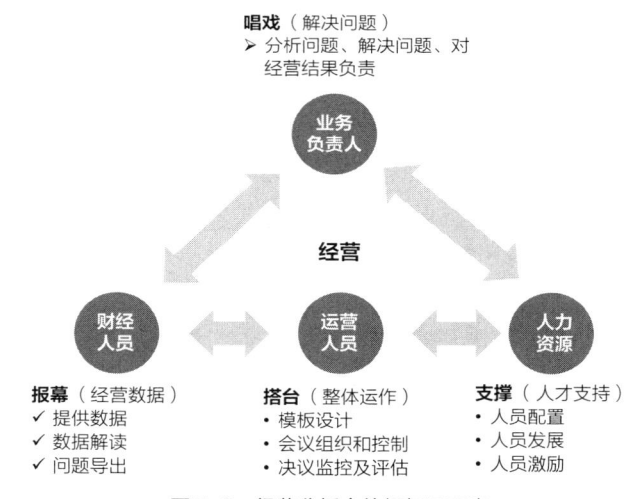

图5-3 经营分析会的组织及职责

华为各层级经营单元每月都组织经营分析会，华为对经营分析会的定位是作战会议、作战指挥系统，必须集中力量和资源打胜仗，准确预测并达成年度经营目标。在会议上，各级主管共同审视组织目标完成情况，重点是识别造成绩效差距的原因，并且积极解决遇到的问题。会后，在日常工作中，各级主管要继续对目标完成情况进行跟踪，以便及时调整资源、提供支持，确保绩效目标达成。各级主管还要适时总结经验教训，要分析如果经营目标达成了，那么它是如何达成的，做对了哪些事情，将关键动作提炼总结为经验或者标准操作；如果目标没有达成，是什么原因导致的，要分析原因，制定应对措施，并且明确下一步的行动计划及需要的资源。

【案例】华为"一报一会"制度

自2008年起，华为在各代表处推行"一报一会"制度。其中，"一报"是指经营分析报告，"一会"是指经营分析会（又称经营分析报告讲解会）。华为开展"一报一会"的目的是让代表处管理者学会运用财务分析方法，通过对财务指标的解读，倒推业务中存在的问题，并采取措施加以改进。

"一报一会"建立了审视战略执行和年度经营的理性机制，改变了业务负责人重产出结果、轻过程管理的思想，促使企业经营者由职能/领域负责人向总经理转变，并且统一经营语言、统一经营工具、统一分析模板、统一审视动作，提高了效率。

可见，对各层级经营管理者而言，高效的经营分析会可以作为管理工具和手段，提升经营者的管理水平，提升组织经营能力，使业务精细化运作。对业务人员而言，经营分析会通过统一的语言、工具、模板、动作等，促进业务人员对问题的深度剖析，着眼寻找差距和根本原因，更好地解决问题。坚持开好经营分析会，能够促进企业年度经营计划的落地和年度经营目标的达成，不断提升经营水平，提升企业的经营效益与管理效率。

5.2.2 会前准备：明确核心议题，预审汇报材料

企业召开经营分析会的目的通常是回顾现阶段的战果，就下阶段工作重点达成共识，聚焦战略目标；同时群策群力解决问题，确保战略目标的达成。经营分析会的会议流程分为会前准备、会中控制、会后管理三个阶段，具体如图5-4所示。

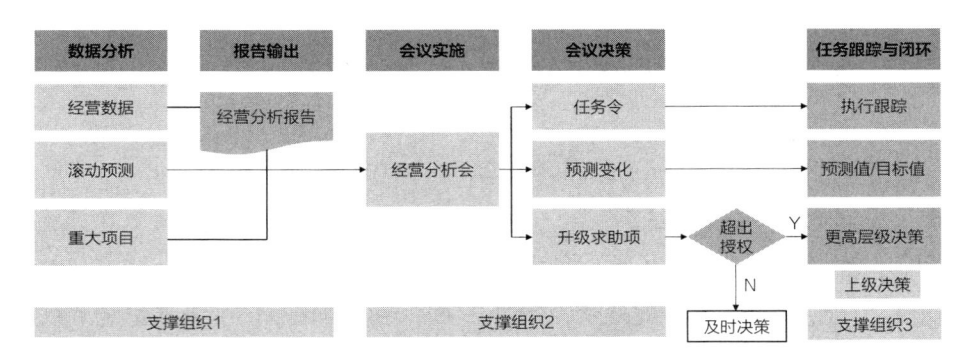

图5-4 经营分析会的会议流程

为保证经营分析会的高效进行，会议开始之前一定要有充分的准备。

准备一：各级组织经营分析会会议议题和程序

经营分析会通常围绕三个核心议题来开展。

第一个议题：沉淀胜战经验。如讨论上一场仗打赢了没有，如果打赢了，有什么胜战经验可以提炼出来，并将它变成流程，变成制度。

第二个议题：反思失败原因，制定新策略。比如在有些指标、有些目标、有些维度，或是有的业务、有的产品、有的客户方面没打赢，这时就要把原因找出来，制定下一步的行动策略。

第三个议题：明确下阶段的目标、行动及需要的"炮火"资源。

准备二：确定经营分析会参与群体、角色和分工

参会人员根据会议议题来决定，参会人员要么是来做报告的，要么

是来讨论问题、做决策的。

准备三：高质量的经营分析报告

明确经营分析报告的统一模板、提交时间、审核修改时间，提前将问题、风险和机会暴露出来。

（1）经营分析报告的主要内容

一份高质量的经营分析报告，主要包含五个部分的内容。

第一部分：上期遗留问题解决情况回顾。经营分析报告要先通报上期遗留问题的解决情况，承接上一次会议。

第二部分：经营审视。经营分析报告应针对该组织在本阶段经营指标、关键项目的完成情况进行审视，总结经验教训。

第三部分：经营预测。预测是管理之魂，经营分析报告应基于业务计划和关键假设对经营指标的完成情况进行预测。

第四部分：差距与根因分析。经营分析报告应直面问题与差距，根据发现的风险和差距进行根因分析，聚焦目标与机会，实现经营分析从财务中来，到业务中去。

第五部分：发布任务令。经营分析必须有结果，任务令是冲锋的号角。经营分析报告应针对问题提出改进措施，形成任务令，并寻求资源支持。

（2）出具经营分析报告的要求

华为财经认为，在出具经营分析报告的过程中，关键是要高效、优质、低成本。

①高效就是快。每个经营周期结束后，必须及时给出报告，说明各类指标的完成情况及存在的问题。时效性不足，就不能给业务提供准确的决策信息。华为的月度经营报告一般会在每个月结束后5天内提供。

②优质即数据必须是完整和准确的。首先，收入和费用需要拆解清楚，做到账实相符；其次，报告分析内容质量要好，要能够满足经营管理的决策需求，并能支撑考核和评价的需求。

③低成本，是指经营分析报告要能通过流程优化和IT系统，满足组织结构调整后对数据维度和报告逻辑进行高效修改的需求。

（3）常见经营分析报告的问题及解决策略

很多企业的经营分析报告通常会出现两个问题：一是只说亮点和业绩，不说问题和差距；二是提出的措施表面化，没找到根本原因。

华为召开经营分析会的核心就是谈差距，甚至会用60%～80%的时间来找差距。华为内部人员说，华为对于做出成绩的员工，已经通过给予奖金或者晋升机会奖励过了，所以当谈及下个月乃至未来的胜仗怎么打的时候，不需要再晒成绩，而是直接谈差距及解决方案。

差距分析要有明确的数据，例如预算毛利率是26%，实际是23%，为什么少了3个点？是因为原材料价格上涨，还是因为制造费用增加、交付周期过长，抑或是新产品质量损失？只有不断量化分析，才能够把差距、问题分层、分类，才能够真正推动问题的解决。

有了差距分析之后，要如何寻找根因呢？

首先，要打开分类，将数据量化。打开分类可以按照产品、渠道、区域、终端、客户类型等维度一一打开。数据量化的关键是对差距的分析要基于数据，不断地往下钻取，一层层打开分类，找到真正的根因。

其次，要找到主观根因。这就要求在发现差距之后，要在自己身上找原因，不能将原因归结到外部，不能找过多的借口。例如，某区域在分析业绩差距时，始终将原因归结于市场环境、竞争对手等外部因素的影响，而不是从自身方面找原因，因此几个月过去了都没有解决问题。另外一个区域一直以来从自身方面找原因，找到每个部门各自的差距与根因，不相互推诿，并不断加以改善，几个月以来业绩不断增长。

由此可见，直面差距和问题，并找到背后的根因，建立相应的流程和制度，整个组织的能力才能大幅度提升，才能打赢未来的仗。

一个好的经营分析会，不应该让与会人员到会议召开时才知道会议情况，经营分析会的主导部门需至少提前1天将会议安排和会议资料发给参会人员，对需要进一步明确的数据、暴露出来的问题，或者需跨部门协同的事项提前进行说明，以便与会人员在会议正式举行时能够直接提出对策，使得会议有更好的即时性效果。

5.2.3 会中控制：把控会议进程，现场确认决议

为了开好经营分析会，除了要做好充分的会前准备，还要把控会议的实施流程、汇报顺序，现场确认会议决议，明确行动计划、负责人及完成时间等。

然而很多企业容易将经营分析会开成形式会、批斗会、务虚会，会议时间长达十几个小时，最终核心问题仍然没有解决，反而让大家会后更加垂头丧气。

那么，经营分析会的流程具体该如何推进呢？

经营分析会涉及大量的财务数据，经营分析往往从这些数据展开。因此，笔者根据多年的经验，认为经营分析会的第一个流程是由财经负责人通报经营数据，直接指出经营结果有什么问题，部门有什么问题；然后由运营部门指出品质、成本、客户满意度等方面的问题；接下来各个经营单元的负责人针对性地开始做汇报，谈差距，谈根因，谈改善，谈下一场仗该怎么打；最后由会议主导部门现场确认会议决议。

整个经营分析会应该有严格的时间限制。会议可能会涉及很多议题，对于一时无法在会议中形成决定、需要专项会议另行解决的，或者与多数人员关系不大的议题，应及时刹车，另行组织会议进行研讨，避免让会议陷入混乱。因此，一个汇报单元一般控制在1.5小时左右就足够了，没必要开太长时间。

从经营分析会的实操来说，开好经营分析会的要点，是在形成良好的经营分析会体系的过程中确定的。针对会议中出现的"会而不议""议而不决"的一些情况，需要明确改进方向，具体如表5-2所示。

表5-2 经营分析会改进方向

问题	原因	改进方向
会而不议	1. 汇报人没有充分暴露问题的意识 2. 汇报人没有明确地指出需要讨论的关键点	1. 会前预审汇报材料，识别需要讨论的关键点 2. 增加求助模块，被求助人等必须参与讨论 3. 由领导直接指定相关人员发言
	与会人参与意愿不够强烈	由会议主持人在需要讨论的节点直接点名，比如在汇报某销售项目时，直接指出解决方案竞争力不够的问题，解决方案负责人需要现场解释并承诺改进
	主持人没有及时地发掘并适当地引导需要讨论的议题	1. 汇报材料必须提前1～3天发给运营管理部门负责人审核 2. 主持人需要有深厚的业务知识，对业务近况非常了解，能快速发现需要讨论的关键点
	没有形成企业文化	1. 培养积极参与讨论的企业文化，如赛马PK等 2. KPI牵引和互锁
议而不决	1. 汇报材料缺少需要决策的地方 2. 会议决议没有及时输出	1. 汇报材料中要将需要决议的点显性化 2. 有争议的决策事项由主官确认（现场直接指定责任人或会后专题讨论）；无争议则直接形成决议 3. 现场输出会议决议并确认

经营分析会就是要针对问题"打破砂锅问到底"，因此，经营分析会的召开要从下面的基层单元一层一层往上，总部召开经营分析会之前，各区域、产品线、部门、模块应该分别开过会，且对存在的问题已经有了透彻研究。那么为什么是自下而上，而不是自上而下召开呢？这是因为根因永远在一线，根因永远在现场，最了解情况和根因的人在基层。所以经营分析会要从最小的经营单元一层一层往上开，一层一层往上去承诺。

5.2.4 会后闭环：闭环管理决议，执行奖惩机制

经营分析会结束之后，会议主导部门要发布正式的会议纪要。会议纪要的管理看起来容易，要想做好却很难。

经营分析会的会议纪要，要清楚记录会议过程中的情况，尤其对在会

议中涉及下一阶段要去解决的事项，必须有记录，并形成任务令，包括完成时间、责任部门、责任人员，等等。会议后不能短时间安排到位的内容（因为会议纪要需要在1～2天内及时下发），需要在会议纪要中说明，并尽快召开专题会或要求相关部门另行出台相关的方案与措施。表5-3是某企业经营分析会会议纪要模板。

表5-3　××企业经营分析会会议纪要模板

××企业经营分析会会议纪要			
会议概况			
● 会议主题			
● 会议时间			
● 会议地点			
● 会议主持			
● 会议记录			
● 分享人员			
● 会议类型		● 是否决议	
● 会议材料			
● 参会人员			
会议议程	沟通要点/决议事项		
下一步任务计划			
● 序号	● 事项内容	● 负责单位/负责人	● 要求时间
1			
2			
3			

使经营分析会上达成的会议决议得到有效执行是至关重要的。基于此，企业可以从以下三个方面对会议决议进行执行追踪：

（1）通过记分牌管理每周最终会议决议执行的进度；

（2）下个月开经营分析会的时候，先讲上个月的会议决议执行结果；

（3）像华为一样，由专门的质量运营部门，跟进这些重要会议的决议的执行进展及关键任务落实执行的结果。

经营分析会还要形成闭环的机制保障，从而让各组织管理者在思想上和态度上重视经营结果。每月经营分析会对各组织关键经营指标完成情况进行公示，针对排名靠前的组织，持续关注并降低风险，保持经营增长，总结优秀经验并复制到其他同类组织；针对排名居中的组织，可以先不做改变，但要随时关注变化，保持稳健增长；针对排名靠后的组织，要快速分析关键问题的根因，增加投入，通过改变运作方式等措施提升绩效。针对重大问题，要成立专项组，由高管挂帅，先消除负面影响，再确定改进措施并跟踪落实。

如果经营结果无论好坏都同样对待，那么就不会有人重视经营结果。所以，要对经营结果进行考核，考核结果要与奖惩挂钩。只有将经营与闭环管理打通，大家才会重视经营结果，努力管好经营过程。

> ◆ 小贴士：经营分析会的"1234"
>
> 1个中心：商业成功
>
> 2个基本点：经营分析、会议管理
>
> 3个角色：业务、财经、运营
>
> 4个问题：会而不议、议而不决、决而不行、行而不果

CHAPTER 6

第6章

组织绩效评估反馈

　　组织绩效评估是评估企业或组织整体运作表现的方式。对组织绩效进行评估，可以帮助企业了解各级组织的目标实现情况，及时发现运作中存在的问题和不足，从而制定改进措施加以优化，推进企业整体绩效的提升。

6.1 制定明晰的组织绩效考核机制

组织绩效考核机制是一种最有力的杠杆，只要朝合理的方向稍稍撬动一下，它就会释放出巨大的能量。在实施组织绩效考核时，要明确考核目的、考核流程、职责分工等，采取相对科学的方法，对各级组织完成指定任务的工作实绩和由此带来的诸多效果做出价值判断。

6.1.1 确定各级组织的绩效考核周期

绩效考核周期指的是企业多长时间进行一次绩效考核和结果评定。考核周期可以分为固定时间间隔周期和非固定时间间隔周期两种。固定时间间隔周期，顾名思义就是考核周期是固定的，大部分企业，一般会设置月度考核、季度考核、半年度考核、年度考核。非固定时间间隔周期，一般是指在一个任务或项目结束后进行考核，如果这个任务或项目时间跨度比较大，那么可以把这个任务或项目分为几个阶段，在每个阶段结束的时候进行考核。

组织绩效考核周期的设计要考虑绩效评估的目的及工作的性质。通常情况下，多数企业在年终的时候都有对员工进行职务晋升、工资调整、奖金发放等重要工作，年终考核的结果可以作为上述工作的依据，所以，年终考核一般注重结果导向。另外，为了对部门和员工的工作进行过程监控和及时纠偏，通常还应该设置月度或季度考核，月度或季度考核应坚持结果导向和过程控制相结合的原则。也就是说，如果工作成果在短期内就能得到体现或要强调过程控制，可以采用月度考核；如果工作成果不能在短期内得到体现，可以采用季度考核或更长周期考核。

组织绩效指向经营成果，导向价值评价和价值分配，相比于个人考核周期，组织绩效考核周期的设计需要着重考虑三个方面的因素，只有对这些因素进行综合考虑之后，才能对各组织的组织绩效考核周期做出合理的设计。

（1）绩效体现周期

考核周期要以被考核组织的绩效体现周期为基础，过短则只能评价过程；过长则不能体现绩效波动，不利于纠偏。一般来说，企业级的组织绩效考核周期以年度考评为宜，企业内下属各部门的组织绩效除了年度考评，还应该结合半年度考核或季度考核来对过程进行及时纠偏。

（2）业务发展阶段

在业务初创和成长阶段，考核周期相对较短，以适应业务变化；在业务稳定阶段，考核周期相对较长，以降低管理成本。

（3）管理成本与效率的平衡

绩效管理需要投入管理成本，因此考核周期的设计要把握管理成本与效率之间的平衡，要考虑投入产出比。

组织绩效考核的周期常常需要根据企业的具体情况做出调整。根据行业和企业的实际情况选择适宜的考核周期，可以更好地起到过程及时纠偏、及时控制，员工及时激励的作用；反之，没有结合企业实际情况而机械设置考核周期，常常会使绩效考核不能很好地发挥其应有的作用。总之，将问题最小化、价值最大化，才是有效处理考核周期问题的最好办法。

6.1.2 组织绩效考核评估的组织及其职责分工

组织绩效考核评估是绩效管理过程中最易引发矛盾的地方，所有的承诺都要在绩效评估后兑现，因此所有的争议要在绩效评估时面对。即使企业注重组织绩效的过程管理，平时会做沟通、辅导，在评价时矛盾也是依旧存在的，对于管理者而言更是不得不面对的挑战。

组织绩效考核评估与企业的人力资源管理、经营管理、组织架构及战略目标都有一定的关联，企业的战略目标通过目标责任体系和组织结构体系分解到各个经营单元，与对应的责任人挂钩。组织绩效考核评估不是孤立的事件，在评价中需要相关责任主体协同配合。

为了确保科学合理地进行组织绩效考核评估，应该在绩效考核前明确评价的各方组织和职责分工。表6-1是笔者为某企业做绩效咨询服务时确定的组织绩效考核评估的分工，各企业可以结合自身管理现状进行细微调整，明确各方在绩效考核中的责任和角色关系。

表6-1 某企业组织绩效考核评估的分工

组织名称	职责分工
公司经营班子/EMT	1. 提出公司组织绩效管理的指导思想，审定组织绩效管理体系 2. 批复组织绩效考核计划，审核组织绩效考核结果，批复绩效奖金 3. 定期评价组织绩效管理工作 4. 针对绩效考核、申诉及绩效结果中出现的重大争议进行裁决
战略运营部门	1. 编制、修订组织绩效管理体系文件并督促其执行 2. 牵头组织KPI的制定与管理 3. 跟踪监控组织绩效运行情况 4. 发布组织绩效考核通知，审核被考核组织自行举证的考核数据 5. 汇总、分析各业务单元绩效完成情况，协助组织绩效结果申诉处理 6. 组织绩效管理沟通，组织季（年）度绩效体系运行结果发布
财经风控部门	1. 及时、准确提供财务数据 2. 奖金发放
人力资源部门	1. 及时、准确提供人事数据 2. 奖金评定
数据IT部门	1. 搭建、及时更新BI报表 2. 维护BI报表基础数据源
各组织运营管理部门	1. 根据战略解码导入组织绩效 2. 提供部门绩效数据，监控部门月度绩效数据
被考核组织负责人	1. 根据公司的中长期规划和年度经营目标，结合部门定位职责制订年度、季度和月度绩效计划 2. 跟踪监督绩效执行情况，并提供完成情况的评价信息 3. 根据本单位绩效考核结果，制订改善计划，负责对下级组织的辅导

组织绩效考核通常以每季度、每半年度、每年度为一个考核周期，在一个考核期结束后由战略运营部门发布组织绩效考核通知，创建绩效考核

数据收集表，开始对上个考核周期的组织绩效完成情况进行考核。战略运营部门根据收集的相关数据计算出每个组织的绩效考核最终得分，最终由公司经营班子确定组织绩效等级。

绩效管理不仅仅是某个单一部门的事情，而是各级部门、各级管理者及全体员工的责任。明确组织绩效考核评估的组织和职责分工，可以在最大程度上确保对各级组织绩效评价结果的公正性，从而在一定程度上增强企业的凝聚力与向心力。

6.2 组织绩效考核设计，推进组织不断发展

组织绩效考核，主要是综合、全面地评价某组织的业绩贡献，包括但不限于对KPI的完成情况、非量化指标的完成情况及考核周期中"超预期"事件（关键事件）的评价。

不同组织的组织绩效考核方式可能有所不同，需要根据实际情况选择合适的考核方法，以牵引组织持续提升绩效水平，推进组织不断发展。

6.2.1 考评结合，牵引业务发展

为什么在部分企业会出现部门组织绩效好而企业业绩不好的现象呢？究其原因是组织绩效指标设计出了问题。组织绩效是对企业各部门到底产出了哪些可分配的价值的回答。在设计组织绩效指标时，对指标的要求是客观且可量化的，因此对于组织绩效，关键在于"考"。比如，在华为的组织绩效管理中，设计好组织绩效指标后，绩效评价相关部门会采取"考""评"结合、以"考"为主的方式，以组织绩效指标完成结果和主管述职报告为依据，对部门的绩效进行考评。

当然，企业在设计组织绩效考核方式时，还需要结合业务发展阶段，

进行差异化的选择。成熟业务通常以定量考核为主，也就是以"考"为主、以"评"为辅；而新兴业务，例如，新市场的突破、战略意义项目、基础技术研究等，也就是我们说的 TOP N，通常以定性为主，即以"评"为主、以"考"为辅。

"考"是为了聚焦核心目标，确保责任结果达成；"评"是为了引导全面履行责任和适度跨界，鼓励跨部门协作，确保组织节点之间的无缝连接。总的来说，组织绩效考评要关注三个要素：第一个要素是看结果，也就是经营目标和战略目标的达成情况；但只看结果一定是不客观的，那么就还需要看过程和过程性结果这两个要素，也就是绩效结果是如何得来的。

组织绩效的考核不光要看自身的成绩，还要看和对手相比结果如何，一个优秀的组织，需要从更大的视角来进行对比。前文提到过，华为在组织绩效考核评价中，采用的是"四维比较法"，分别是与行业发展趋势比、与竞争对手的发展比、与企业内同类业务比、与历史比（即自己跟自己比）。

【案例】市场团队的绩效完成情况如何评价？

李明（化名）转行来到某企业做市场主管。刚来时，他对行业情况不了解，也缺乏做事的方法，所以在工作上遇到了许多挫折。还好刘经理知道情况后及时对他进行了辅导，帮助他掌握了一些正确的工作方式、方法，使他平稳度过了过渡期。

过渡期后，李明恢复了最初的工作热情，为了达成工作业绩，他每天早出晚归地跑市场，并且持续学习业务拓展、市场规划方面的知识和技能，遇到问题就向刘经理请教，慢慢地他的业绩也有了起色。

王林（化名）也是该企业的市场主管，负责另外一个区域。王林入职比李明早，在工作上似乎不太上心，每天朝九晚五，偶尔跑跑市场。2019年5月，刘经理发现王林多次在上班时间不在岗，不过由于王林前几个月的业绩不错，所以刘经理也没有说什么，他心想着等这个月绩效考核结果下来的时候再找王林算账。

"李明主管团队的业绩目标达成80%，王林主管团队的业绩目标达成110%，是不是搞错了？"当刘经理看到本月的绩效考核结果时，有一些出乎意料。确认无误之后，刘经理对两个区域的实际情况做了一些调查，他发现王林所在的区域的客观条件比较好，竞品企业员工的销售额都很高，和竞品企业员工的业绩相比，王林的业绩只处于中下水平。而李明所在的区域的销售额一片惨淡，与竞品行业员工的业绩相比，他的业绩已属于较为理想的情况。

最终，公司对李明团队的绩效考核结果比王林团队的要好。

可以看出，通过"考""评"结合的方式，把组织放在一个管理体系中比较，可以最大限度地确保组织绩效考核结果的公平公正性，进而牵引组织不断提升自己的绩效水平，使组织始终保持强市场竞争力。

6.2.2　一层组织绩效考核：考核+集体评议

组织绩效评议是一个重要的管理过程，可以帮助组织了解自己的整体表现和需要改进的方面，并为组织的未来发展提供重要支持。

在华为，一层组织的绩效考核采用的是考核+集体评议的形式（如表6-2所示）。华为一层组织的绩效考核分为3个部分，包括组织KPI、战略任务与关键业务举措（TOP N），以及加减分项；考评形式是一层组织主管做自评或年度述职，EMT进行集体评议，根据企业组织绩效管理制度确定考核等级，确定考评结果。

表6-2 华为一层组织绩效评议形式：考核+集体评议

分类	权重	考评责任主体：EMT常设成员	考评输入	
			考评统计部门	相关考评部门
KPI	50%～70%	根据数据算出得分，EMT确认评分	该项指标对应的流程责任人/职能管理部门负责人（如：战略Marketing部、运营管理部、财经管理部、人力资源部、质量管理部等）	针对中后台组织，前台组织提供评议意见，作为EMT考核的输入
战略任务与关键业务举措（TOP N）	30%～50%	集体评议评分	该项任务对应的职能管理部门负责人（如：战略Marketing部、运营管理部、财经管理部、人力资源部、质量管理部等）	
加减分项	±10	集体评议评分	根据相关报表、数据，如信息安全报表、安全事故报表、客诉报表等进行评分	

图6-1是华为一层组织绩效评议流程，在组织KPI初始结果出来之后，一层组织的主管进行自评或述职，主要是对照组织绩效，对非量化指标或TOP N进行成效陈述，接受上级经营管理团队质询。接下来公司经营管理团队听取一层组织主管述职，通过集体评议对KPI和TOP N完成情况进行初评，并横向拉通审视统计部门的组织绩效得分，确定各一层组织最终的绩效等级结果，最后进行结果沟通和反馈。

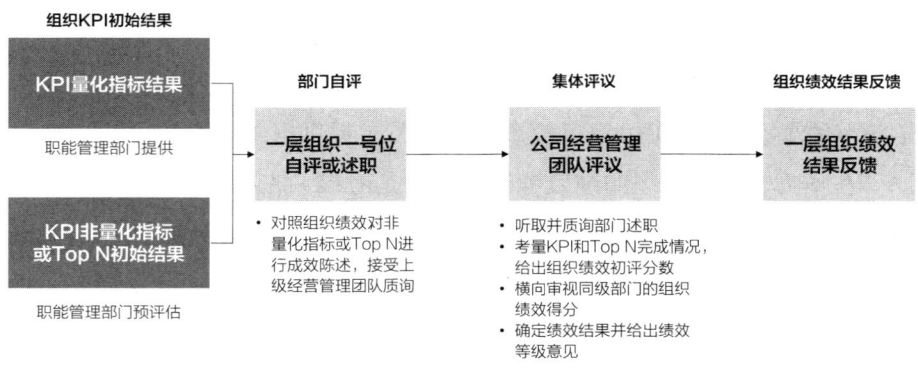

图6-1 华为一层组织绩效评议流程（示例）

集体评议是指由多位管理者共同评议，确定各组织绩效考核结果的过程。在华为的组织绩效考核流程中，集体评议是一个关键环节，一般由EMT及各级部门负责人组成，前台组织集体评议团队由EMT及相关职能部门负责人组成，中后台组织集体评议团队还要增加利润中心负责人。

集体评议已经为很多的知名企业所运用，谷歌也有类似的操作。那么华为和谷歌为什么花费那么大的力气做集体评议呢？那是因为集体评议用在绩效考核方面有很大的好处。

（1）集体评议可以避免一言堂，因为评议时必须将评价各组织的依据说出来，要有理有据，其他人可以质疑和补充，因而能够最大程度地避免因为个人喜好而影响评价的结果。

（2）集体评议可以确保所有成员的评价标准、原则和尺度都进行横向的比较，避免不同的成员因有不同的评价导向和取舍而造成同样的表现得出不同的结果。

（3）通过集体评议，上级部门能够知晓其他人对该组织的看法，全方位地了解组织，也使集体评议的结果更易被接受和认可。

可见，对一层组织的组织绩效采用考核+集体评议的形式，可以通过多个要素、多个维度的考量，尽可能做到客观公正，更好地激励组织不断进步。当然，想要做到100%公平、公正也是不现实的，任正非曾说过："在这个世界上，绝对的公平、公正是没有的，公平、公正只限于一定的条件下，是相对的。大家不要过分地追求公平与公正。"

6.2.3　职能组织绩效考核：KPI+综合评议

前文介绍过职能部门由于天然存在难以采取量化方式进行考核的问题，容易造成考核成绩不客观、考核成绩难以统一、不公平现象突出等问题。针对这些问题，企业应基于职能部门主要开展常态性职能工作、临时性工作及为业务部门提供支撑的特点，设计针对职能部门的绩效考核评估方式。

在华为，职能部门的绩效考核同样分为三个部分，包括KPI、战略任务与关键业务举措，以及加减分项；考评形式在考核+EMT集体评议的基础上，增加了前台组织评议的环节。

华为职能部门的绩效评议流程是：在组织KPI初始结果出来之后，前台组织根据职能部门的主动性、合作意识、服务态度等方面的表现，对职能部门给出绩效考评结果建议，对评价结果建议为A、C、D的，必须有明确的评价依据。然后职能部门的主管进行自评或述职，主要是对照组织绩效，对非量化指标或TOP N进行成效陈述，接受上级经营管理团队质询。接下来公司经营管理团队听取职能部门述职，以组织绩效KPI得分为基准、前台组织评议意见为参考，重点审视两个评议结果差异较大的部门，并通过横向审视统计各职能部门的组织绩效得分，确定各职能部门最终的绩效等级，最后进行结果沟通和反馈。

前后台互动也是一种关系绩效，在后台组织的支持下，前台组织的能力得到了有效提升，前台组织取得很好的业绩，其中有很大一部分是后台组织的功劳。因此，前台组织对职能部门的评议是一个重要的过程。

前台组织对职能部门的评议可以涉及多个方面，主要包括以下几点内容。

（1）工作效率和质量：前台部门是否能及时得到职能部门的支持和帮助？职能部门的工作质量是否达到前台部门的期望？如果职能部门不能及时响应前台部门的需求，或是职能部门在处理客户问题、提供服务方面出现错误，那么很可能对前台部门的工作效率和工作质量产生负面影响。

（2）问题沟通和解决：前台部门与职能部门之间的沟通是否顺畅？职能部门对前台部门的需求和问题是否表现出积极、合作的态度？当遇到问题时，职能部门是否愿意协助前台部门解决问题？职能部门解决问题的能力如何？是否能迅速、有效地解决这些问题？

（3）专业知识和创新能力：职能部门是否具备足够的专业知识来解决前台部门遇到的问题？职能部门的专业知识是否符合行业标准或公司要求？职能部门是否能提供创新性的解决方案来满足前台部门的需求？职能部门是否愿意尝试新的方法和技术来提高工作效率和质量？

（4）培训和发展：职能部门是否为前台部门提供必要的培训和支持，以帮助其更好地完成工作？职能部门是否有计划来培养前台部门的员工，提高他们的能力？

对职能组织的组织绩效采用考核+综合评议的形式，可以更加全面、客观地对其各方面表现进行评价，同时还能了解前台部门对职能部门的满意度、建议和需求，加强前台部门和职能部门之间的沟通和协作，促进公司内部的团队合作。

6.2.4 制定组织绩效结果等级评定规则

绩效等级是绩效考核后对组织和员工绩效考核结果划分的层次，它一方面与具体的绩效指标和标准有关，另一方面也与公司考核的评价主体和方式有关。建立组织绩效结果等级评定规则，科学合理地划分各组织绩效等级，是组织绩效管理成功推进的关键之一。对于如何划分组织绩效等级，常用的方法主要有以下两种。

（1）等级分数标准法。这种方法是指先确定各绩效等级分数范围区间，然后根据对各组织的绩效评价得分直接确定组织绩效等级。该方法的优点是标准会在事先公布，各组织只要按照要求较好地完成目标就有可能达到"优秀"等级。不过，等级分数标准法对绩效考核的要求较高，只有大家公平、公正地对待绩效考核工作，评价标准合理、有效，绩效考核分数分布基本合理，才能确保科学划分绩效等级，否则很容易造成公司人工成本的增加。

（2）强制分布法。这是一种相对比较的方法，即根据各组织绩效得分排名，以及各绩效等级所占的比例来确定各组织的绩效等级。在强制分布法下，各组织绩效结果应呈现出"两头小、中间大"的正态分布规律。

笔者为Y公司做组织绩效咨询服务时，根据公司的组织结构，采用等级分数标准法和强制分布法相结合的方式，为其设计了组织绩效结果等级评定规则。

首先，针对集团公司，依据等级分数标准法制定了组织绩效评价等级所对应的绩效综合分值表（如表6-3所示）。集团公司最终的绩效得分出来后，根据分数直接对照绩效等级。

表6-3 Y公司集团公司组织绩效评价等级对应分值表

绩效等级	绩效综合分值
S	105～120分
A	90～105分（不包括105分）
B	70～90分（不包括90分）
C	70分以下

其次，针对下属组织，制定了组织绩效评价等级强制分布比例表（如表6-4所示）。各下属组织根据各自KPI考评初始得分和综合评议维度得分，并结合集团公司绩效结果，按照强制分布比例确定最终绩效等级。

表6-4 Y公司各下属组织绩效评价等级强制分布比例表

绩效等级	S	A	B	C
S	排名前25%	排名前25%～50%	排名前50%～95%	排名后5%
A	排名前20%	排名前20%～40%	排名前40%～90%	排名后10%
B	排名前15%	排名前15%～35%	排名前35%～85%	排名后15%
C	排名前10%	排名前10%～25%	排名前25%～75%	排名后25%

注：纵向的S、A、B、C代表本组织的绩效等级，横向的S、A、B、C代表本组织内的强制分布比。

再次，在划分对应绩效等级和比例后，企业还需要清晰描述每个绩效等级，让各组织管理者能够进行有效区分。表6-5是笔者为Y公司设计的组织绩效评价等级定义表。

表6-5 Y公司组织绩效评价等级定义表

等级		等级定义
S	优秀	该组织各指标维度始终超出绩效期望，通常具有以下表现：在规定时间之前完成目标，完成目标的数量、质量等明显超出规定的标准，得到来自客户的高度认可，是绩效标杆组织
A	良好	该组织各指标维度经常超出绩效期望，通常具有以下表现：严格按照规定时间要求完成目标并经常提前完成目标，完成目标数量、质量等经常超出规定的标准，能够使客户满意
B	合格	该组织各指标维度经常能满足绩效期望或者偶尔超出绩效期望，通常具有以下表现：基本上达到规定的时间、数量、质量等工作标准，没有客户投诉
C	不合格	该组织各指标维度显著低于绩效期望或者不能满足绩效期望，通常具有以下表现：工作中出现大的失误，或在时间、数量、质量上达不到规定的工作标准，经常被客户投诉

最后，为了绩效结果能够更加公平公正，发挥更强的激励效果，组织绩效最终结果的评定还可以设定评议调整机制。评议调整机制也就是根据等级分数标准法或强制分布法输出符合规定的各组织初评等级后，为进一步准确衡量各组织的实际贡献，结合山头突破、能力跃迁、组织补位等考量维度，确认最终绩效等级。

（1）山头突破：评估组织在创新、市场拓展、产品研发等方面的突破。对于在特定领域或项目中取得显著成果的组织，可以将其绩效等级相应提高。

（2）能力跃迁：评估组织在专业技能、团队协作、领导力等方面的进步。对比组织在不同时期或不同项目中的表现，可以更准确地衡量其能力跃迁的程度。

（3）组织补位：评估组织在协助其他部门或团队填补管理漏洞、应对突发情况等方面的表现。对于在关键时刻提供支持并取得良好效果的组织，可以将其绩效等级相应提高。

绩效等级划分是为持续实现组织目标而制定的一种竞争机制，是运用最为广泛的方式。尽管这种机制不是完全公平的，但是只要提前制定清晰明确的规则，保证程序的公平性，那么结果自然是可以被理解、接受的。

CHAPTER 7

第 7 章

评估结果应用

绩效管理的本质是提升组织和员工的绩效,实现组织和员工的双赢。组织绩效对个人产生驱动力,其本质是在结果应用上的精细设计。组织绩效结果的应用有两个层面:组织层面和个人层面。

7.1 组织绩效结果在组织层面的应用

组织绩效结果在组织层面的应用主要是：指标达成情况影响组织的奖金包，影响组织内员工个人绩效结果的比例分配。组织业绩好，组织奖金包的额度高，组织内个人绩效为优秀的比例也高，反之亦然。

7.1.1 基于组织绩效结果确定组织奖金包

组织绩效直接影响企业整体效益，而企业给员工发放的奖金往往跟企业的效益紧密相关。通常情况下，奖金是变动的，不是固定的。在企业经营效益好、组织通过考核的情况下，各类奖励就能得到兑现，这是获取奖金包的主要渠道之一。

因为对组织绩效的考核结果体现的是各部门的价值创造，而价值创造的大小决定了价值分配的多少。因此，不同的组织绩效等级就会直接影响奖金包的大小，进而影响组织中所有人员的奖金额度（包括负责人）。企业应基于组织绩效等级来确定部门或团队的奖金包：对于绩效优秀的组织，其获得的奖金包应该大于绩效较差组织的奖金包（如表7-1所示）。

表7-1 不同组织绩效等级下奖金包系数（示例）

组织绩效等级	优秀	良好	合格	待改善
奖金包系数	1.2	1.1	1.0	0.9

那么，组织绩效影响奖金包，企业具体该如何进行实操呢？

假如有一家企业L，部门季度绩效奖金包基数合计为200000元。企业还规定部门组织绩效等级分为S、A、B、C这4个等级：如果该部门绩效等级为S，对应的绩效考核系数为1.2，部门的实得奖金包为240000元，以此类推，具体如表7-2所示。

表7-2 不同组织绩效等级下的部门奖金包

部门奖金基数（元）	组织绩效结果等级	奖金包系数	部门奖金包（元）
200000	S	1.2	240000
200000	A	1.1	220000
200000	B	1.0	200000
200000	C	0.9	180000

可见，企业L针对部门的绩效是有奖有罚的，好处在于激励效果更好，更容易形成团队凝聚力，是一种正向激励的手段。如果部门的最高绩效系数始终只有1.0，那么，这是一种只罚不奖的绩效策略，倾向于给部门施加更大的压力，是一种负向激励的手段。

基于组织绩效结果来决定部门或团队的奖金包，组织绩效越好，部门或团队的奖金包越大。这意味着，如果组织的整体绩效良好，那么该部门或团队的奖金包也会相应增加。这种方式不仅能驱使部门或团队积极主动追求绩效结果，从而获得更多的奖励，还能在一定程度上推动企业整体绩效的提升。

7.1.2 组织绩效结果影响组织内员工个人绩效结果比例

组织绩效结果除了影响部门或团队奖金包的大小，还会影响组织内个人绩效结果比例。在同样的企业经营情况和组织绩效下，个人的奖金会因绩效结果不同而不同。在企业整体规划中，可以给不同表现的组织设计不同绩效等级的比例，约束组织中人员的绩效分布，进而实际影响组织内部个人的绩效。

部门间的绩效存在差异，那么部门内的员工也应该存在绩效的差异，不能简单地进行一刀切。部门组织绩效结果具体如何影响部门内员工的绩效等级分布呢？

【案例】组织绩效结果对团队成员绩效等级比例的影响

在腾讯，员工的绩效等级分为1星到5星5个等级，部门的绩效等级分为优、良、合格及不合格4个等级。表7-3是在不同部门绩效等级下部门内个人绩效等级1星到5星的比例分布情况。通过对比表中的数据，可以看出：部门绩效等级越高，个人绩效等级为5星的员工在部门内所占比例也越高。

表7-3 部门绩效结果影响团队成员绩效等级比例（腾讯）

部门绩效等级 \ 员工绩效	1星	2星	3星	4星	5星
不合格	20%~25%	65%~70%	5%~10%	0%~5%	0%~5%
合格	10%~15%	60%~65%	5%~15%	0%~5%	0%~5%
良	5%~10%	40%~50%	25%~30%	10%~15%	5%~10%
优	0%~5%	30%~40%	30%~40%	15%~20%	15%~20%

下面再来看华为是怎么设计的。在华为，员工的绩效等级分为A（优秀）、B+（优良）、B（正常）、C（待改进）、D（不胜任）5个等级，部门的绩效等级也同样分为这5个等级。但在组织绩效结果影响组织内员工个人绩效结果比例的规则上，华为将组织绩效评价分为3个梯队，第一梯队（组织绩效等级为A及以上）、第二梯队（组织绩效等级为B及以上）、第三梯队（组织绩效等级为C及以下），组织绩效结果按梯队来影响部门员工绩效等级的分布比例（如表7-4所示）。同时，华为对员工个人绩效C和D只是控制总的比例，没有强制要求D的比例。

表7-4 部门员工绩效等级的分布比例（华为）

组织评价	部门员工绩效等级分布比例			
	A（优秀）	B+（优良）	B（正常）	C（待改进）	D（不胜任）
绩效等级A及以上（第一梯队）	15%	25%	55%	5%	

续表

组织评价	部门员工绩效等级分布比例					
	A（优秀）	B+（优良）	B（正常）	C（待改进）	D（不胜任）
绩效等级B及以上（第二梯队）	10%	20%	65%	5%	
绩效等级C及以下（第三梯队）	5%	15%	70%	10%	

企业应该将组织绩效结果与团队成员绩效等级比例挂钩，对整体绩效领先的部门给予一定的倾斜：让绩效表现优秀的组织中有更多的人获得优秀的绩效等级，待改进的组织中有更多的人被强制评为待改进或不胜任的绩效等级。这样就能让员工认识到，只有组织总体绩效获得提升，员工个人的成绩才能得到充分肯定，从而使员工始终关注组织绩效的提升。

7.2 组织绩效结果在个人层面的应用

组织绩效是各级干部的"紧箍咒"，是管理者提拔任用的前提和必要条件。组织绩效结果在个人层面的应用主要针对各级干部：首先它是组织一把手绩效评价的主要输入；其次它影响干部的晋升、调整等。

7.2.1 组织绩效结果是组织一把手绩效评价的主要输入

组织绩效结果反映了整个组织的整体表现和绩效，组织一把手作为组织的领导者和决策者，要对组织的绩效负重要责任，因此组织绩效结果应该作为组织一把手绩效评价的主要输入之一。

在华为，组织一把手对应负责的组织的KPI会变成个人绩效承诺书里面的结果性目标，组织绩效结果影响一把手个人绩效PBC的成绩，从而影响其个人的绩效等级。

对组织绩效结果进行评价，进而评估一把手的工作成果和贡献，可以对其绩效进行评价，而绩效评价的结果最终将会影响对一把手的激励。

【案例】华为"从零起飞奖"

2013年1月14日，华为召开了2012年度市场大会，对取得优秀经营成果的小国办事处进行了非常隆重的表彰。共有11个小国办事处获得二等奖，9个小国办事处获得一等奖，2个小国办事处获得特等奖，大会分别向它们颁发了奖盘、奖牌和高额奖金。

在此次表彰会上，有一个特殊的奖项——"从零起飞奖"。有一些团队经历奋勇拼搏，虽然取得重大突破，但结果不尽如人意。这些团队的负责人因践行当初"不达底线目标，团队负责人零奖金"的承诺，而获得了"从零起飞奖"，没有拿一分钱年终奖。

其实，华为2012年年终利润为154亿元，年度奖金总额比2011年提升了38%，华为终端取得了巨大的进步，企业业务BG也在重大项目上屡屡突破。但在这种好的形势下，这些领导们因组织目标没有完成，自愿放弃奖金，体现了他们勇于担当的品质。一年的全部奖金都被取消，也就意味着来年想要领取奖金就必须艰苦奋斗，达成战略目标。这样，他们作为火车头将更好地牵引华为的团队前进。

将组织绩效的考核结果直接与一把手的个人绩效考核结果关联起来，可以最大限度激励管理者聚焦组织目标的实现。当然，在实施过程中需要注意平衡各方面的因素，确保考核体系的公正性和透明度，同时强调对团队合作、长期发展及员工激励等方面的关注，以获得更好的激励效果和实现目标。

7.2.2 组织绩效结果影响干部的晋升、调整

华为的干部标准是，品德是底线，核心价值观是基础，绩效是必要条件和分水岭，能力是关键成功要素。评价干部的分水岭是绩效，而绩效的标准基于贡献。组织绩效结果是评估干部工作成果和贡献的重要依据之一，因此组织绩效结果将对干部的晋升、调整产生重要影响。

例如，在晋升干部时，除了考虑干部的综合素质和能力，还需要考虑其在组织中的绩效表现。如果一个干部所在的部门或团队在组织绩效评价中表现良好，那么该干部可能会得到更多的晋升机会和资源支持，升至更高的职位。相反，如果一个干部所在的部门或团队在组织绩效评价中表现不佳，或者绩效结果长期没有得到改善，那么该干部可能会面临被调整岗位或被淘汰的风险。在这种情况下，组织需要采取措施来帮助该干部改进工作方法和提高绩效水平，或者进行必要的工作调整。

彼得·德鲁克曾说："要让一个部门出业绩，先要求其主管出业绩，只有部门的领导者意识到了业绩的重要性，才能带动整个部门活跃起来。"为了践行这一理念，华为将干部个人的晋升、调整跟组织绩效结合起来，以促进组织的持续发展和个人的成长。具体表现在以下两个方面。

（1）牵引干部关注组织绩效：将干部个人的晋升与组织绩效结果结合起来，从而使干部注重团队合作，将个人表现和团队表现完美融合在一起。

（2）组织绩效影响干部选拔：优先从优秀的团队中选拔干部，出成绩的团队，要出干部。一直不能实现管理目标的直接主管要免职，有过免职人员的部门，副职不能升正职。

需要建立科学、公正的绩效评价机制，对干部进行全面、客观的评价，持续使组织绩效对干部个人绩效产生影响。只要前面这批干部是冲锋的，对他们的绩效考核到位了，剩下的人就会前仆后继地跟上，公司就会越来越强。

> ✦ **小贴士：华为组织绩效对干部个人层面的影响**
>
> 任正非在华为绩效管理优化工作汇报会上曾有这样的讲话。
>
> 有人问："如果组织经营结果不好，主管有没有可能会有好的绩效结果？"回答是："肯定没有！"但是这个主管可能是优秀的，那就先将他边缘化，让他去战略预备队，让他重新接受挑选，剃了头去冲锋，证明他还是一条好汉，再让他组建队伍去冲锋作战。是金子总会发光的。我们不会为了一个人，使考核导向体系畸化。当然，这个人可能受冤枉了，但既不关"监狱"，也不"杀头"，到战略预备队重新成长，有何不可呢？重新爬起来再战斗。

THREE
ARTICLE

| 第三篇 |

个人绩效篇

知识导入

企业通过SDBE领先模型对公司战略进行层层解码后，最终会落到员工的个人PBC，个人绩效和组织绩效两者相辅相成、缺一不可。个人绩效管理不仅督促员工个体实现期望的目标，而且鼓励他们出于主动，愿意尽最大努力付出超越职责、做到卓越的努力。

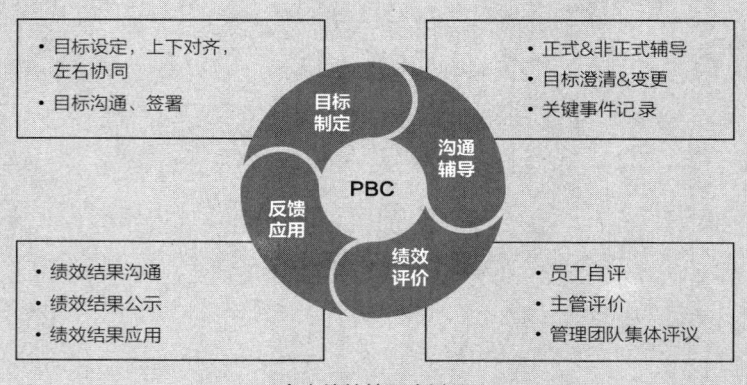

- 目标设定，上下对齐，左右协同
- 目标沟通、签署

- 正式&非正式辅导
- 目标澄清&变更
- 关键事件记录

目标制定　沟通辅导　PBC　反馈应用　绩效评价

- 绩效结果沟通
- 绩效结果公示
- 绩效结果应用

- 员工自评
- 主管评价
- 管理团队集体评议

个人绩效管理全过程

【带着问题阅读】

1. 组织绩效和个人绩效之间的关系是什么？
2. 企业应该如何制定和分解团队的工作目标？
3. 主管要如何对下属进行绩效沟通和辅导，采用什么样的方式效果最好？
4. 您所在的企业是如何进行员工绩效考核评价的，遇到过哪些问题？
5. 企业如何通过个人绩效结果与激励强关联，牵引个人竞逐高绩效？

CHAPTER 8

第8章

个人绩效目标制定

彼得·德鲁克认为:"企业中的每一个成员都有不同的贡献,但是所有贡献都必须为着一个共同目标;他们的努力必须全部朝着一个方向,他们的贡献必须互相衔接而形成整体——没有缺口,没有摩擦,没有不必要的重复劳动。"

组织绩效的最终实现要落到个人绩效身上,企业要结合岗位与业务需求,合理、有效地将组织的绩效目标转化为个人绩效目标,实现上下对齐,左右协同,进而确保战略实现落地。

8.1 让员工充分理解个人绩效

个人绩效是指员工在一定时期内履行其岗位职责与角色要求的有效产出，一般包括工作结果、工作行为。通常来说，战略方向是企业高层管理者要关注的事情，但是基层员工更需要明确的是他要做什么，做到了能得到什么。因此，让员工充分理解个人绩效，明确为什么做、怎么做是非常重要的。

8.1.1 个人绩效是组织绩效的逻辑起点

企业在绩效管理过程中，经常会遇到这样的问题：组织绩效重要还是个人绩效重要？组织绩效要如何提升？个人绩效要如何改善？实际上，个人绩效是组织绩效的逻辑起点，个人绩效的实现应建立在组织绩效实现的基础上。反过来，组织绩效则是个人绩效实现的基础，组织绩效好的组织，内部的个人绩效一般都不会太差。企业通过SDBE战略解码，让员工充分理解企业总体战略目标，并将个人绩效和组织绩效捆绑在一起，能更好地实现对公司总体战略的有效支撑。

如图8-1所示，在制定个人绩效时，首先应当符合的条件就是匹配组织绩效。如果组织绩效目标能按照逻辑关系层层分解到每一个员工，那么只要每一个员工达成了组织的要求，组织绩效也就实现了。最终，组织绩效的层层落实确保了企业战略目标的达成。

公司基于组织的责任定位，自上而下逐级分解战略目标，从公司高层分解到一级部门/业务线，从一级部门/业务线分解到二级部门及业务线下属部门，再从二级部门及业务线下属部门层层分解到基础岗位。绩效目标按照汇报关系，自下而上逐级承诺，基础员工向上级部门负责人承诺绩效目标，部门负责人逐层向上一级部门负责人承诺绩效目标，最终，一级部门负责人向公司高层领导承诺绩效目标。

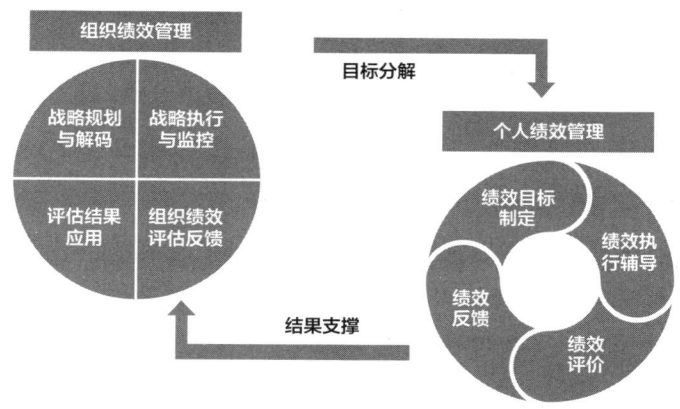

第 8 章 个人绩效目标制定
CHAPTER 8

图 8-1 个人绩效与组织绩效的关系

个人绩效目标要与组织目标保持一致，这也是企业设定个人绩效目标的出发点。个人绩效目标主要来源于 3 个方面：部门目标、流程目标、职位职责，如图 8-2 所示。

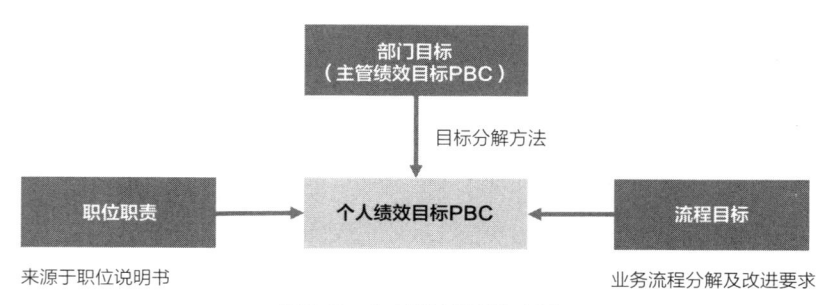

图 8-2 个人绩效目标的来源

（1）部门目标：个人绩效要承接部门绩效，所以部门目标是第一个输入来源。公司目标分解到部门，再从部门目标分解到个人，确保个人的工作目标和公司、部门的目标保持一致。

（2）流程目标：业务流程分解及改进要求，即从流程的角度分解会对目标提出什么要求。如果这个岗位恰好是某一个流程里面的某一个角色，角色里面有很多活动，那这个活动对应的流程目标就是一个输入。

（3）职位职责：每个职位都有自己的标准的职位职责，职责范围内的工作是必须保证完成的，因此职位职责也是个人绩效目标的一个输入。

华为通过运用战略解码、组织绩效KPI、个人绩效PBC等绩效管理工具，来实现组织绩效和员工绩效目标与公司战略目标保持一致。

【案例】华为有效实行PBC模式

华为的PBC模式是指通过"上下沟通"来设定明确的、可衡量的、结果导向的个人业绩目标，确保每位员工的工作目标与公司战略目标一致。

那么华为是如何保证PBC模式的有效实行呢？华为要求员工能够按照PBC模式的要求来完成所有工作，并对工作过程中涉及的各方面的细节进行详细记录。华为的员工平时有一项很重要的工作，就是要对自己的工作计划进行可视化，尽管要做到这样会耗费很多精力，而且很难坚持下去，但是华为的管理人员通过一步步地改进和完善最终做到了。

华为的管理人员用平时养成的记录习惯，对员工的每一项工作进行详细记录，让每一位员工对自己最后获得的绩效评价心服口服，如此一来，绩效改进计划也就得以顺利推行。

企业通过科学推动个人绩效管理，使公司战略切实落实到员工，然后通过定期监控与辅导，确保员工的工作活动与组织的目标始终保持一致，最终保障公司战略目标的成功实现。

8.1.2 个人绩效结果要贡献于组织绩效

个人绩效的实现，归根结底是为实现组织绩效服务的。组织中的不同岗位、不同员工的绩效表现，决定了组织绩效的整体效果。企业通过持续优化个人绩效考核机制，提升每个主管和员工个人的绩效产出，最终实现组织能力的增长和公司目标的达成。

对于企业各级管理者来说，他们需要积极地管理员工个人绩效的制定，以确保个人绩效目标的达成能对组织目标的达成产生支撑作用。而对于员工而言，在达成个人绩效目标的过程中，他们要心系组织目标：在心有余力时，可以在自己个人绩效实现的事务范围之外，处理更多有助于组织目标实现的事项。当自己的绩效与同事的绩效存在差距时，要及时反思与总结，以确保在下一阶段能够改进自己的绩效。

管理人员还需要注意不同员工在绩效结果上的差距：对于个人绩效较低的员工应给予重点关注与提醒，及时对他们进行绩效辅导，对员工产生绩效差距的根因进行分析，以针对性制订绩效改进计划，帮助员工提升个人绩效。

【案例】丰田创始人指导员工改进绩效

著名的丰田生产方式的创始人大野耐一在一次工厂视察中发现，一位质检女工在工作时习惯将很多零件拿到桌面上，排放在一起然后集体进行检查。大野耐一三番两次地对她说："你为什么不直接一个个地检查，然后再一个个地放入箱子里面呢？这样做难道不是更加轻松，效率更高吗？"

女工每次都说："不是，我这种方式效率才更高。"这个时候大野耐一又说："你这种方式虽然也可以，但是你可以尝试按我的方法去做一次。"

女工认为大野耐一的提议很无聊，但碍于大野耐一是她的上级，便照着他的方法去做了。经过一天的尝试，每日需要加班完成5000个零件的现状被打破了。她轻轻松松地在下班之前就完成了任务。

女工固执地认为自己的方法才是最好、最有效的，所以不肯听大野耐一的建议。大野耐一并没有强制员工改变工作方法，而是循循善诱，在肯定员工工作方法的同时引导她尝试新的方法，让她自己做比较，得出哪个方法更合适的结论。相信这位员工今后自然很乐意执行大野耐一的工作方法。

一般来说，当员工具备工作胜任力，且能保持较好的工作态度，但依旧不能达成预期的绩效目标时，很多时候是出于以下几个方面的原因。

第一，管理者传达的目标或期望不清晰，或者根本没有明确的要求，可是在绩效考评中又是以结果导向来量化考核，这就使问题得到暴露。

第二，管理者没有提供工作必需的信息、资源和主管支持。对于工作内容，公司是否存在标准流程要求，补充信息应该如何获取，历史上积累的信息和经验是什么，上下游部门有什么样的期望，如果这些信息不全，员工仅凭单枪匹马来开展工作，很容易撞到枪口上，绩效结果自然不会太好。尤其是遇到需要多部门协调配合的工作任务，由于员工个人影响力不够，主管对此有必要给予一定的支持和协调。

第三，员工个人的工作方式和方法有问题。这时，管理者就需要借助部门内的一些资深人员帮扶帮带员工，并且鼓励大家多沟通交流，分享有用经验，从而降低"走弯路"的频率。

【案例】富士康工人不知为什么要擦拭3遍机箱

富士康公司曾发生过一件这样的事情：有一次，总裁郭台铭到下属企业的生产车间巡视，正好看见工人们在擦拭冲压好的电脑机箱，每个机箱都擦了3次。于是，郭台铭就问现场工人为什么要擦拭3次，工人回答说："上面规定要擦3次，我们就这么做了，我也不知道为什么擦3次。"郭台铭当时没说什么就走了。

回到办公室后，郭台铭把负责生产的经理叫了过来，问他为什么让工人把每个机箱都擦拭3次，生产经理回答："擦3次是为了能更好地把机箱冲压时造成的油污擦掉。"郭台铭听完后很生气地说道："那你为什么不告诉工人擦3次的目的，而只告诉他们需要擦3次？而且是不是有时需要超过3次才能擦干净呢？"

事后，公司对生产部的经理进行了处罚，理由就是他没有明确告知员工工作目标，而是生硬地规定员工的执行动作。正是因为工人没有明确被告知工作目标，导致工人错误地认为其工作目标就是擦拭3遍机箱，如此一来，工人们就会对真正的工作目标——擦拭油污，失去判断和应变的能力。

当员工个人绩效结果无法对组织绩效目标做出贡献时，管理者一定要介入并实事求是地寻找原因，而不是一味将责任推到员工身上。即便是员工的责任，管理者也仍然有必要帮助员工解决困难。很明显，管理者是连接组织绩效目标和个人绩效目标的桥梁，需要对最终的结果负责。只有当管理者帮助员工达成绩效目标时，才能为组织绩效目标贡献自己的价值，推动组织绩效目标的实现。

8.1.3 个人绩效目标要体现岗位独特价值

尽管个人绩效是为公司目标服务的，但个人绩效并非等同于组织绩效。个人绩效是员工在实现公司目标过程中能够体现个人独特价值的绩效，而组织绩效是通过组织的日常运作能够完成的绩效。换言之，个人绩效目标实际上已经对齐了公司目标，因此个人绩效目标应包含这两个部分，并重点突出个人绩效，这样才能更好地牵引员工向独特价值聚焦，做他们该做的事情，将个人目标同公司目标协调统一起来。

华为对员工绩效目标的设定并不是采用简单分解的方式，而是按照业务目标和岗位职责的要求来制定个人绩效目标，高层管理者、其他管理者及基层员工的绩效衡量要素是差异化的，如图8-3所示。

（1）管理者绩效不等同于组织绩效，管理者个人绩效目标结构为：组织绩效指标中关键指标+承接的公司战略举措/关键任务（TOP N）+组织能力建设+个人成长。高层管理者牵引关注经营目标、公司TOP N事项、个人牵头项目；其他管理者则重点考核短期、当期指标和参与项目。

高层管理者个人绩效目标结构		
部分	内容	
业务目标	业务目标得分取组织绩效承诺书	
战略举措/关键任务	关键任务取组织绩效关键任务	长期战略落地沟通确定
组织能力建设	组织完善按职能成熟度、人才支持度评定	流程建设、IT系统建设 / 干部队伍建设、人才团队质量
个人成长	个人成长目标（沟通制定）取领导能力、经营能力等	

其他管理者个人绩效目标结构		
部分	内容	
业务目标	业务目标得分取组织绩效承诺书	
战略举措/关键任务	关键任务取组织绩效关键任务或部门制定任务	中期战略落地沟通确定
组织能力建设	团队建设 人才团队质量	
个人成长	个人成长目标（沟通制定）取管理能力、专业能力等	

员工个人绩效目标结构	
部分	内容
业务目标	关键绩效指标（结果性指标）
关键举措	重点工作与措施
个人成长	个人成长目标（沟通制定）取管理能力、专业能力等

图 8-3　华为个人绩效目标的差异化设计（示例）

（2）员工的个人绩效目标结构为：组织绩效指标中关键指标+关键举措+个人成长，牵引其适配部门绩效目标和员工的个人成长。

个人绩效目标应该体现岗位独特价值，这是因为每个岗位都有其特定的职责和任务。明确员工在岗位上的责任和期望，差异化设定个人绩效目标，对于公司的成功运营和目标实现至关重要。

【案例】华为铁三角销售团队绩效指标的差异化设计

华为铁三角销售团队由客户经理、解决方案专家、交付专家三个角色组成，他们直接面向客户，共同承担一个目标，只是侧重点不一样。其中，客户经理是项目运作、整体规划、客户平台建设、客户满意度、经营指标的达成、市场竞争的第一责任人；解决方案专家负责项目的整体产品品牌和解决方案，从解决方案角度来帮助客户实现商业成功，对客户群解决方案的业务目标负责；交付专家是项目整体交付与服务的第一责任人。

根据铁三角销售团队业务目标和不同角色的主要职责，华为分别设计了各岗位的关键绩效考核指标：客户经理的关键绩效考核指标为销售目标达成、回款目标达成、客户满意度；解决方案专家的关键绩效考核指标为销售目标达成、产品市场份额；交付专家的关键绩效考核指标为收入达成、成本控制、优化运营目标。

企业应根据岗位职责来差异化设计个人绩效目标，这样才能体现不同岗位的独特价值，充分发挥绩效管理的"指挥棒"作用，激发员工的工作积极性，从而实现企业管理效率的持续提升。而很多企业在对不同岗位进行考核时，常常因为没有考虑其独特价值，导致很多无效的工作和多余的消耗产生。

8.1.4　个人绩效目标需要管理者和员工共同制定

个人绩效目标制定是管理者和员工共同讨论以确定员工考核期内应该完成什么工作、什么样的绩效才是满意的绩效的过程。如果部门绩效和下属的绩效结果不好，部门主管也不可能有好的绩效结果，所以部门主管应该辅导员工制定个人绩效目标，让员工更清楚地认识到公司战略目标的价值、个人的能力、业务的重点、如何展开工作，以及达成绩效目标的方法与路径等。

部门主管在辅导员工制定绩效目标时，要实现"三对齐"：目标对齐、思路对齐、理念对齐（如图8-4所示），激励下属主动设定有挑战性的目标，持续产生高绩效。

目标对齐	思路对齐	理念对齐
• 澄清与沟通下属本年度工作方向、业务重点和绩效期望及目标，确保其与战略一致且聚焦明确	• 分析"组织和个人面临的当前与未来的核心挑战" • 共识"达成目标的思路、方法和行为"	• 激励下属主动设定有挑战性的目标，促使他们出于意愿乐于付出超越职责的努力
帮助下属聚焦正确的事情	辅导下属将事情做正确	激发下属拥抱挑战的热情

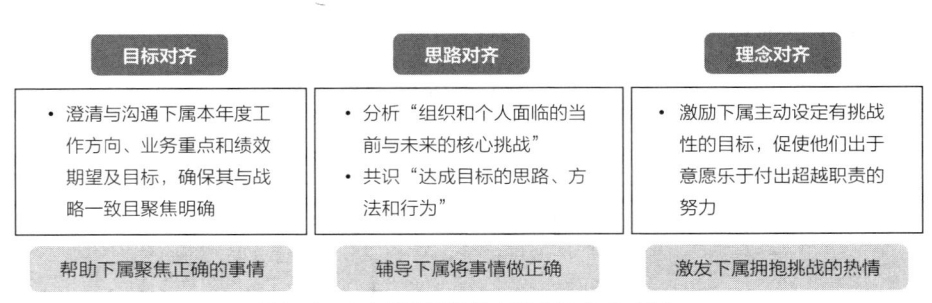

图8-4　个人绩效目标制定要实现"三对齐"

【案例】华为主管辅导员工制定个人绩效目标的整体思路

华为在制定个人绩效目标时借鉴了IBM的考核模式，让部门主管辅导下属完成PBC的目标制定。

部门主管辅导员工制定个人绩效目标的整体思路如下。

（1）了解整体的现状和问题，如：今年与去年相比，产品有哪些变化？这些变化对团队的业务提出了什么要求？

（2）澄清目标，如：团队今年要达到什么目标？为什么是这样的目标？

（3）聚焦独特价值，如：哪些事情是部门主管必须花大精力去关注的？在这些事情中哪些由主管完成，哪些由下属完成？为何要这样分配任务？做好这件事情的关键举措是什么？

（4）强调结果导向，明确真正成功的标准是什么，如：这件工作怎样才算落地了？做到什么程度就能让上级和客户满意？

部门主管辅导员工制定个人绩效目标是一个双向沟通的过程。对于部门主管而言，他需要深入地了解员工的业务领域，通过沟通理清业务思路，实现上下对齐。而对员工来说，绩效目标沟通不仅能让他开启思路，学会结构化地思考问题，还能帮助他明确工作方向，避免走弯路，同时找到达成目标的方法与路径。个人绩效目标的制定流程如图8-5所示。

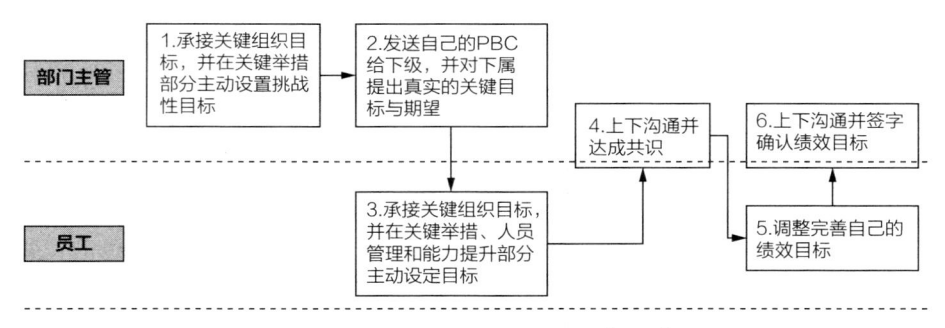

图8-5 个人绩效目标的制定流程（示例）

第 8 章　个人绩效目标制定

第一步：部门主管承接关键组织目标，并在关键举措部分设置挑战性目标。

第二步：部门主管发送自己的绩效目标给下级，并对下属提出真实的关键目标与期望。

第三步：员工承接关键组织目标，并在关键举措、人员管理和能力提升部分主动设定目标。

第四步：主管和员工经过沟通，对员工绩效目标设定达成共识。

第五步：员工根据沟通建议，调整完善自己的个人绩效目标。

第六步：主管和员工最后沟通确认绩效目标，并签字。在确认最终的个人绩效目标之前，主管和员工个人可以参考绩效目标自检表（如表8-1所示），对个人绩效目标的质量进行判断。

表8-1　员工个人绩效目标自检表

绩效目标自检表	
目标对齐	是否与上级部门/主管目标对齐？
	是否有效承接了周边部门需求、流程要求？
	是否考虑了各方面的均衡？
目标清晰	是否抓住了主要矛盾和矛盾的主要方面？
	是否符合SMART原则？尤其是衡量标准是否清晰？阶段性目标是什么？
体现个人贡献	是否体现了个人岗位职责与角色要求？
	哪些是需要自己亲自推动的，为什么？如何体现个人独特价值贡献？
	关键举措、团队和人员管理、个人能力提升计划是否有效支撑结果性目标的达成？（针对管理者）
	关键举措、个人能力提升计划是否有效支撑结果性目标的达成？（针对员工）

一个好且合理的个人绩效目标，是部门主管与员工都可以接受的目标，是双方互相协商达成一致的结果。通过辅导沟通，主管帮助员工明确目标，清楚地告诉员工，他们的工作到底应该是销量第一，还是服务第一，又或是利润优先。如果员工没有明确的工作目标，那么通常会比较困惑、彷徨，没有方向感，工作效率会受到影响。同时，员工的努力方向同

公司所希望达到的结果也难免有所不同。

总体来看，主管和员工共同制定绩效目标的模式，有助于主管考察员工的最终业绩，也能了解到整个过程中员工的工作情况，及时调整工作偏差，在帮助员工更好地完成绩效目标的情况下，获得更好的团队绩效，从而实现公司和个人的双赢。

> ✦ **小贴士：个人绩效管理的基本原则**
>
> 1. 以责任结果为导向：聚焦责任结果，工作态度和工作能力应当体现在工作绩效的改进上。引导员工用正确的方法做正确的事，不断追求工作效果。为更好地支撑公司未来业务发展，个人绩效观在坚持责任结果导向的基础上，需要进一步导向为客户创造价值和"全营一杆枪"。
> 2. 目标协调一致：通过层层战略解码、个人目标与团队目标的衔接，确保个人目标与组织目标、流程目标的一致性，并支撑公司战略目标的达成与端到端流程的运作。考核初期双方应对绩效目标达成共识，被考核者须对绩效目标进行承诺。
> 3. 客观公正性：考核结果以客观事实和数据为依据，考核过程要透明、公开。
> 4. 差异化：根据组织对于不同群体的绩效期望和驱动力差异，面向对象开展绩效管理工作，简化管理。在坚持绩效结果区分和抓好两端管理的基础上，授权组织根据业务特点，因地制宜地制定本组织差异化的个人绩效管理方案。
> 5. 法律遵从性：绩效管理须遵从所在国家或地区的相关法律、法规。

8.2 制定个人绩效目标,支撑组织目标实现

在SDBE领先模型中,企业需结合岗位与业务需求,合理、有效地将组织绩效分解成组织内员工的绩效,并采用承诺制方式,来承接组织指标和本岗位关键职责对应的考核指标,为不同岗位设计差异化的个人绩效指标。

个人绩效目标制定可以参考以下逻辑框架:首先,梳理团队绩效目标,输出部门年度重点工作和日常工作分解;其次,细化各关键岗位承接的工作目标、举措和衡量标准;最后,按照模板制定各关键岗位PBC,并跟部门主管达成共识。

8.2.1 基于责任矩阵分解法,将团队目标分解到个人

前文介绍过,将公司目标分解到部门后,部门主管要根据员工所在岗位的职责对部门目标进行分解落实,以确保员工个人绩效目标与组织目标保持一致,让组织形成合力,朝着同一个方向前进。

企业在将部门或团队目标分解到个人时,可以参考以下4个步骤,采用责任矩阵分解法/目标众筹法来分解团队目标。

(1)梳理团队目标。首先需要明确整个团队的目标,这个目标应该是可衡量、可实现的,并且是有时间限制的。

(2)澄清岗位职责。按照岗位类别的不同,分析并澄清企业内所有工作岗位的职责,奠定个人绩效目标制定的基础。

(3)结合岗位职责和团队整体目标进行分解。将团队目标分解为几个主要任务,这些任务应该是实现团队目标所必需的,并且每个任务都应有一个负责人。

(4)审视目标的协同一致性。在目标分解完之后,需要站在整体的角度来分析各岗位的绩效目标,看其是否与团队目标实现了对齐,从而支撑

团队目标的达成。

笔者在为一家企业做绩效管理咨询服务时,基于A部门的整体目标,并结合A部门部长和员工的岗位职责,确定了部长和员工的绩效目标的责任矩阵,如表8-2所示。

表8-2 基于A部门部长和员工绩效目标的责任矩阵

类目	指标	部长	员工	备注
财务	部门营收		●	
	部门毛利	★		
客户	新增客户数	★	●	
	客户投诉		●	扣分项
内部运营	高回报产品比	★		
	新产品营收	★		
	回款及时率	★	●	扣分项
学习与成长	人才梯队	★		
	人才输出	★		

在使用责任矩阵分解法来分解团队目标的具体过程中,需要注意以下几点。

(1)确保每个目标/任务的负责人具有相关技能和经验,并且能够按时完成。

(2)确保责任分解矩阵是清晰、易于理解的,并且能够帮助团队成员很好地理解各自的目标和任务。

(3)确保每个人都清楚自己的职责和期望结果,并与他们沟通如何达成这些目标,确保他们都能够获得所需的资源和支持。

(4)对于多人对同一件事情负责的情况,要明确各自的职责和边界,避免出现职责不清导致相互之间推诿的情况。

(5)要根据每个团队成员的能力和工作量,合理分配工作责任,不要让少数人承担过重的责任，以免出现工作积压的问题。

总之，责任矩阵分解法是一种实用的目标分解工具，可以帮助组织将目标分解到各个部门和员工个体，让每个人都明确自己的职责和期望结果，从而更有效地实现团队目标。

8.2.2 设计个人绩效指标的权重和衡量标准

明确个人绩效指标后，设计个人绩效指标的权重和衡量标准是一个关键步骤。常用的权重设计方法有主观经验法、等级排序法、权值因子法及德尔菲专家咨询法，如表8-3所示。

表8-3 权重设计方法

序号	方法	步骤	详细说明
1	主观经验法	• 依靠专家的判断来设定指标权重	• 设定者须具有丰富的操作经验，且对专业能力要求较高，较适合小规模的企业 • 若企业负责人缺乏相关经验，可以参考同行业外部公司的经验，选取符合自身企业的设定，改造成适合自己的权重 • 建议由与被评估岗位密切相关的多人来判定 • 方法比较简单，主观性太强
2	等级排序法	• 罗列出某个岗位所有的绩效考核指标 • 两两对比，对这些指标按照重要性进行排序 • 越排在前面的指标权重越大，越靠后的权重越小	• 只能确定各个指标的相对权重 • 相对权重确定后还要按照其他方法来确定绝对权重 • 一定要由该岗位的上级、任职者和人力资源一起参与 • 操作相对简单，但也比较主观
3	权值因子法	• 从几个维度去评价指标的重要性，如战略相关性、紧急性、价值性等 • 让专家对指标分别进行评分 • 用加权平均值确定出指标的权重	• 专家组一般由绩效管理部门的人员、评价专家及其他相关人员构成。根据不同的评价对象和目的，专家组的构成可以有所不同

续表

序号	方法	步骤	详细说明
4	德尔菲专家咨询法	• 让一部分专家分别对各个指标进行权重设置 • 由人力资源进行汇总平均 • 把汇总平均后的结果再反馈给专家,让他们再根据第一次反馈的结果对设置的各指标权重进行调整 • 再由人力资源来汇总,二次汇总后基本可以确定各指标的权重	专家组成员一般由该岗位的任职者、上下级同事代表、部门负责人、绩效经理及人力资源部门负责人组成。必要的时候,还可以请一位外部专家,以确保指标权重的科学、准确

个人绩效指标权重反映的是企业重视的绩效领域,对于员工的行为有显著的引导作用。权重的设计应当突出重点目标,体现管理者的引导意图和价值观念。设计个人绩效指标的权重时要遵循以下原则。

(1)平衡分布原则

一般而言,基层工作岗位的绩效指标的权重设定在5%~30%,不能过高或过低。如果某一项指标的权重过高,员工在工作中就会特别关注高权重指标,而忽视其他低权重指标,而且会使员工考核风险过于集中,万一不能完成指标,则整年的绩效结果及奖金薪酬等均会受到很大影响。如果权重过低,就不会引起员工的重视,这个指标就会被忽略,产生"抓大头扔小头"现象。此外,为了便于计算与比较,指标权重一般都是5%的整数倍,最小为5%。

(2)导向原则

指标的权重设计要能够体现出企业战略的发展方向,与企业战略目标相关度越高的,权重越高;对企业战略目标支持性高的权重高。

(3)岗位差异性原则

从岗位层级上来说,越是高层的岗位,其绩效指标中的财务性经营指标和业绩指标权重就越大;越是基层的岗位,其绩效指标中与岗位职责相关的结果性指标权重就越大,相反,流程类指标的权重就比较小。

（4）重点突出原则

根据帕累托定律，一般一个岗位最重要的指标只有2～3个，如果有2个，那么每个重要指标的权重最好设置在30%以上；如果有3个，那么每个重要指标的权重一般在20%以上。

（5）先定量后定性原则

对一般岗位而言，根据指标"定量为主，定性为辅，先定量后定性"的制定原则，一般优先设定定量类指标权重，而且定量类指标权重一般大于定性类指标权重。

（6）主观意图与客观情况相结合的原则

考核指标权重反映了企业对员工工作的引导意图和价值观念。当他们觉得某项指标很重要，需要突出它的作用时，就必然给该指标以较大的权重。但现实情况与人们的主观意愿往往不完全一致，因此，在设计权重时，必须同时考虑现实情况，把引导意图与现实情况结合起来。

分配权重之后，还要针对制定的个人绩效指标，确定其对应的衡量标准。绩效指标规定了企业从哪些方面来对工作进行衡量与评价，绩效权重规定了这些指标的优先次序，而衡量标准是用来衡量员工完成这些绩效目标的尺度，表示员工完成工作任务时需要达到的水平。所以绩效标准必须具体，不能模棱两可，如表8-4所示。

表8-4　销售收入增长指标衡量标准示例

指标名称	销售收入增长率		
指标定义	绩效考核周期内，销售收入较上一周期增长的百分比		
指标权重	30%		
衡量标准	基准标准	达标标准	挑战标准
	10%	15%	20%

通过合理设计个人绩效指标的权重和衡量标准，组织可以有效地指导员工的工作重点，激发其积极性和创造力，并为公司的成功提供清晰、客观的评估依据。

8.2.3 明确绩效指标的计算公式与数据来源

在绩效指标的制定上，由于某些工作的结果难以衡量，上级在给下级做绩效评价时，难免会因为个人喜好，导致评估结果出现不公正的情况。因此在制定绩效考核规则时要用数字做管理，通过科学合理的计算方法，使结果能够客观反映员工的工作业绩。

在绩效管理实践中，常用的组织与员工绩效分值计算公式为：

绩效分值=∑（KPI1绩效分值 × KPI1权重+KPI2绩效分值 × KPI2权重+…+KPIn绩效分值 × KPIn权重）× KPIi+加分项-扣分项

对于每一项指标的计算，可以参考组织绩效篇章中介绍的方法，分为量化指标和非量化指标。量化指标通常可以直接算出分值，非量化指标则需要提取评价要素标准，以便于考核人进行公正评价。表8-5是阿里巴巴针对员工价值观的评价标准。

表8-5 阿里巴巴员工价值观评价标准

考核项目	评价标准				
分值（共5分）	1	2	3	4	5
客户第一	尊重他人，随时随地维护阿里巴巴形象	微笑面对投诉和受到的委屈，积极主动在工作中为客户解决问题	与客户交流过程中，即使不是自己的责任，也不推诿	站在客户立场思考问题，在坚持原则的基础上，最终得到客户和公司的满意	具有超前服务意识，防患于未然
团队合作	积极融入团队，乐于接受同事的帮助，配合团队完成工作	决策前发表建设性意见，充分参与团队讨论；决策后无论个人是否有异议，必须从言行上完全予以支持	积极主动分享业务知识和经验；主动给予同事必要帮助；善于利用团队的力量解决问题和困难	善于和不同类型的同事合作，不将个人喜好带入工作，充分体现"对事不对人"的原则	有主人翁意识，积极正面地影响团队，改善团队士气和氛围

续表

考核项目	评价标准				
分值（共5分）	1	2	3	4	5
拥抱变化	适应公司的日常变化，不抱怨	面对变化，理性对待，充分沟通，诚意配合	对变化产生的困难和挫折，能自我调整，并正面影响和带动同事	在工作中有前瞻意识，建立新方法、新思路	创造变化，并带来绩效突破性的提高
诚信	诚信正直，言行一致，不受利益和压力的影响	通过正确的渠道和流程，准确表达自己的观点；表达批评意见的同时能提出相应建议，直言有讳	不传播未经证实的消息，不背后不负责任地议论事和人，并能正面引导	勇于承认错误，敢于承担责任；客观反映问题，对损害公司利益的不诚信行为严厉制止	能持续一贯地执行以上标准
激情	喜欢自己的工作，认同阿里巴巴企业文化	热爱阿里巴巴，顾全大局，不计较个人得失	以积极乐观的心态面对日常工作，不断自我激励，努力提升业绩	碰到困难和挫折的时候永不放弃，不断寻求突破，并获得成功	不断设定更高的目标，今天最好的表现是明天的最低要求
敬业	上班时间只做与工作有关的事情；没有因工作失职而造成重复性错误	今天的事不推到明天，遵守必要的工作流程	持续学习，自我完善，做事情以结果为导向	能根据轻重缓急来正确安排工作优先级，做正确的事	遵循但不拘泥于工作流程，化繁为简，用较小的投入获得较大的工作成果

在具体评分时，阿里巴巴主管要用具体事例说明，不能笼统地定义下属员工的价值观好或不好。主管在对下属进行评估打分时，不能太过随意，要谨慎对待，每一条价值观分数出来之后，要与团队中其他成员的分数进行对比；在整个价值观的分数出来后，也要与其他团队成员进行对比。如果主管对员工的行为该打什么分数没有把握时，那么必须与上一级主管或HR进行讨论。

每一条价值观考核要求，若员工只做到一部分，可以评0.5分；如要扣分，需向员工当面说明；评分在0.5分（含）以下，或是3分（含）以上的，需要上级主管给出书面说明。

在确定考核计算公式后，上级主管还需要标明每个指标的考核数据来源部门，以便于在考核时向对口部门索取数据。考核数据的来源是绩效考核真实有效的前提，提供考核数据的部门要认真核对原始凭证。在绩效考核管理中，要对提供不真实数据的责任人进行处罚，形成数据管理的闭环。

指标的考核数据一般不能由被考核者自己提供。如果没有合适的信息提供者，就得不到真实的数据，就无法衡量员工绩效的好坏差异程度。在绩效考核中，企业可从三个方面来确保绩效考核的公平公正：第一，尽可能由第三方提供考核数据；第二，谁的数据准确就由谁提供；第三，谁负责考核项评价则由谁提供。

8.2.4 导出个人绩效指标，输出个人绩效承诺书

基于岗位职责将部门绩效指标分解到个人绩效指标，并给各个绩效指标设置权重、衡量标准和计算公式等之后，就可以输出个人绩效承诺书。

企业可以参考华为的个人业绩承诺书（PBC），并结合自身实际管理现状使用。华为的个人业绩承诺书包括4个部分（如表8-6所示），分别是结果目标承诺、执行关键举措、团队和人员管理目标，以及个人能力提升目标。

表8-6　华为个人业绩承诺书

员工姓名		现任职位	
员工姓名		承诺有效期	
【说明】总体目标和方向描述的是该考核周期内总体的目标和方向，是PBC的纲要。			
总体目标和方向			
部门目标：			
个人目标：			

第 8 章 个人绩效目标制定

续表

第一部分 结果目标承诺

【说明】1.主要来自组织（部门/团队）KPI，以及部门和岗位承担的重点工作（包括体系建设与管理改进等工作）。2.本项内容应聚焦重点业务目标，与公司业务目标要有相关性，数量在3～5条为宜。

考核指标	描述	权重	评价标准			实际完成情况	得分
			底线值	达标值	挑战值		

第二部分 执行关键举措

【说明】1.主要描述个人的独特贡献，体现了工作思路，是为了实现结果目标需要完成的关键工作内容或活动，体现对结果目标的支撑。2.本部分指标建议：管理者6～8项为宜，员工3～5项为宜。

重点工作	权重	完成标准及交付件/关键里程碑

第三部分 团队和人员管理目标（管理者填写）

【说明】设立3～5个计划和措施，反映你怎样进行组织建设、如何有效实施团队建设、人员管理，如何建立一个高绩效团队等。该部分包括团队建设和人员管理等内容，体现对业务目标的支撑。其中，人员管理重点写对直接下属的培养和发展。

重点目标描述	权重	完成目标及交付件/关键里程碑	员工对目标完成情况进行自评	主管对员工目标完成情况进行评价

第四部分 个人能力提升目标

【说明】1.识别要达成绩效目标需要的能力和经验，挑战和差距，围绕挑战和差距来制订学习与发展计划，经主管和下属沟通后确定。2.个人能力提升计划应该是可完成的、个人定制化的计划，关注关键的1～3个计划，明确每个计划完成的衡量标准与时间，同时，主管要及时提供辅导、反馈及发展机会。

目标达成需要的发展能力/经验	完成活动及衡量标准	所需支持人（如主管）	计划完成时间

（1）结果目标承诺：结果目标主要来自组织（部门/团队）KPI，以及部门和岗位承担的重点工作，须清晰标明组织的期望方向，牵引员工设定有挑战性的绩效目标。主要可以参考上级PBC中结果目标部分、部门组织绩效指标库等。

（2）执行关键举措：执行关键举措目标是指为了支撑公司的组织KPI达成，个人要承载的重点工作及TOP N。设置个人关键举措时，主要可以参考上级的PBC、本岗位职责说明书、本岗位负责的阶段性重点工作等。

（3）团队和人员管理目标：包括组织建设和人员管理内容，体现对业务目标的支撑。应根据不同的组织特点，设置有针对性的目标。通常来说，团队负责人必须设置团队的管理目标。

（4）个人能力提升目标：主要用于牵引员工思考在实现业务目标的同时，个人要实现哪些能力提升，需要经主管和下属沟通后确定。这个目标仅作为参考目标，但所有员工均要求设置，起到促进组织和个人共赢的作用。

个人PBC的制定要符合SMART原则，同时绩效目标要以结果为导向，不能单纯为了考核而制定。绩效目标的衡量标准要明确，"达标值"可基于上一年的达标"标杆水平"适当提高，"底线值"就是不合格标准，"挑战值"要真正体现卓越，用业界标杆、产品线标杆来牵引。

华为PBC基于企业战略与关键任务的分解，通过过程管理与辅导沟通，来保证战略的可执行性。PBC整合了KPI、关键举措、团队管理目标、个人能力发展目标等，进行全面评估，并强调组织绩效与个人绩效的结合，支撑企业力出一孔，激活整个组织。

CHAPTER 9

第9章

绩效执行过程辅导

绩效辅导是绩效管理中不可或缺的一环,绩效辅导能够帮助员工及时发现自己在工作中的优点、问题和不足,以引导员工持续改进,达成绩效目标;同时也有利于加强团队间的相互沟通,避免工作中的误解或矛盾,在企业内形成积极向上的工作氛围,激励员工不断奋斗。

9.1 绩效辅导，授人以渔

绩效辅导的本质是帮助员工学习、成长，而不仅仅是教员工如何开展工作。授人以"鱼"，不如授人以"渔"，绩效辅导是问询，而非告知；是倾听，而非讲述；是使能，而非指挥。

9.1.1 绩效辅导的定义、方式及时机

1. 绩效辅导的定义

绩效辅导是各级主管通过不断指导和激励下属，帮助下属达成绩效目标的过程，包括日常辅导和定期审视。

（1）日常辅导：指在绩效执行过程中，主管针对存在的问题，不拘泥于某种形式对员工进行辅导，包括技能辅导、资源支持、意愿激发等。

（2）定期审视：指定期和员工进行绩效回顾、诊断和辅导，对员工的绩效事实进行记录，并提供改进建议、资源支持，帮助员工保持正确的绩效方向。

2. 绩效辅导的方式

绩效辅导的方式通常分为正式沟通和非正式沟通（如表9-1所示）。很多时候，主管往往自认为对员工进行了绩效辅导，比如一次偶然的谈话、一次会议上的对话、一次员工求助的解决，但员工却不以为意。由此可见，绩效辅导应该采用正式和非正式沟通相结合的方式，既让员工感觉受到重视，又不会让每次辅导都显得太过刻意。

表9-1 绩效辅导的方式

绩效辅导方式	详细说明
正式沟通	1. 书面报告：员工通过文字、图表等形式向上级领导报告工作进展，内容严谨准确，便于保存，突破时间、空间的限制 2. 会议沟通：提供一个面对面直接沟通的机会，弥补书面沟通的缺陷。参会人员能够彼此了解相互间的工作进展，上级领导也能够传达企业战略目标等相关信息 3. 一对一面谈：以面谈的方式进行沟通，可以使主管和员工进行更深入的探讨，因材施教，员工会有受到重视的感觉，有利于建立融洽的上下级关系

续表

绩效辅导方式	详细说明
非正式沟通	1. 工作之中经常性地肯定、鼓励、指导，包括通过电话、电子邮件、网络通信、简短的碰头会、经常走动等方式同员工聊天 2. 工作之余进行各种交流活动，随时和员工保持沟通，了解工作进展和工作中出现的问题

3. 绩效辅导的时机

除了绩效辅导方式的选择，管理者还需要注意绩效辅导时机的选择。管理者应该根据需要，在全年之中定时与不定时地、不断地向员工提供反馈指导，一般在遇到以下几种情况时，管理者应该马上对员工进行绩效辅导：

（1）当员工出现明显的业绩下滑，或预测业绩目标无法达成时；

（2）当员工需要征求上级的意见时（请教问题或者有了新想法征求上级的看法）；

（3）当员工希望上级帮助解决某个问题时；

（4）当上级发现了一个提升绩效的机会时（如某项工作换一种方式可能做得更快更好）；

（5）当员工通过培训掌握了新技能时（上级希望他能将这种新技能运用到工作中）。

管理者不应该每次都等到绩效考核时，才去关心员工的绩效，而是应把绩效辅导融入日常工作中，随时发现问题，及时帮助员工制定对策，确保员工达成绩效目标。同时，在每一次正式的绩效辅导过程中，管理者还应该和员工一起如实记录员工的绩效事实，以确保员工保持正确的绩效方向。

对于绩效辅导，华为还要求各级主管做好以下三方面工作：第一，重视绩效指导，要求每半年有3次以上的正式面谈；第二，为及时跟进，部门主管面谈须有详细的记录，公司会进行面谈记录的抽检，对未按要求执行的部门进行通报甚至处罚；第三，各级管理人员必须与员工保持沟通，每月员工的上级必须与员工进行一次以上的沟通辅导（含正式沟通和非正式沟通），了解员工工作进展、需要的支持及员工个人职业发展意向，对绩效表现不佳的员工及时给予反馈和指导。

9.1.2 绩效辅导的作用与管理误区

绩效辅导的目的在于发现并分析出制约员工工作绩效提升的因素，进行对症下药的辅导，以让员工的知识、技能、态度等得到系统性改善，从而发挥出他们的最大潜力，提高个人和组织的绩效，最终实现多方共赢。可以说，员工生产力的稳定或持续提升离不开绩效辅导，如图9-1所示。

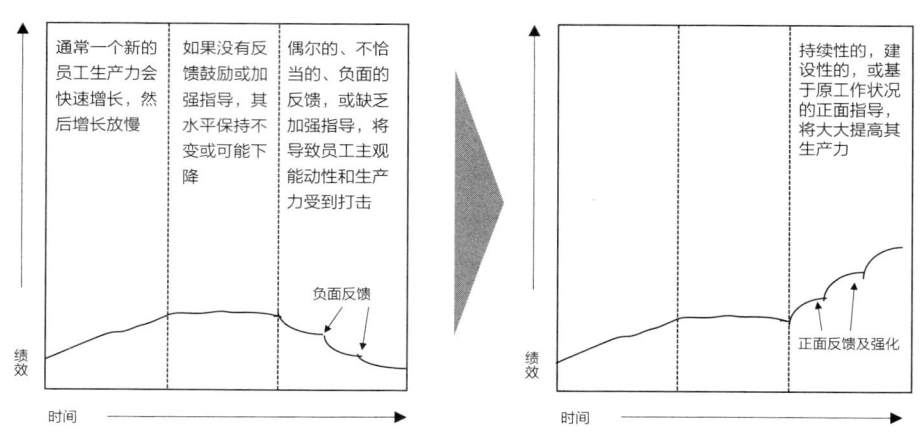

图9-1 员工生产力的稳定或持续提升离不开绩效辅导

通常一个新员工在一开始的时候，生产力快速增长，随后增速放慢；接下来如果没有主管对其进行反馈鼓励或加强指导，那么该员工的水平可能会保持不变，也可能会开始下降；这个时候如果主管给予偶尔的、不恰当的、负面的反馈或缺乏加强指导，那么将导致员工的主观能动性和生产力受到打击；反之，如果主管给予持续的、建设性的或基于员工的工作状况的正面指导，那么将大大提高员工的生产力。

通过绩效辅导，员工才能真正意识到绩效管理的正面作用，才能真正理解和接纳绩效管理。作为管理者，掌握绩效辅导的技术非常重要。很多管理者在绩效辅导的过程中，常常觉得很困惑，比如：为什么自己耐心讲道理，却不被下属尊重？为什么自己为团队成员操碎了心，却得不到认同？经验讲了无数遍，为什么下属却还是没成长？之所以会出现这些问题，很大程度上是因为管理者在辅导下属时没有掌握相应的辅导技术，陷入了如图9-2所示的四大误区。这四大误区的典型表现如表9-2所示。

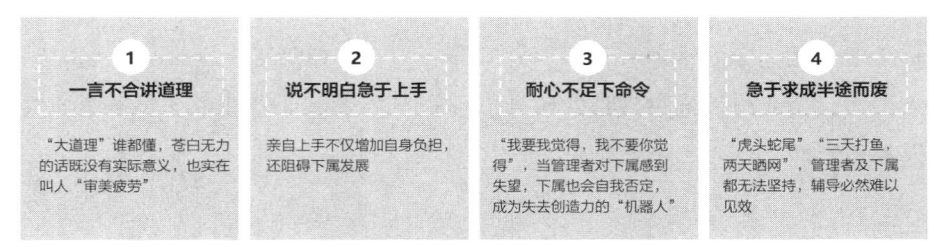

1	2	3	4
一言不合讲道理	说不明白急于上手	耐心不足下命令	急于求成半途而废
"大道理"谁都懂，苍白无力的话既没有实际意义，也实在叫人"审美疲劳"	亲自上手不仅增加自身负担，还阻碍下属发展	"我要我觉得，我不要你觉得"，当管理者对下属感到失望，下属也会自我否定，成为失去创造力的"机器人"	"虎头蛇尾""三天打鱼，两天晒网"，管理者及下属都无法坚持，辅导必然难以见效

图9-2　管理者辅导下属的四大误区

表9-2　管理者辅导下属的四大误区的典型表现

四大误区	典型表现
一言不合讲道理	①下属不善于带队伍： "你要学会授权、要打造高绩效团队！" ②下属工作积极性不高： "你得有阳光心态、知道感恩、牢记责任！" ③下属与同事协作不畅： "你改善一下沟通能力，提升下团队合作精神嘛！" ④下属出现工作失误： "你怎么这么不用心？真是让我恨铁不成钢！"
说不明白急上手	①"领导，这个应该怎么处理？" "哎呀，这很难吗，走开，我来！" ②"领导，这个活动报告怎么写？" "等你写黄花菜都凉了，我来写吧！" ③"领导，我给王总打了很多次电话，他老是不接怎么办？" "算了，我来联系对接吧！"

续表

四大误区	典型表现
耐心不足下命令	①"领导，我是这么做的……" "不用说了，我的意见是这样……" ②"昨天客户说我们产品的优惠活动力度太小了……" "活动力度没得谈了，你就关注活动执行就好……"
急于求成半途而废	①"这个工作很紧急，你先按我说的做吧，下次再跟你细聊……" ②"如果大家觉得这个方式不行，那就按你们自己的想法做……" ③"大家都不乐意接受，折腾半天效果也不好，干脆不管了……"

不会做辅导的管理者，不算好领导。为了避免管理者在辅导下属时陷入误区，企业可以通过规范的辅导流程和技巧来保证管理者辅导下属的效果和稳定性。

【案例】阿里巴巴绩效辅导"16字方针"

如图9-3所示，在阿里巴巴，中基层管理者对员工进行绩效辅导时，奉行的是"16字方针"：我做你看、我说你听、你做我看、你说我听。

	流程	理解	逻辑
教	我做你看	示范给下属看，怎么去做	身先士卒，以身作则
	我说你听	把你做事的逻辑原理说给下属听	知其然也知其所以然
反馈	你做我看	看下属技能的掌握情况、实操情况	检查结果
	你说我听	让员工把他做事的逻辑讲给你听	让他能够教会别人

图9-3 阿里巴巴"16字方针"的流程、逻辑和综合解析

"16字方针"是阿里铁军培养团队的法宝，同时也是阿里铁军所向披靡的重要原因之一。

绩效辅导是一个持续双向沟通的过程，在这一过程中，管理者要帮助

员工掌握新技能，防止其退步，还要设置新的问题和挑战，并系统化跟进，不断改善行动计划及辅导流程，这样才能真正发挥绩效辅导的作用，促进员工的成长。

9.1.3　不同绩效辅导方法的对比

管理大师彼得·德鲁克说："管理的许多职能要真正实施，要发挥作用，不能没有沟通。"为了确保员工绩效目标的达成，各级主管应该定期对员工开展绩效辅导沟通。华为在绩效管理中，通常采用的绩效辅导方法有紧急情况下的辅导、手把手辅导和教练式辅导（如表9-3所示）。

表9-3　华为绩效辅导方法

辅导方法	适用情境	优势	不足
紧急情况下的辅导	在压力环境下的辅导	实现快速辅导，短时间内（10~15分钟）发挥作用，减轻主管负担	辅导者无法举一反三，缺乏思考
手把手辅导	辅导在某一任务上缺乏经验的员工	员工准备度要求低；高效率解决当前问题	被辅导者缺乏思考，容易机械式执行指令
教练式辅导	员工已具备一定技术、经验和解决问题的热情	容易触发员工思考，主动任职；员工自己做出承诺；容易触发员工工作热情	对辅导者的技能要求更高，如技巧性的提问、耐心等；所花时间较长

对于教练式辅导，绩效咨询（国际）有限公司（Performance Consultants International，PCI）的联合创始人约翰·惠特默说："教练式辅导的管理方法用于挖掘人的潜质，从而让他们做出最好的业绩。这种管理方式旨在帮助员工改进，而不是简单地说教。"

下面着重介绍教练式辅导工具GROWS模型，GROWS模型是教练式辅导中常用的一种模型，也是华为、腾讯等企业的管理者常用的绩效辅导方法。实施GROWS模型主要分为5步来进行，具体内容如图9-4所示。

G（Goal）制定目标	R（Reality）现状分析	O（Option）讨论方案
帮助员工确定希望实现的目标 典型问题： • 你希望谈些什么？ • 你想要达成什么结果？ • 最重要的问题是什么？	了解现状，挖掘真相 典型问题： • 现在出现了什么样的情况？ • 对此你有什么感觉？ • 事实是什么？	寻找达成目标的各类方案，并确定最佳方案典型问题： • 为了改变目前的情况，你能做什么？ • 可供选择的方法有哪些？ • 你认为哪一种选择是最有可能成功的？

W（Wrap-up）总结与具体行动	S（Support）资源支持
确定行动计划、设立衡量标准、规定分工角色和责任 典型问题： • 下一步的行动计划是什么？ • 何时是你采取下一步行动的最好时机？ • 在行动过程中，你可能会遇到什么障碍？	找到员工完成个人绩效改进计划需要的资源支持及恰当的支持人 典型问题： • 你需要什么支持？ • 谁可以更好地支持你？ • 要得到他的支持，你需要做什么？

图9-4　GROWS模型

第一步：制定目标

G（Goal）即制定目标。这一步的关键点是：对员工进行绩效辅导时，管理者要通过一系列技巧性问题，帮助下属明确自己想要实现的绩效目标。

在和员工沟通的过程中，管理者常用的典型问题有：

1. 你希望谈些什么？

2. 你想要达成什么结果？

3. 最重要的问题是什么？

第二步：现状分析

R（Reality）就是对现状进行描述，挖掘真相，以提高被辅导员工对问题的认识。这一步的关键点是：管理者要鼓励员工详细描述现状，提供具体事例而不是主观判断，并帮助识别所有妨碍因素，因为员工是最了解发生了什么的人。管理者要促使员工思考，帮助员工看到全部事实，引导员工自己分析原因。

在这个阶段，管理者常用的典型问题有：

1. 现在出现了什么样的情况？

2. 对此你有什么感觉？

3. 事实是什么？

第三步：讨论方案

O（Option）就是阐明行动计划、设立衡量标准、规定分工角色、建立自我责任。这一步的关键点是：管理者通过提问鼓励员工进行创造性思考，明确下一步计划，认识到自己在实现目标的过程中还需要什么支持。

这一阶段管理者常用的典型问题有：

1. 为了改变目前的情况，你能做什么？

2. 可供选择的方法有哪些？

3. 你认为哪一种选择是最有可能成功的？

第四步：总结与具体行动

W（Wrap-up）就是总结与具体行动。在这一阶段，管理者会采取更多方法激励被辅导员工充满热情地去行动，并予以支持和检查，再次进行阶段性的辅导，直到被辅导员工的绩效目标达成。

在这一阶段，管理者常用的典型问题有：

1. 下一步的行动计划是什么？

2. 何时是你采取下一步行动的最好时机？

3. 在行动过程中，你可能会遇到什么障碍？

第五步：资源支持

S（Support）就是资源支持。这一步的关键点是：管理者应该协助员工明确完成个人绩效改进计划需要的资源支持及恰当的支持人。

在这一阶段，管理者常用的典型问题有：

1. 你需要什么支持？

2. 谁可以更好地支持你？

3. 要得到他的支持，你需要先做什么？

一个完整的绩效辅导应该包括目标辅导、工作进展情况辅导、下一步工作计划辅导及支持辅导。通过利用GROWS模型，管理者可以有效地帮助员工认清现状，建立明确的目标，以及确定达成目标的有效措施，从而激发员工潜能，引导员工朝着正确的方向努力。

> ✦ 小贴士：干部肩负起绩效教练责任
> 1. 干部要承担起对下属评价的责任，而评价的起点就是有效地布置任务，然后去监督、检查。在这个过程中，干部要指导他们、帮助他们、激励他们、约束他们。
> 2. 干部将能力传递给下属，团队才能得到集体进步。

9.2 绩效辅导的实施

绩效辅导的实施需要与日常工作紧密结合，通过及时、有针对性地沟通，引导员工自觉发现其绩效问题产生的根源，并且协助员工制定绩效改进方案。整个绩效辅导的过程分为3个环节：绩效辅导准备、绩效辅导沟通、绩效辅导追踪。

9.2.1 做好绩效辅导前的准备工作

为了保证绩效辅导的有效性与针对性，在绩效辅导前，做好相应的准备工作是非常重要的，具体包括时间地点等信息准备、数据资料准备、心理准备等。只有做好全面的准备，才能确保绩效辅导达到事半功倍的效果。

绩效辅导是管理者和员工双方互动的过程，只有双方都做好了充分准备，辅导才有可能成功。因此，企业应提前将辅导的重要性及辅导所需要的材料告知管理者和员工，让他们有一个心理和行动上的准备，从而确保绩效辅导顺利进行。

1. 管理者的辅导前准备工作

对于管理者来说，辅导前他们需做好以下准备工作。

（1）选择并确定合适的绩效辅导方式、时间、地点。在绩效辅导前，主管需要分析和掌握辅导对象的绩效表现、性格特点等，针对员工的状态、经验、能力等方面，选择一个适宜的辅导方式、时间、地点，确保员工在接受辅导过程中能够集中精力，不受干扰。同时，主管要提前正式通知员工辅导的时间、地点和主题，以便他们能够做好准备，更好地参与和配合。

（2）明确绩效辅导的目标。各级主管在绩效辅导前，需要明确绩效辅导所要达到的目标，而且要尽量详尽。比如，与员工计划要谈哪几件事？如何确定最终目标？在什么时间内可以达成目标？理想的结果是怎样的？员工有哪些技能和表现需要提升改进？同时，主管还要确保员工也了解辅导的目标，这样有助于保证辅导过程的方向性和有效性。

（3）准备好绩效辅导所需要的材料。根据辅导计划，准备必要的辅导材料，这可能包括相关的文件、数据、案例等。管理者可从企业内部各层面收集员工资料，以及与绩效考核指标相关的员工日常工作表现记录，比如个人业绩承诺（PBC）及PBC变动表、员工绩效信息记录等。同时，管理者还要告知辅导对象需要准备的相关问题，比如工作中遇到的困难和所需要的资源与支持等。

2. 员工的辅导前准备工作

对应地，员工在绩效辅导前需要做好以下准备工作。

（1）准备好证明自己绩效的资料或证据。在很多情况下，管理者会让员工根据关键业绩指标逐项简单陈述绩效完成情况，因此员工应该充分准备表明自己绩效完成情况的一些事实依据。

（2）准备需要向管理者提出的问题及需要的资源支持。绩效辅导是双向沟通的过程，员工既可以向管理者提出自己所关心的问题，也可以提出一些在工作上需要的资源支持。员工提出的问题可以是企业战略、部门绩效目标，以及完成个人绩效目标时遇到的困惑，等等。

（3）准备好个人绩效改进计划。绩效管理的目的是提高绩效，制定切实、合理的个人绩效改进计划是绩效管理中的重要一环。员工应针对工作中的不足之处，制定一份个人改进计划初稿。

绩效辅导前的准备工作需要全面考虑员工的需求和公司的目标，以及具体的实施方法和技巧，以确保后续辅导过程的顺利进行，并为提高员工的工作表现和公司的整体绩效做出贡献。

9.2.2 根据员工发展情境与性格特点，进行针对性的辅导

众所周知，大部分人的个性是不一样的，因此每个人所展现出来的沟通风格也是不一样的。在对员工进行绩效辅导时，管理者需要根据员工的发展情境与性格特点，进行针对性的绩效辅导，从而激励员工发挥出最大潜力，提高个人绩效和组织绩效。

1. 不同发展情境员工的辅导方式

根据员工意愿及能力的差异性，可以将员工分为4种类型，分别是：能力强意愿高的、能力强意愿低的、能力弱意愿高的、能力弱意愿低的，如图9-5所示。

第 9 章 绩效执行过程辅导

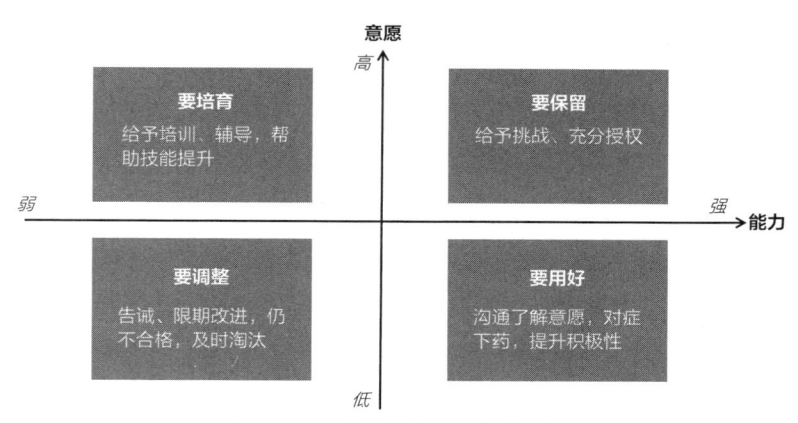

```
         意愿
          高
          ↑
┌─────────────┐      ┌─────────────┐
│   要培育      │      │   要保留      │
│ 给予培训、辅导、帮 │      │ 给予挑战、充分授权 │
│ 助技能提升    │      │              │
└─────────────┘      └─────────────┘
弱 ─────────────────┼───────────────── 强 → 能力
┌─────────────┐      ┌─────────────┐
│   要调整      │      │   要用好      │
│ 告诫、限期改进，仍 │      │ 沟通了解意愿，对症 │
│ 不合格，及时淘汰 │      │ 下药，提升积极性 │
└─────────────┘      └─────────────┘
          ↓
          低
```

图 9-5 不同发展情境员工的辅导方式

（1）能力强意愿高的要保留

能力强意愿高的员工有着很强的工作能力，甚至是团队中的标杆；有着持续稳定的优秀绩效表现；是团队中的核心骨干和高潜力人才，也是团队业绩的创造主力，需要的是更大的舞台和影响力。

对能力强意愿高的员工进行绩效辅导，要给予他们肯定、激励和授权，并适当对他们提出更高的目标和要求，激发他们更大的潜能。但也要切忌期望过高，以免打消员工的积极性。

（2）能力强意愿低的要用好

能力强意愿低的员工一般拥有良好的工作能力和经验，几乎不需要监督就能独立解决问题；但他们比较有自己的个性，态度上显得不那么积极主动，甚至有时会对目前的工作感到厌烦。

对能力强意愿低的员工进行绩效辅导，首先要与其建立信任，加强沟通频次，了解其意愿并给予关心和鼓励，肯定能力的同时明确指出工作态度是公司评价员工的主要标准。对公司团队氛围起到负面作用的人是绝不被容忍的。

（3）能力弱意愿高的要培育

能力弱意愿高的员工满怀工作热情，态度积极主动，渴望并乐于学习；但在知识、经验和技巧方面有所不足，绩效产出差。这类员工需要接受工作方面的知识和技能训练，以及获得上级的工作反馈。

对能力弱意愿高的员工进行绩效辅导，首先要针对他们的弱项进行培训，并制订明确的绩效改进计划，严格监督执行。如果绩效仍未提升，需要重新判定其任职资格及人岗匹配度，毕竟工作态度不能替代绩效结果。

（4）能力弱意愿低的要调整

能力弱意愿低的员工对工作的热情逐渐消失，态度上不积极主动，在工作中又往往由于能力不足，常常遭遇挫折和失败，导致意愿不高。这类员工需要有清晰的改进目标，还要给予他们鼓励及经常性的成果反馈。

对能力弱意愿低的员工进行绩效辅导，要强调工作目标，明确阐述公司对其的评价结果，引导员工反思并制订绩效改进计划，并跟员工建立要在一定限期内达成绩效的共识，如果达不成则会被淘汰。

2. 华为针对不同类型员工的绩效辅导策略

华为在对员工进行绩效辅导时，会根据员工的性格类型及绩效表现，采用不同的绩效辅导策略。

（1）对于沉默内向、不善言谈，但业绩优秀的员工，华为各级主管在和他们进行绩效辅导的过程中，通常会主动询问他们问题，以营造轻松氛围，让员工放松，缓解他们在交流时的不安与紧张。同时，主管还会通过提问开放式问题让员工有更多的表达机会，在员工回答问题时认真倾听，并适时对员工在工作中做出的成绩和贡献表示认可、给予表扬。而且，华为会给这样的员工提供更多的发展机会。

（2）对于那些易发怒且敏感、优缺点都比较突出，甚至在绩效辅导时容易和管理者产生一些意见冲突的员工，华为的各级主管会等员工冷静下来后，再一起分析原因，有针对性地解决问题。同时，对于这类员工，华为各级主管会在平时和他们经常交流沟通，不会搞"突然袭击"式的绩效辅导。在辅导过程中，一般会从员工的优点或者双方有共识的地方谈起，并在交谈中让他看到自己和绩效优秀者的差距,进而让他们找到自身可以提升的地方,激励他们提高自己的绩效。

(3)对于那些业绩不佳,又爱把问题归咎于别人的员工,华为各级主管在对他们进行绩效辅导前,一般会提前设定好绩效辅导面谈的框架,以避免卷入不相关的话题。在辅导的过程中,各级主管会以客观事实为依据,有针对性地分析员工业绩不佳的问题,而不会用模糊、概括性的言论来进行评价。同时,主管会围绕员工的绩效目标,引导员工找到他们业绩不佳的根源,并协助他们找到改进的方法,并在绩效辅导结束前和员工约定下次辅导的时间,以及时了解员工绩效改进情况。

针对员工类型和绩效表现的不同,采取针对性的绩效辅导方式和策略,不仅能帮助员工找到自身需要改进的地方,还能极大激发员工的工作动力,从而推动个人绩效水平的提升。

9.2.3 持续追踪是绩效辅导效果落实的保证

绩效辅导追踪是确保绩效辅导取得效果的重要步骤。在绩效辅导沟通过程中,管理者通常会明确下一阶段的目标和期望成果,因此在辅导沟通结束后,要定期追踪与员工共同制订的改进计划的执行情况,适时调整行动计划,为员工提供所需的资源支持,以确保绩效辅导取得预期的效果。

1. 定期跟踪员工改进计划的执行情况

绩效辅导结束后需要制订具体的追踪计划,并采取有效的措施,持续、密切地关注员工的执行情况。

首先要根据制订的绩效辅导计划,确定在绩效辅导周期内进行追踪的频率,这个频率可以根据公司的具体要求和员工的实际情况进行调整。一般来说,每个月或每个季度进行一次追踪比较合适。

其次,在追踪过程中,要收集员工的工作表现信息和其他相关数据,例如监测关键绩效指标和里程碑事件，以便评估员工是否按照计划进行工作并取得预期的成果。同时，也要鼓励员工对工作进行自我反思和总结，以更好地提高工作表现。

再次，根据评估结果和反馈意见，要及时调整计划，包括更改目标、调整行动计划、增加培训和支持等，以确保计划能更好地适应员工的实际需求和公司的发展目标。

最后，在每次追踪后，还要及时记录追踪结果，包括评估结果、反馈意见、调整计划等。这样有助于在未来的工作中更好地了解员工的绩效表现和发展潜力，并为制订新的绩效辅导计划提供参考。

2. 提供员工所需的资源支持及培训

员工绩效不好，无外乎是工作能力出了问题、工作意愿出了问题等相关原因。无论是哪个方面出现了问题，管理者都要给员工及时提供支持和帮助，以及必要的培训，这样才能提高员工的工作积极性和工作表现。同时，要建立良好的沟通机制，不仅让员工能够及时反馈工作进展和问题，也能让员工知道上级期望他们在工作中发挥什么作用。当员工遇到困难或挑战时，能够及时协助其解决问题或提供指导。

另外，关注员工的心理健康也是非常重要的，要尊重员工的个性和感受，避免员工承受过度的压力和不必要的指责。同时，管理者也要提供必要的心理支持和帮助，以帮助员工更好地应对工作压力和挑战。

绩效辅导追踪是一个持续的过程，需要定期进行评估和调整，确保绩效辅导过程得以顺利进行，并取得预期的成果。

总而言之，绩效辅导没有捷径，唯有做好绩效辅导的各个环节，踏踏实实，一步一个脚印，稳扎稳打，才能实现辅导目标，最终帮助员工做好绩效改进，达成绩效目标。

第9章 绩效执行过程辅导

> ✦ **小贴士：绩效辅导的注意事项**
>
> 1. 绩效辅导应贯穿到日常管理中，将正式辅导与非正式辅导相结合，随时随地、因人而异地采取不同的绩效辅导措施和方法。
> 2. 在绩效辅导过程中要就事论事，不能进行人身攻击；在平时工作中应及时记录下属特别优异或令人失望的工作表现，以便在绩效辅导时有具体事例支撑，避免泛泛而谈。
> 3. 绩效辅导应以激发员工优势为目的，激发员工的优势往往比致力于弥补其缺点收获更多，因此要及时认可员工的优点，并真诚地鼓励下属去尝试，帮助下属克服害怕犯错的心理。
> 4. 及早发现并沟通"不满意的绩效"，实事求是，不回避问题，沟通时对事不对人，避免到绩效评价时才让下属看到现实差距。
> 5. 在绩效辅导过程中要言传身教、以身作则。不能说一套做一套，更不能抱着"教会徒弟，饿死师傅"的想法和理念。

CHAPTER 10

第10章

绩效考核与评价

很多企业的绩效考核体系看似完善，实则存在着种种不公平的情况，比如存在"大锅饭"现象、员工抱怨不公平现象，等等。作为绩效管理的环节之一，公平、公正的绩效考核可以在很大程度上激发员工的积极性与主动性，助力企业与员工实现共同发展。

企业在绩效考核与评价中，应坚持以责任结果为导向，以效率优先、兼顾公平为原则，采用分层分级考核制度，对员工的业绩进行科学客观的评价，牵引员工致力于为客户创造价值，在达成个人绩效目标的同时，推动企业长久发展。

10.1 认知绩效考核

绩效考核的核心目的是客观公正地评价员工的绩效，区分干得好的和干得差的员工，通过认可与激励绩效优秀的员工，识别和管理贡献较小、绩效待改进的员工，牵引各组织协同发展，激活整个组织，最终实现企业与员工的共赢。

10.1.1 绩效考核的内涵与主要作用

绩效考核是在既定的战略目标下，运用特定的指标和标准，采用科学的方法对员工的工作行为及取得的工作业绩进行评估，并运用评估结果对员工将来的工作行为和工作业绩进行正面引导的过程和方法。

表10-1 绩效考核的内涵

绩效考核不是	而是
◆ 苛刻地对待员工 ◆ 把人与人进行比较 ◆ 对员工全盘否定 ◆ 总是准确无误	√ 注重业绩，是资源的再分配 √ 将员工的绩效完成度或岗位胜任度做比较 √ 说明员工不适合某一岗位或在某些方面有待提升，最终实现共赢 √ 造就全明星团队，将绩效管理落实成一种文化

如表10-1所示，绩效考核不单是为了考核员工，更是为了帮助员工成长，其本意是通过评价员工的绩效表现来奖励先进、鞭策后进，激发员工工作的积极性，进而提高整个组织的绩效水平。

有效的绩效考核，不仅能识别并奖励高绩效人才以提高绩效上限，还能帮助低绩效者改进绩效，从而持续提高整个团队的绩效。企业开展绩效考核的目的主要包括以下方面。

（1）保障组织目标的完成。在员工完成绩效目标的过程中，各级管理者应定期收集、整理和分析有关目标执行情况的信息。这样做一方面有利于对目标的不合理处进行修改；另一方面则有利于发现实际情况与目标的差异，以找出原因并寻求对策，最终保障企业战略目标的实现。

（2）为员工的薪酬提供参考依据。科学的考核和公平的薪酬，对激励员工有着重要的影响。有效的绩效考评方案有助于对员工的行为、态度、业绩等多方面进行全面而公正地评价，为员工的薪酬调整、奖金的发放提供重要的依据。而且，企业能够在客观评价的基础上通过给予员工合理的薪酬或待遇，激励员工持续奋斗。

（3）发掘人才。绩效考评有助于管理者对员工是否适合所在岗位做出客观、明确的评判。如果发现他们缺乏某一方面的能力，可以给予补充和加强；如果发现他们在某方面的能力没有得到充分的发挥，可以给予其更具挑战性的任务，为他们提供尽展才华的机会。另外，具有敏锐观察力的管理者通过绩效考评还能发掘出具有某方面潜能的人才，从而可以进一步培养他们。

（4）让员工清楚企业对自己的评价与期望，引导员工的发展。绩效考评是一种周期性的评价系统，再加上绩效考评结果会向员工公开，这样员工就能了解企业对他们的评价，从而正确地评估自己在组织中的位置与作用，进而让员工清晰了解自己需要改进的地方，引导员工的发展。

（5）甄选优秀人才，用人所长，助力员工成长。对员工的业绩进行评价，不仅能帮助管理者甄选出优秀的人才，将其委派到重要的工作岗位，而且有助于发现每个员工的特点，为用人所长、更好地发挥每个员工的长处提供依据。

可见，企业要想提升绩效水平，就要在绩效考核中坚持"绩效考核不仅仅是为了得到考核结果，更重要的是要通过绩效考核推动企业整体绩效提升"的理念。华为为什么能在2013年以约395亿美元的营业收入成功超越爱立信成为全球最大的通信设备供应商？关键原因之一就在于它把绩效考核及其结果几乎强相关地应用于公司各项人力资源政策中。绩效不行，一切免谈，这种坚定不移向高绩效迈进的理念，让华为的员工队伍在市场竞争中不断突击前进。

> **✦ 小贴士：绩效考核的目的不是裁员**
>
> 我们强调要创造高绩效，要把绩效管理上升到战略高度上去。绩效考核的目的不是裁员，而是通过考核把大家放到合适的岗位上，保证每个人发挥自身能力，实现绩效目标，通过个人绩效目标的实现来完成公司总体目标。

10.1.2 绩效考核的注意事项与误区

当前，国内不少企业的绩效考核还是停留在事后考核的阶段：绩效考核就是"秋后算账"，即当员工完成工作以后，就员工的工作业绩进行评价和衡量，并根据考核结果给予员工物质或精神上的奖励或惩罚。这样的绩效考核单单以结果论英雄，而忽视了绩效考核之前和之后应该做的一系列工作，使绩效考核背离了初衷，失去了应有的意义。

企业如果只是孤立地进行绩效考核，很容易引发一系列问题：

（1）工作目标和完成标准不明确，导致员工不明白企业对其工作的要求，在工作中无所适从；

（2）员工感觉直接主管的角色是裁判，绩效考核就是挑员工的毛病，进而使管理者与员工之间的关系逐渐对立起来，导致企业内部的氛围变得紧张；

（3）绩效考核只是管理人员的工作，员工完全是被动的；

（4）使得员工绩效改进与能力提升过分依赖于奖惩制度，导致员工改进绩效水平的动力来自利益的驱使与对惩罚的惧怕；

（5）只是对员工进行绩效考核，后续也没有向员工反馈绩效考核结果，使得员工可能由于好的成绩没有得到及时认可而产生挫折感，也可能使缺乏工作能力与经验的员工难以及时发现自身的问题，从而不利于其业绩的改善和能力的提升。

另外，有的公司在做绩效考核时就是按流程走一遍，上级领导根据过往设定的绩效指标和考核标准，给员工打分。这种形式从流程上看好像并没有什么问题，但却无法帮助员工真正了解自己存在的问题和需要改进的地方。而且，上级领导在进行考核时可能会夹杂主观意愿和情感，无法做出客观公正的评价，从而影响评估结果及组织效能。

因此，企业在进行绩效考核时，应该要采取相应措施，避免因陷入绩效考核的一些常见误区（如表10-2所示）而影响绩效考核的实施和效果。

表10-2 绩效考核的常见误区及修正措施

误　　区	修正措施
晕轮效应：以偏概全，过分聚集于某一项正面或负面的绩效表现	以目标达成情况为依据
近因误差：以近期印象代替全部，过分聚焦最近发生的或印象深刻的关键事件	做好绩效管理过程中的数据收集、记录
感情效应：结果不自觉地会受感情影响	以客观绩效指标为依据
集中趋势：结果趋于中位，拉不开差距	对管理者进行管理技巧培训，结果以统计百分比进行衡量
暗示效应：评估人受领导及权威人士影响	以客观绩效指标为依据
倒推化倾向：先为某人确定一个考核档次，然后倒推出各考核项目的得分	不戴有色眼镜，以客观绩效指标为依据

绩效考核是绩效管理中非常重要的一个环节，也是一个容易激化矛盾的环节。为了能够真正发挥绩效考核的作用，企业应督促各级管理者注意平时如实记录员工的绩效情况，注重沟通和反馈，针对每个员工所承担的工作，应用各种科学的方法对员工的工作行为、工作效果或者对企业的贡献进行考核评价。如此一来，下属才不会对绩效评价的结果感到意外和不公。

10.2　个人绩效考核设计

企业在绩效考核中，面向不同的业务人群，应以岗位职责为基础，以客户需求为牵引，实施分层分级的差异化考核：牵引高层管理者更加关注公司战略目标，中基层管理者兼顾中长期目标的达成和战略规划的落实，基层员工追求多劳多得、精益求精，充分激活每个团队成员的潜力。

10.2.1 绩效评估："考"为主、"评"为辅，"考""评"结合

企业对于个人绩效的考核，应该采用以"考"为主，以"评"为辅，"考""评"相结合的方式，正确评价员工个人贡献。其中"考"的部分在绩效目标中占比在70%以上比较合理，避免因"评"的权重太大而影响绩效考核的公平性。

绩效考核评价不是基于数据的简单汇总，而是结合关键绩效得分、个人关键举措（针对管理者，还包括人员管理目标）的综合评定，因此，需要直接主管对下属的工作完成情况的各具体模块都有客观的评价。

例如，员工A是某企业负责给苹果树喷洒农药的人员，那么其主管可以从以下4个方面来协助他制定个人绩效目标：第一，因为给苹果树喷洒农药是为了预防虫害，所以他的个人绩效指标中需要包含虫害率指标；第二，因为农药剂量一旦超标，苹果就会卖不出去，所以他的个人绩效指标中需要有农药剂量指标；第三，要有人均效率指标；第四，要考虑引进低毒、低残留农药种类，以提升苹果的价值，等等。

以上这4个方面是员工A个人业绩承诺（PBC）的主要内容。在个人PBC中，有些指标是可量化的，有些却是难以量化的；有些指标是包含可分配价值的结果性指标，有些指标却是比较间接的结果性指标。可分配价值的结果性指标一般作为对个人绩效的考核项，其他指标则作为考评项。所以对个人绩效的考核应将"考"与"评"相结合，定量指标以"考"为主，定性指标以"评"为主。

华为对中基层员工实行PBC考核，他们的绩效考核的工作内容包含3个部分（如图10-1所示）：首先，看员工的PBC完成情况，PBC是岗位职

责中的关键优先工作，PBC完成情况是绩效评价的主要依据；其次，看PBC所不能涵盖的岗位职责的履行情况；最后，看员工超越职责的贡献，如对其他组织的交叉贡献。

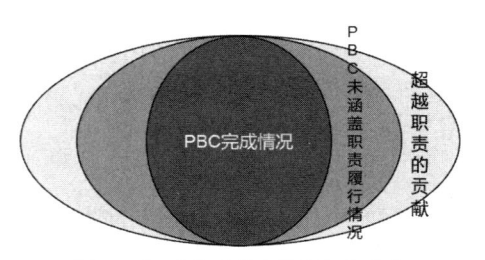

图 10-1　华为绩效考核的工作内容

在个人PBC考核中，"评"的部分主要是PBC中无法量化的部分、责任范围内未纳入PBC的部分及岗位或角色之间的灰色地带。也就是说，绩效考核应立足于员工的现实工作，强调员工的工作表现与岗位职责或角色要求相一致，而非只基于员工在本部门的个人工作表现。

通过对个人绩效采用"考"和"评"相结合的考核方式，企业确保每个员工既各司其职，又相互协作，共同推动企业战略目标的落地实现。

10.2.2　基于不同对象来选择合适的考核方法，强化牵引

不同的考核内容、不同的考核对象应采用的考核方法是不同的，为了对员工进行一个合理的评价，企业需要基于不同对象来选择合适的考核方法，以强化绩效的牵引作用。

业界常用的绩效考核方式有绝对考核和相对考核两类。绝对考核的方法是指对每个员工的个人绩效进行单独评估，根据绩效考核成绩直接确定绩效等级，通常没有比例的限制。相对考核的方法是公司采用强制排序法，即将一定范围内的员工按照绩效考核成绩进行排序，再根据比例划分为各个绩效等级。

绝对考核是人和目标/标准比较，根据目标/标准达成与否来评价被考核对象的贡献，通过不断提高标准来牵引员工精益求精；相对考核是人和人比较，在同类同层级岗位员工中进行排序，通过在组织中不断"赛马"，牵引员工你追我赶、争当先进，从而激活组织。绝对考核是基础，在完成"人和目标/标准比"的前提下，再使用"人与人比"的考核方法，也就是说，相对考核可以结合绝对考核的结果来进行。在企业实际运用中，绝对考核与相对考核往往需要结合起来运用，如表10-3所示。

表10-3 绝对考核与相对考核相结合

绝对考核（绩效实施，全面收集）		相对考核（相对排序，集体评议）
责任结果	・基于客观事实评价责任结果，即员工的履职情况 ・对于员工PBC中不涵盖的职责履行情况进行全面评价	客观公正评价员工的绩效 ・分层分级考核，确保相似层级的比较 ・让最了解员工工作的人参与评价 ・通过集体评议确保评价尺度统一 ・建立绩效申诉机制，并进行绩效结果公示，以保证评价过程公平、公开、公正
个人贡献	・职责履行情况中，员工的个人贡献是多少 ・超越职责的努力，也计入员工的个人贡献	
关键事件	考核周期内发生的与绩效相关的正负向事件	

绝对考核的机制对绩效考核的要求很高，需要设定合理、有效的评价标准，使得绩效考核分数分布基本合理，这样才能进一步划分等级。企业在选择绝对考核或相对考核的方式时，可以结合组织、团队、岗位的情况组合使用，具体如表10-4所示。

表10-4 不同考核方式的选择

对象	导向	考核方式
公司高管	承担决策责任，牵引聚焦中长期目标、自我超越	绝对考核（人和目标比+自己和自己比）
大部分管理者/专业类员工	导向问题解决，牵引你追我赶、争当先进	绝对考核+相对考核（人和目标比+人和人比）
作业类员工	导向工匠精神，牵引精益求精、多劳多得	绝对考核（人和标准比）

第10章 绩效考核与评价
CHAPTER 10

【案例】华为采用绝对考核与相对考核相结合的考核方式

为了让更多奋斗者分享胜利的果实,让惰怠的干部感受到末位淘汰的压力,华为对15级以下的员工进行绝对考核,是为了团结大多数,而对15级及以上员工进行绝对考核+相对考核,是为了选拔"将军"。

对15级以下的基层员工采用绝对考核方式,以多劳多得为牵引,让基层员工更好地理解考核导向,以积极的心态进行价值创造,为公司做贡献。绝对考核采用的是绝对指标的考核,即采用能独立验证的客观指标,而不采用任何主观指标,如劳动态度、工作积极性等,因为它们容易为人的主观情感所影响。在进行绝对考核时,只设立标准基线,自己和标准比,不强制性控制比例分布和末位淘汰。

末位淘汰是从西点军校流传出来的,它的目的是用来挤压队伍,激活组织,鼓励先进,鞭策后进,是选拔领袖的一种方式。我们不能指望基层员工一下子就去做领袖,而是要让他们在轻松的状态下去工作,创造绩效和收益。因此,对基层员工的考核应该简单明确,考核的维度和要素不要太多、太复杂。

对15级及以上员工,尤其是行政岗位的干部,华为则在绝对考核基础上坚定不移地贯彻相对考核方式,通过与周边员工进行对比,加强团队你追我赶、争当先进的势能,防止他们产生惰怠心理,不再坚持艰苦奋斗。在进行相对考核时,华为采用末位淘汰制,每年淘汰掉一部分干部,这类干部需要自己重新寻找岗位,如超过3个月还找不到岗位,就要被降薪。这样一来,干部才会有危机感,从而更加珍惜在岗的机会。

相对考核的目的是挤压"火车头",主要用于管理干部,企业不能僵化地淘汰员工,搞得人人自危。比如,在有些企业,那些原本绩效非常好的女性员工因生育问题没有了岗位,被迫离职,企业对女性员工的这类做法是非常错误的。企业应采用绝对考核与相对考核相结合的方式,不断完善价值评价体系，这样才能使全体员工在工作时越来越自主与高效。

10.2.3 确定个人绩效考核评价的程序

被誉为"华为人成长宝典"的《致新员工书》中有这么一段话："您有时会感到公司没有您想象得公平。真正绝对的公平是不存在的，您不能对这方面期望太高。但在努力者面前，机会总是均等的。"

在绩效考核评价中之所以不存在绝对的公平，主要原因在于考核者和被考核者所掌握的信息是不对称的，考核者无法完整获悉所有被考核者的信息，这就导致考核者是根据不完整的信息来评价被考核者的工作表现的。因此，企业需要制定明晰的绩效考核评价机制，提升绩效考核的准确性和公正性，促进组织和员工的共同成长。

1. 建立健全个人绩效考核评价机制

华为为了确保绩效考核评价更加公平公正，建立了健全的个人绩效考核评价机制，如图10-2所示。

上上级AT批准	绩效结果批准（批准权） 审视团队整体绩效分布 批准绩效评价后公布结果 → 绩效评价结束 绩效结果沟通
上级AT审核	集体评议（审核权） 控制比例分布 审视高低绩效和特殊人群 确定绩效评价结果
直接主管初评	主管初评（建议权） 收集周边意见 进行考评前沟通 确定初评结果
员工自评	员工自评 对照PBC，进行实际完成情况的自评 ← 绩效评价启动

流程Owner（建议否决权）：从流程拉通绩效评价，提供绩效事实 — 建议否决权 Y

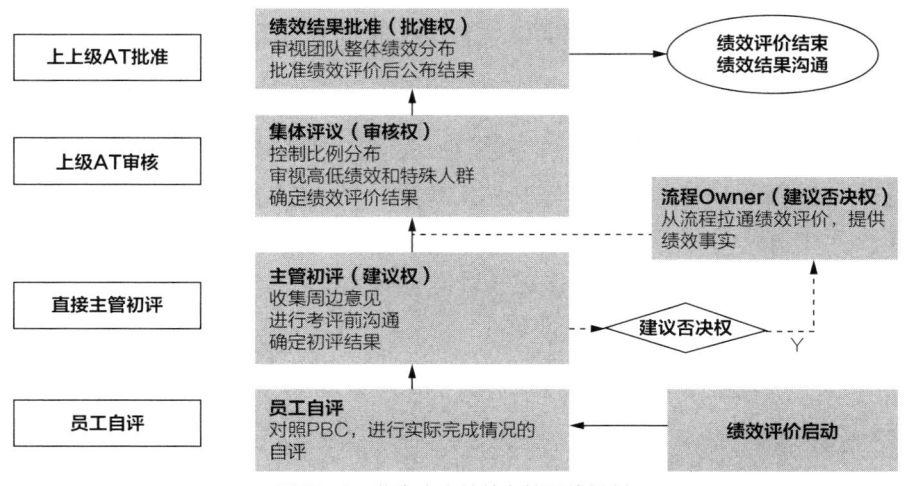

图10-2 华为个人绩效考核评价机制

（1）直接主管（建议权）：在员工对照自身PBC完成实际完成情况的自评后，直接主管负责对下属的绩效进行初评。对于初评结果为A、C和D的下属员工，可以要求提供绩效事实。流程Owner拥有建议否决权，可对绩效初评结果提出不同意见。直接主管须与行管组织达成一致后，将初评结果上报上级AT审核。

（2）上级AT（审核权）：在直接主管对员工绩效进行初评后，直接主管的上级AT集体评议下属员工的绩效，科学控制下属员工绩效等级的比例分布，并审视高低绩效和特殊人群，确定绩效评价结果，上报给上上级AT。

（3）上上级AT（批准权）：上上级AT作为绩效考核的复核者，不仅要审视团队整体绩效分布，还要对上级AT上报的绩效评价结果进行审核批准，再在公司公布评价结果。

华为通过分别赋予直接主管建议权与流程Owner建议否决权、上级AT审核权、上上级AT批准权，来实现对绩效评价的互相制衡，为绩效评价保驾护航。

2. 建立合理的集体评议流程

华为AT团队对员工绩效的集体评议主要包括以下6个步骤。

（1）提前明确集体评议规则：在制定员工PBC之前，就需要向员工明示团队的绩效导向和评议规则，提前确认绩效标准，而不是在评议时再制定。

（2）审视集体评议信息表：集体评议信息表全面记录了员工的个人绩效事实，一般包括员工的绩效事实和直接主管初评结果等信息。审视集体评议信息表实质上是对员工的绩效事实进行审核，以全面了解员工绩效。

（3）评议规则及注意事项的介绍：在开展集体评议之前，需要回顾绩效导向和评议规则，让评议成员形成统一的绩效语言、绩效理念、思想导向和评价标尺，澄清一些常见的评价误区，对相同层级、相似工作性质的员工的绩效标准理解一致。

（4）分层排序，重点评议两端和边界、跳变等特殊情况的员工：评价员工绩效等级时，需要分层分段排序评议。评议时的重点是评议两端和边界等人员的绩效，也就是逐个把员工的绩效事实放在"标准秤"上称重，给出排序和绩效等级。

（5）按比例分布整体拉通审视，确定最终结果：对于各主管评价的所有绩效为A（优秀）的员工，需要在统一评议规则下再逐一评议，按照比例分别整体拉通审视评议。例如对于绩效为A的员工，首先根据他们的绩效事实将主管建议评为A的理由逐一审视，各主管评议讨论识别出最优秀的员工，确定"锚点"，同时给出发展建议，然后依次排序；随后评议各主管下的绩效排名前两位的员工，进行排序和调整，直到把绩效为A的人员评议完。

（6）达成一致后签字：经过评议，各主管和评议团队对评价结果达成一致之后，在评议结果表上签字确认。

建立合理的绩效考核评价机制，能够最大程度地保障绩效管理的公平公正性，发挥绩效管理的作用，维护公司的整体利益，有利于公司长期稳健发展。企业可以参考借鉴华为的绩效评价机制，结合自身在绩效管理中面临的各种各样的问题灵活运用。

10.2.4　实施差异化考核，牵引价值创造

在组织实践中，无论其规模大小，企业内部都会形成若干层级和部门，各层级之间、各部门之间的职责是完全不同的，对它们的绩效评价也应当分类分层进行考虑，如图10-3所示。

1. 对高层管理者的绩效评价

对高层管理者的绩效评价，应重点关注中长期综合绩效目标的达成和

对公司长期利益的贡献，重视团队建设和干部后备队建设，不断提升领导力素质，确保公司可持续发展。企业可以采用述职和PBC相结合的考核机制来实现对高层管理者的考核，目的是强化高层的责任和目标意识，促使高层在实际工作中不断改进管理行为，以促进员工和部门持续的绩效改进。

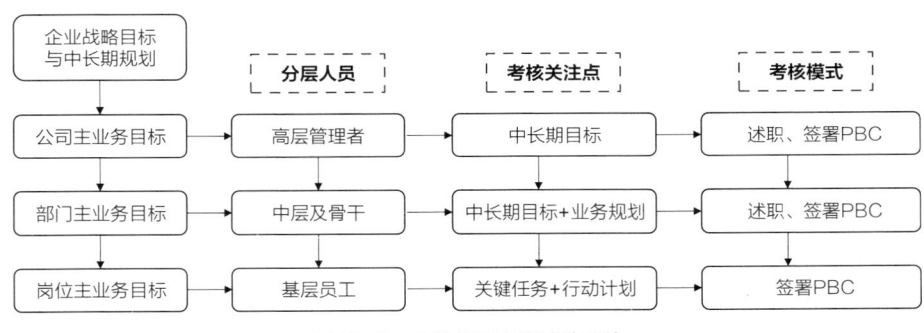

图10-3 分类分层实施绩效评价

2. 对中层管理者的绩效评价

对中层管理者的绩效评价，要兼顾中长期绩效目标的达成和业务规划的有效落实，重点关注他们在本职岗位上短期绩效目标达成的情况和行为规范。企业通常可以采用述职和PBC相结合的方式来对中层管理者进行绩效考核。

华为对中层员工的绩效考核通常遵循4个原则。

（1）责任结果导向原则：引导员工用正确的方法做正确的事，不断追求更高的工作效率。

（2）目标承诺原则：被考核者和公司在考核期前对绩效目标达成共识，被考核者对绩效目标做出承诺，目标制定和评价都体现分类分层的思想。

（3）考评结合原则：考核初期确定绩效评价者，评价时充分征求绩效评价者的意见，并以此作为考核依据，绩效评价者应及时提供客观反馈。

（4）客观性原则：考核以日常管理中的观察、记录为主，注意定量与定性的结合，以数据和事实为考核依据。

3. 对基层员工的绩效评价

对于基层员工来说，强调做实的价值评价，以让他们获得合适的待遇与地位。如果在对基层员工的绩效考核中过分强调他们对公司中长期绩效目标的关注，就会导致整体做实不够。因此，对基层员工的绩效评价，应该以业绩考核为主，关注岗位短期绩效目标的达成和过程行为规范，让基层员工在日常工作中快速改进、实现个人成长，进而实现对公司总体战略的有效支撑。对于基层员工，其考核标准的建立应遵循两个原则：一是以业绩考核为主，按实际作业结果给予评价；二是要明确规定每个人只能以本岗位中所直接从事的专业项目来进行考核。

由此可知，企业的绩效考核需要根据业务特点、职责、价值定位等做出差异化安排。分层分级的绩效考核，有利于牵引中高层管理者更多关注企业中长期目标，帮助基层员工在日常工作里面快速改进、实现个人成长，进而实现对公司总体战略的有效支撑；同时也能最大限度地保障绩效考核的公平合理，从而促进全员奋发前进、创造价值。

10.3　绩效考核的标准

绩效考核是为实现企业总体战略服务的，目的是让员工发挥最大潜力为公司做出价值贡献。因此，绩效考核要关注能够真实反映员工工作表现的结果和贡献，不能本末倒置，为了考核而考核。

10.3.1　绩效评价要抓住绩效的本质

近年来，企业内"加班文化"盛行，很大程度上是因为许多公司的管理人员想当然地认为"加班＝工作时间长＝高绩效"，并依照员工加班多少来评定绩效，不仅造成了组织资源的浪费，还打击了优秀员工的积极性，这其实是一种管理误区。

只有基于价值创造来评价团队与个人的工作表现，才能牵引公司员工致力于价值创造。华为在对员工进行绩效评价时，始终专注于员工的贡献、工作成果，以使员工的奋斗目标始终明确清晰，绩效评价有理有据，避免做无效劳动。作为华为的创建者和领导者，任正非十分重视自己及员工的工作结果，他的每一项决策都指向公司的成长和发展；他的每一次讲话都指向公司发展过程中已经出现或即将面临的问题；他不承认"茶壶中的饺子"，坚持以责任结果为导向选拔干部，坚持员工"按贡献大小拿待遇"。

在华为看来，企业管理的目的是提升效率、多打粮食，因此，任何时候的绩效考核都要把区域市场的"粮食"是否增产作为第一指标。

【案例】华为荣耀手机提成方案——激励员工多打粮食

在华为与荣耀分离前，发生过这样一件事：2017年12月底，一则关于荣耀内部提成奖金方案的文件曝光。后经荣耀证实，这份被公众误认为是年终奖颁发方案的内部文件，其实是《荣耀品牌手机单台提成奖金方案》。该文件由任正非签发，目的是牵引荣耀品牌手机提升销售规模。

该方案显示荣耀品牌手机按销售台数提成，不同档位、不同型号的手机单台提成相同。计算方法是荣耀品牌手机奖金值＝单台提成×销售台数×加速激励系数×贡献利润额完成率。一线组织按销售台数直接获取奖金，平台组织按对一线的服务和支撑贡献度获取奖金。该方案称："只要在内、外合规的边界内达到目标，抢的粮食越多，分的奖金越多，13级就可以拿23级的奖金。"意思就是普通员工的奖金也可达到百万元。

荣耀出台这一手机单台提成奖金方案，目的就是激励员工多打粮食，以不断提升手机销售收入。

荣耀手机以获取分享制重金激励并调动员工积极性,牵引员工多打粮食,进而实现销售规模不断扩大。可见,企业在对员工进行绩效考评时,应该让每个员工把精力放在多做贡献、踏踏实实做好自己的本职工作上,多产粮食,为公司创造价值。

10.3.2　长期贡献也要纳入绩效评价范畴

企业在发展过程中,既要考虑眼下的生存所需,也要考虑未来的发展,对员工的绩效考评也是如此。这样才能激励员工在关注当期产粮量的同时,重视增加土地肥力。正如战略管理鼻祖伊戈尔·安索夫所说:"企业在员工的绩效评价上,必须平衡短期贡献与长期贡献的比重,鼓励员工既要在短期内赚取利润,也要为企业的长期发展做出贡献。"

因此,个人的绩效评价除了根据当期"产粮量"确定基本评价,还包括战略贡献。所谓战略贡献,就是"对土壤未来的肥沃程度进行改造",即战略贡献越大,员工就能给公司未来的发展创造出更多的可能性。对于知识密集型、技术密集型企业来说,最害怕的或许不是当期业务量不足,而是未来缺少有发展前景的业务和产品。

通常来说,多打粮食是比较容易看到结果的,而且也容易评估;而"增加土地肥力"是见效比较慢的,短时间内不容易看到效果。可见,企业要对"增加土地肥力"给予足够重视。华为虽然强调要根据当期"产粮量"来确定基本评价,但是一个处于快速发展、面对市场激烈竞争的企业是不能只看当期效益的,必须还要有战略眼光、战略布局及战略冲锋。要知道,很多时候,打开一个新市场、一类新业务,靠的就是公司先于其他竞争对手做出的战略布局,即让公司成为行业中第一个"吃螃蟹"的企业。

为了考察员工这方面的能力,激励员工为公司做出战略贡献,任正非在2014年的时候就提出:"根据当期产粮量多少来确定经济贡献,根据对土壤肥沃程度的改造来确定战略贡献。两者都要兼顾，当期贡献决定了员工奖金包的大小，而没有战略贡献，员工就不能被提拔。"

【案例】华为E代表处的绩效评价

2019年，华为E代表处实现营收4亿元人民币，超过年初设置的实现营收3亿元人民币的目标。但是在年终对E代表处市场总裁进行绩效考核时，其直接主管对他的绩效评价是C，而且他的绩效奖金只有70%。为什么会如此评价呢？

华为的绩效评价包括两个部分：一个是员工的当期业绩，即当期产粮量是否达成。另一个是员工的战略贡献，即长期贡献。从经营指标上看，E代表处的市场负责人完成了总的绩效目标，也就是当期产粮量完成了，但是从战略目标上看是没有完成的。年初华为总部给E代表处制定的绩效目标是代表处实现营业收入3亿元人民币，其中偏欧洲这个区域实现营收1.8亿元、亚洲区域实现营收1.2亿元。年终时，E代表处在偏欧洲这个区域完成了目标的30%。也就是说，他的战略贡献没有达成。

因此，华为对E代表处负责人的绩效评价结果为C，因为当期绩效目标达到了，所以给予了70%的奖金；但战略贡献没达成，剩余30%的奖金就没了。

当然，将战略贡献纳入业绩评价范畴，并不是鼓励每一个员工都投入到战略贡献中，而是鼓励员工在完成自己当期的本职工作的基础上，能进一步从战略角度为公司创造价值。员工不能为了做出战略贡献简单地声称"未来可以如何赚钱"，无论未来如何，都要站在今天利润积累的基础之上。因此，绩效评价最认可的情况应该是员工在保证基本评价达标的基础上，还能为公司做出一定的战略贡献。

10.4 绩效考核结果强制分布

通用电气前CEO杰克·韦尔奇说："在每个团队中，20%的人绩效表现最佳，70%的人绩效表现良好、工作踏实，而剩余10%的人不具备在该企业取得成功的技术水平。"识别与区分员工的绩效结果，不仅能够帮助管理者全面了解员工工作绩效表现，还能为后续的绩效结果应用提供重要依据。

10.4.1 绩效管理识别两端、激活组织与个体

绩效结果不进行区分，可能会使企业大多数员工离开；而进行区分，可能只是让绩效排名靠后的员工离开。在绩效管理中，"平均主义"是最大的不公平，如果绩效没有一个横向比较的话，即无论工作表现如何，员工都能获得相同的待遇和回报，那么这种绩效管理就失去了其应有的意义和价值。

绩效结果不进行区分容易给企业带来以下问题。

（1）无法准确评估员工的工作表现。如果绩效结果不进行区分，那么就难以区分出高绩效和低绩效员工，会导致评估结果不准确，无法全面反映员工实际工作表现。

（2）降低员工的工作积极性和满意度。如果绩效结果不进行区分，那么优秀员工没有办法获得应有的奖励和激励，会打击他们的工作积极性，也会影响他们对公司和工作的满意度。绩效不佳的员工则容易迷失，感受不到压力，没有危机感，也不会主动想办法去提升自己、争取更好的工作表现和绩效。

（3）影响组织的整体绩效。如果绩效结果不进行区分，那么组织就无法针对不同绩效结果的员工采取不同的管理措施，无法准确识别出哪些员工需要额外的培训和支持、哪些员工需要被淘汰或调整工作岗位。

因此，为了确保绩效管理的有效性，在绩效评价后，企业应该对员工的绩效结果进行区分：哪些人是属于高绩效的，哪些人是属于绩效一般的，哪些人是属于低绩效的、不合格的，以便准确评估员工的工作表现，提供相应的激励，并采取针对性的管理措施来提高组织的整体绩效。

杰克·韦尔奇认为，活力曲线是如何建立一个伟大组织的全部秘密。通用电气的活力曲线把员工分为A、B、C三类，并按照2：7：1的比例划分出来。公司每年都会将所有高层管理人员进行分类排序，区分出哪些人是最好的，即A类员工，大概占比20%；哪些人是属于中间段的，即B类员工，占比70%；哪些人是最差的，即C类员工，占比10%。在一家企业里，A类员工是要千方百计留住的，而C类员工通常是要被淘汰的。

与之不同的是，腾讯的组织活力曲线是按照1星到5星来划分员工绩效水平的。其中，4星和5星的占腾讯员工总数的15%～20%，在腾讯内部被定义为"需要充分激励的排头兵"；3星的员工占总数的45%～65%，内部定义他们为"被认可的绝大多数员工"；1星和2星的员工比例在15%左右，被定义为"需要鞭策的后进者"。

通过对员工绩效结果进行区分，各级主管能够科学合理地分出绩效表现好、中、差的员工，不仅能挖掘出绩效突出、素质好、有创新能力的优秀管理人员和员工，从而在工作中为他们创造更多表现机会和空间，通过岗位轮换、特殊培训等方式，从素质和能力上进行全面培养，使其实现进阶性的成长，从而促进个人绩效水平的提升；同时还能及时对后进者提出改进要求，激励员工不断改进绩效水平，进而推动组织绩效的提升。

10.4.2　个人绩效结果的等级比例分布

科学合理地划分绩效等级，以及明确不同绩效等级下员工的比例分布，是绩效管理成功推进的关键之一。组织绩效篇章中已经介绍过，绩效等级划分的方法有等级分数标准法和强制分布法两种，这两种方法也同样适用于个人绩效结果等级的划分。很多知名大企业，如国外的通用电气、惠普、百事可乐，国内的华为、阿里巴巴等，都是使用强制分布法来划分绩效等级的。

【案例】华为员工绩效结果的等级比例分布

华为的绩效结果等级划分规则最初是由彭剑锋教授领导的团队从日本引进设计的，一直沿用到今天。华为将员工的绩效等级分为5个等级，考核比例管理遵循两个原则：第一，确定公司对考核比例分布的总体管理规则，如"A（10%～15%）、B+/B（70%～85%）、C/D（5%～10%）"，以组织业务类别为单位，保证"考核周期"的考核比例分布符合公司要求；第二，管理者按照组织层级分层控制比例，专业员工按照个人职级分级控制比例。

具体如图10-4所示：绩效等级为A的比例为10%～15%；等级为B+和B的合计比例为70%～85%，但对等级为B+和B的员工分别该占多少比例不做严格的要求，各级管理团队根据下属的组织绩效来确定下级团队的比例分布；等级为C和D的合计比例为5%～10%，但具体到等级为C、D的员工分别占多少比例也未做限制，可见团队中不一定非要评出D等级的员工。

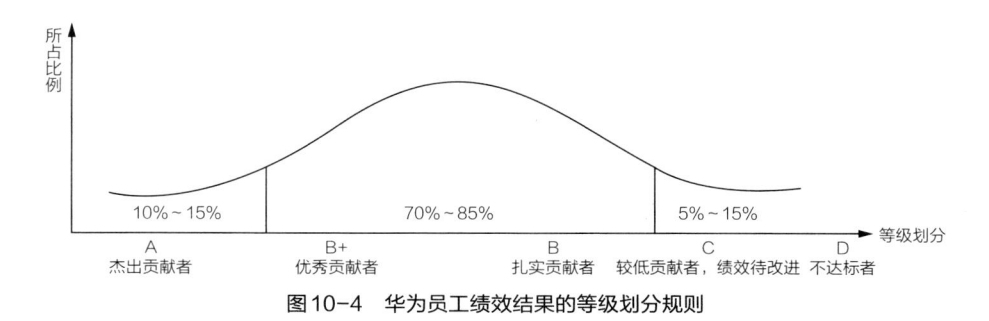

图10-4 华为员工绩效结果的等级划分规则

（1）等级 A 意味着是杰出贡献者，指员工绩效表现在各方面明显超越所在岗位层级的职责和绩效期望，绩效结果明显高于他人，是部门员工的绩效标杆。

（2）等级 B+ 意味着是优秀贡献者，指员工绩效表现经常超越所在岗位层级的职责和绩效期望，不断拓展工作范围与影响。

（3）等级 B 意味着是扎实贡献者，指员工绩效表现始终能够满足所在岗位层级的职责和绩效期望，部分能够超出组织期望。

（4）等级 C 意味着是较低贡献者，指员工绩效不能完全满足所在岗位层级的职责和绩效期望，需要及时改进绩效以正常履行岗位职责要求。

（5）等级 D 意味着是不达标者，指员工不能履行所在岗位层级的职责和绩效期望，明显缺乏正常履行岗位职责所需的知识技能、工作有效性和积极性。

个人绩效结果的等级比例分布可能会因组织、行业、职位等不同而有所差异，员工绩效等级主要由企业绩效考核的奖惩力度和参与考核的员工数决定。当企业对绩效考核要求比较高且参与考核的员工数比较多时，可以将绩效结果划分为 5 个等级，以实现对员工的强激励作用，比如腾讯、华为都是将绩效结果划分为 5 个等级；当企业对绩效考核要求比较低且参与考核的员工比较少时，为减少内部矛盾，可以将绩效结果划分为 3 个等级。企业在实际应用中，需要根据组织的实际情况来确定合适的个人绩效结果等级划分规则。

CHAPTER 11

第11章

绩效反馈与结果应用

彼得·德鲁克说:"管理的许多职能要真正实施,要发挥作用,不能没有沟通。"绩效管理能否达到预期目的,往往取决于绩效反馈的实施。而绩效反馈的延续就是结果应用,绩效结果应用是对员工努力付出的工作结果的兑付与奖励,以激励员工聚焦价值创造。

绩效反馈和结果应用都是绩效管理的关键环节,通过这两个环节,企业可以更好地激活和激励员工,提高组织的整体绩效。

11.1 绩效结果反馈

绩效结果反馈是绩效管理过程中的末端环节，是考核者（上级）就被考核者（下级）在考核周期内的绩效评价结果进行反馈，并对绩效期间取得的成绩、存在的问题、下一阶段的工作目标、未来的绩效提升计划进行有效沟通的过程。

11.1.1 绩效结果面谈的内涵与要点

在绩效考核结果出来后，不论是针对绩效好的还是绩效不好的员工，企业都应该要求主管和员工进行绩效结果面谈。绩效结果面谈强调上下级一起回顾和讨论绩效考核结果，帮助员工及时发现自己在工作中的优点、问题和不足，以引导员工持续改进，达成绩效目标。

绩效结果面谈的主要内容包括以下4个部分。

（1）工作业绩：使员工认可公司的绩效评价是客观公正的。绩效结果面谈最重要的内容是要把绩效考核结果及时反馈给被考核者，并回顾绩效计划和评价标准，详细说明评估理由。被考核者需要对考核者的考评结果予以认同，若有异议的也可以向公司高层提出申诉，最终要使绩效结果得到认可。

（2）行为表现：鼓励员工保持好的绩效行为。上级要和员工沟通绩效完成过程中的行为表现，比如工作态度、工作能力等，帮助员工更好地完善自己，提高技能，也有助于帮助员工进行职业生涯规划。

（3）改进措施：澄清员工需要改进的方向。绩效管理的最终目的是改善绩效，在面谈过程中，针对员工未完成的绩效目标，主管应和下级一起分析绩效不佳的原因，澄清员工需要改进的方向，并帮助员工提出具体的绩效改进措施。

（4）新的目标：激励员工在新的考核周期承担更大的责任。上级和员工应结合新的工作任务和上期的改进措施,提出下一绩效考核周期内的新的工作目标和工作标准。

在绩效结果面谈过程中,要通过建立信任和尊重、回顾绩效、分析原因、制订改进计划、讨论职业发展等,为被考核者的努力指明方向,激发被考核者的上进心和工作积极性。为了确保绩效结果面谈的有效性和价值,管理者要充分理解绩效结果面谈的要点和行为导向,如表11-1所示。

表11-1 绩效结果面谈的要点和行为导向

鼓 励	避 免
1. 做倾听者的角色 2. 鼓励员工表达,请员工对自己的工作表现做出评价,肯定员工的成绩和贡献,引导员工说出工作中的酸甜苦辣 3. 要基于事实或员工的行为给出反馈,而不是下判断性的结论,无论是赞扬还是批评,都应该有具体客观的数据或事实来支撑 4. 对于沟通中员工的疑问要尽量予以澄清,对于自己解释不了的,要记录下来,事后确认后再给员工反馈 5. 就事论事地谈问题并给予有针对性的帮助和建议,制订改进计划 6. 与员工达成一致的目标和衡量方法	1. 讲得多,听得少;批评多,表扬少 2. 与员工发生争执,当双方就某个指标有不同意见时没有以客观事实说明 3. 不轻易拿他和其他员工做比较,而是与他的过去相比 4. 为了让员工接受绩效结果,将其他员工成绩告知员工 5. 用与绩效无关的理由来解释考评结果(如个性、请假、入职时长、工作调动等) 6. 对员工以后的绩效评价等级做出承诺

【案例】好的绩效面谈能够对员工未来的绩效表现产生积极影响

华为终端销售部门员工小贾在绩效考核中评价不佳,被打了"C"。部门主管找了一个时间和小贾进行了沟通,希望帮助他找出绩效不佳的原因。

在沟通前,部门主管做好了一切准备,回顾了其在考核期内的工作表现等情况。沟通开始时,主管先询问小贾对自身绩效不佳有什么看法。小贾想了想,将自己绩效不佳的原因归咎于销售不好做、客户特别挑剔。

部门主管听后没有立刻发表自己的看法，而是拿出了小贾的绩效考核数据，指着"客户满意度"一项说："销售不好做、客户很挑剔，是客观原因。想要客户来买公司的产品，必须首先做好客户服务，让客户满意、高兴，这样你的业绩才能提升。我看到你的客户满意度考评太差了，你该从这里来找原因。"

随后，主管给他讲了考评优秀的员工小乙服务客户的故事：有一次，公司的一个客户根据合同来公司提货360件，但是客户回到公司后再次清点商品时，提出少给了他5件。小乙收到反馈后，并没有置若罔闻，而是马上赶往客户公司，协助客户重新清点商品。多次清点验证后，确定问题出在客户的清点方法上，原来客户把几件商品捆在一起，当作一件商品计算了。

"很多公司在遇到这个问题时可能认为，货物已经出库且客户都签字了，或许是他自己在路上弄丢了。小乙并没有这么做，而是积极主动地解决问题。这虽然是一件小事，但他赢得了客户的信赖。"

听了主管的话，小贾立马明白了自己绩效不佳的原因：没能全心全意践行"以客户为中心"的核心价值观。找到了这个原因，小贾在后面的工作中把全部精力都用在做好客户服务上，之后的绩效考评也达到了优秀。

绩效结果面谈是一件困难且有挑战性的工作，是管理层和员工之间沟通的重要桥梁，有助于加强双方之间的信任，形成和谐的组织氛围。管理者通过在绩效结果面谈中引导员工客观认识自己的成绩和不足，为员工的工作改进提供方向，使公司业务得以更高效地运转。如果不将考核结果反馈给员工，考核将失去极为重要的激励、奖惩和培训的功能，而且其公平和公正性也难以得到保证。可见，绩效结果面谈具有非常重要的意义。

11.1.2　充足的准备是良好绩效结果面谈的基础

【案例】一次没有准备好的绩效面谈

杨阳（化名）是 A 公司财务部一名新来的员工，入职才半年。从 2013 年 7 月开始，杨阳连续 3 个月的绩效考核结果都不是很理想，尤其是 9 月份的绩效结果是部门内最差的。杨阳知道部门主管马上要跟他绩效面谈了，于是，他做了充分的准备，希望部门主管能够在之后的绩效改进上给他提供实质性的指导建议。

面谈开始后，杨阳对汪部长说，这个月他的 KPI 完成情况的确不够理想，也遭到了公司项目部的投诉，得了部门的最低分，他心里非常难过。但他希望知道自己如何做才能改进绩效。

面对准备充分的杨阳，汪部长显然没有做好准备，在面谈过程中显得手足无措，一时无言以对。他只是简单地安慰杨阳，并表示会考虑下一个月调低对他的考核指标，帮助他把工作做得更好，也会动员其他同事给他提供帮助。但是当杨阳问汪部长，如何调整他的考核指标、谁能提供帮助，以及提供什么样的帮助时，汪部长表示自己正在考虑中。

杨阳对汪部长的说法并不满意，认为自己在这种情况下非常无助，他非常希望自己的直接主管能够在工作改进上提供指导性的帮助，但是汪部长的答复对他没有任何价值。他认为这样下去，自己肯定是今年第一个被淘汰的员工，于是有了主动辞职的念头。

从案例中可以看出，由于汪部长在绩效结果面谈前没有做好充分准备，导致绩效沟通的效果差强人意。绩效结果面谈是管理者和员工双向沟通的动态过程，为了避免绩效结果面谈流于形式、失去意义，双方都应该在绩效结果面谈前做好各方面的充分准备，如表 11-2 所示。

表11-2 管理者和员工绩效结果面谈前的准备工作

管理者	员　　工
1. 从各层面收集同考核指标相关的员工日常工作表现的翔实记录 2. 拟定员工下一阶段的工作目标及改进计划 3. 确定面谈时间、人员、场地 4. 做好心理准备，基于对员工平日性格的了解，充分估计面谈中可能出现的情况和行为	1. 回顾并评价每项主要工作完成情况和完成程度 2. 对自己的工作表现做出评价，列明客观完成情况依据 3. 明确哪些方面须改进，以及行动计划是什么 4. 为下一阶段的工作设定目标 5. 明确自己需要的支持和资源是什么

除了做好以上准备，企业还可以提前明确绩效结果面谈的流程和时间，以此来保证各级管理者能够按照流程有效与下属进行绩效结果沟通。

充足的准备是良好绩效结果面谈的基础。做好绩效结果面谈前的准备工作，可以帮助管理者和员工更好地了解彼此的需求和目标，提高面谈的效果和质量，为帮助员工改进绩效、促进员工的个人发展做铺垫，同时组织的绩效管理效果也能得到提升。

11.1.3 根据员工绩效结果进行面谈

绩效结果面谈的目的是使绩效评价结果对员工未来的绩效表现产生积极的影响，一方面要肯定员工优秀的绩效贡献和行为表现，另一方面也要分析出制约员工工作绩效提升的因素，制订针对性的改进计划，以让员工的知识、技能、态度等得到系统性的改善，进而发挥出他们的最大潜力。因此，管理者在与不同绩效结果的员工进行面谈时，面谈的侧重点也是不同的。

（1）对于高绩效员工，绩效结果面谈沟通的重点是强调他们的优势，增强他们的信心；听取他们对个人发展的期望和对团队的建议；对他们提出更高期望，引导他们接受挑战性工作；和他们共同商谈个人发展计划，聚焦个人能力的提升，并承诺定期关注。

在跟该类员工进行绩效面谈时，主管要切忌：第一，默认员工是因高

第 11 章 绩效反馈与结果应用

绩效结果而被激励，且只告知员工绩效结果，进行简单的沟通；第二，忽略员工自我的发展期望；第三，因担心他们自满而刻意给予较多批评，使他们不清楚自己真正做得好的地方在哪里。

（2）对于低绩效或者绩效表现平平的员工，绩效面谈沟通的重点是肯定员工的长处，并罗列客观事实来说明对员工给予该绩效结果的理由；与他们一起分析绩效偏低的因素（知识、技能、态度和外部障碍等）；明确期望，指出需要改进的地方；和他们共同讨论制订详细的改进计划，并提供资源支持。

同样，在跟该类员工进行绩效结果面谈时要切忌：第一，没有做好准备就与他们进行沟通，凭模糊印象来辅导；第二，为了说服该类员工，与他们辩论绩效结果，而忽略员工现场的情绪与感受；第三，以其他借口作为绩效偏低的挡箭牌，回避直接主管的责任；第四，担心他们无法接受绩效偏低的结果，在沟通中主要谈论他们的优点而不对他们绩效较差的原因进行客观分析。

针对员工不同的绩效结果，华为主管在与员工进行绩效结果面谈时也会有不同的侧重点，如表11-3所示。

表11-3　华为员工不同绩效结果的沟通侧重点

员工绩效结果	沟通侧重点
A（杰出贡献者）	认可、鼓励，提出更高的目标和要求，并指出员工未来发展的方向和期望
B+（优秀贡献者）	认可、鼓励，指出不足并提出期望
B（扎实贡献者）	认可、鼓励，指出不足，摆出事实，并提出期望
C（较低贡献者，绩效待改进）	摆出事实，提出具体可行的改进计划和期望
D（不达标者）	摆出事实，提出公司原则，确保合法合理合情

类似地，在阿里巴巴，员工的绩效结果是按照"361"来进行分布的。对于30%、60%和10%的员工的面谈侧重点分别如下。

针对前30%的优秀员工，绩效结果面谈的侧重点是：员工优秀在哪里？有没有进行过赞扬和沟通？有没有树立过团队的标杆？

针对中间60%的员工，绩效结果面谈的侧重点是：员工知不知道自己要提升的点是什么？他们对应的优点是什么？

针对后10%的员工，绩效结果面谈的侧重点是帮助他们制订绩效改进计划，并确定如何达成这一绩效改进计划。

根据员工绩效结果进行绩效面谈时，应该采取积极的态度，关注员工的优势和潜力、探讨改进的方法，激励高绩效的优秀员工继续保持，鼓励低绩效或者绩效表现平平的员工不断改进，通过提供支持和资源等措施来提高个人和组织的绩效，最终实现多方共赢。

> ✦ **小贴士：绩效结果面谈的作用**
> 1. 使员工明确自己的绩效结果，保证绩效考核公开公平。
> 2. 使员工明确自己的优缺点，提高自主管理能力。
> 3. 有助于员工制订改进计划，帮助员工提升和进步。
> 4. 有助于明确下一阶段的绩效目标，使员工有的放矢。
> 5. 有助于拓展上下级沟通渠道，增强上下级之间的信任与合作。
> 6. 有助于达成一致性，推动组织绩效的顺利实施。

11.2 绩效改进计划的制订与实施

绩效管理的核心在于绩效改进，而绩效改进的核心是通过绩效沟通完成的。各级管理者在跟下属进行绩效结果面谈时，要根据员工个人在特定时期内需要改善的领域，共同商讨并制订相应的行动计划，以帮助他们持续改进绩效水平。

11.2.1 绩效诊断，找出问题产生的根因

绩效诊断是通过各种方法查找、分析和发现引起各类绩效问题的原因的过程。绩效诊断可以帮助员工找出问题产生的根因，聚焦绩效问题的源头，从而有目的、有针对性地为员工制订改进计划。

一般而言，管理者可以借助绩效诊断工具箱（如图11-1所示），从知识、技能、态度和外部障碍等4个维度来进行分析，找出导致员工绩效不好的原因，然后通过有针对性地辅导，协助员工制定解决方案。

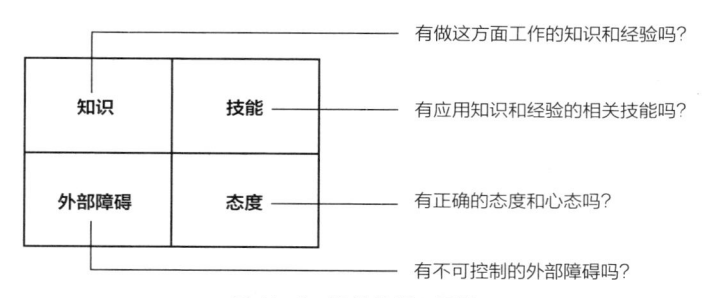

```
┌──────┬──────┐── 有做这方面工作的知识和经验吗？
│ 知识 │ 技能 │── 有应用知识和经验的相关技能吗？
├──────┼──────┤── 有正确的态度和心态吗？
│外部障碍│ 态度 │
└──────┴──────┘── 有不可控制的外部障碍吗？
```

图 11-1 绩效诊断工具箱

（1）如果判定是知识和技能方面的问题导致员工绩效不佳，可以通过在职培训、导师带徒、岗位历练等方式来改善。

（2）如果员工存在态度问题，管理者必须在解决其他问题之前优先解决态度问题，因为如果态度问题不解决，那么随后的绩效改进是不可能实现的。

（3）如果存在外部障碍，管理者应该在本人的权限范围内，最大限度地帮助员工排除障碍，或尽量降低其影响，然后寻求更高级别领导和周边同事的协同支持。

管理者在进行绩效诊断时，要遵循一定的原则。首先，基于先客观再主观的原则进行判断。那些可以用数据和量化指标明确表示的绩效问题能够被精准把握，应当优先进行诊断和解决，而偏主观感受的绩效问题则应

当延缓处理。其次，秉承先主要再次要的原则。通常来说，影响绩效结果的因素是非常多的，绩效管理人员要在有限的资源下，对诊断出的问题进行分类判断，先解决主要的、重要的问题，次要的、不重要的问题可延缓处理。

企业根据诊断出的绩效问题找到绩效差距之后，就可以制定相应的解决方案。表11-4是员工绩效不好的常见原因，以及通常可采用的针对性解决方案。

表11-4 员工绩效问题和针对性解决方案

绩效问题	解决方案
员工不知道该做什么/该怎么做/为什么要做	把任务安排得更清楚明确，如工作具体内容、何时开始/结束、绩效完成标准及做这项工作的原因、背景和价值等，都要和员工沟通清楚
员工认为他正在按你的要求做，实际上却不是	分解工作任务，把握关键节点，适时地过问、沟通、纠偏、辅导
员工碰到无法控制和解决的问题	协调资源，给予支持，帮助解决
员工认为你的方法不一定对或是自己的方法更好	说明你的理由并分享成功经验，多问"你觉得呢"，引导员工说出自己的想法；多对比分析，适当时可让员工尝试自己的方法
员工认为自己有更重要的事要做	协同理顺工作优先级，明确工作完成时间
做了没有正面反馈/做了反而会有负面结果	建立相应的评价制度，严格执行
不做也没有负面结果	同上
员工个人能力不足	培训及辅导；仍无法达标，则调岗或辞退
员工个人家庭或私人问题	沟通疏导，让员工说出来，给予更多关心，帮助他一起解决
员工畏难或目前还没有人做到	告知员工完成这项工作所带来的正面效果比不做更大，帮助他克服畏难情绪，协调资源帮助他一起完成工作

绩效诊断是绩效改进的前提，管理者要在辅导员工找出绩效目标未达成原因的同时，有针对性地协助员工制订绩效改进计划，这样才能显著改善员工的绩效水平，进而支撑公司总体绩效目标的实现。

11.2.2　制订并实施绩效改进计划

绩效改进计划是针对员工在上一周期中工作绩效的不足，制订出的下一步的改进计划和具体的行动方案，是对绩效实施过程中出现的问题进行纠正与改善的方案。

在每次绩效考核结束后、下次考核开始前，直接主管需要和绩效较差的员工共同商讨制订绩效改进计划。绩效改进计划要明确员工需要改进的关键点、改进的时间期限、改进完成的衡量标准及责任人等。

绩效改进计划的最终目的是改变员工行为，牵引他们在绩效周期内达成绩效目标。因此，企业在制订绩效改进计划时需要遵循以下原则。

（1）平等性原则。直接主管和员工是在保持相对平等的关系时制订绩效改进计划的，即为了员工业绩的提升而共同制订计划。

（2）指导性原则。直接主管通常从组织与业务单元的目标出发，结合员工个人实际，对员工绩效的改进提出中肯的建议，并给予辅导，提供必要的资源和支持。要考虑到，员工未完成绩效改进计划将意味着直接主管的失败，直接主管的目标是帮助员工成功。

（3）主动性原则。员工是最了解自己所从事工作的人，因此，在制订绩效改进计划时，应该更多地让员工发挥主动性，多听取员工的意见。

（4）SMART原则。绩效改进计划一定要有可操作性，要符合SMART原则，绩效改进计划中不应该有任何实际上不可能实现的部分及任何超出员工职责范围的部分，也不应要求员工做任何比其他同职位员工更难的事。

（5）发展性原则。绩效改进计划的目标着眼于未来，所以制订绩效改进计划时需要有战略性的眼光，把员工个人的发展与企业的发展紧密结合起来，确保员工通过绩效改进计划能清晰地知道达成绩效目标需要做哪些事。

【案例】华为员工的绩效改进计划（PIP）

针对绩效较差的员工，华为运用PIP（绩效改进计划）工具（如图11-2所示），给予员工提升绩效的机会，激发他们的改进动力，从而最终达成绩效目标。

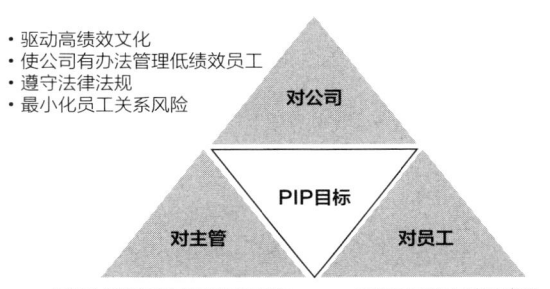

图11-2 华为员工的PIP（绩效改进计划）

华为员工的绩效改进计划是由直接主管与员工共同制订的，主要是针对员工在工作中取得的成果、不足，就改进措施、绩效目标要求和具体实施方法等沟通后，协助员工制订的改进计划。

在华为，当员工在绩效考核中触发了以下任一个条件时，各级主管就会启动绩效改进计划：

（1）员工在绩效考核中连续两次的考评结果都是"C"；
（2）员工绩效考评结果为"D"，并且该员工没有做出"自主选择"；
（3）主管发现员工的绩效水平和他制订的个人绩效目标差距过大。

帮助员工制订绩效改进计划，不仅能让绩效未达标的员工获得一个改善绩效水平的机会，还可以帮助各级主管有效识别并管理低绩效员工、最小化潜在的员工关系问题和争端，从而驱动企业高绩效文化的形成与发展。

当然，绩效改进是一个长期的过程，制订完绩效改进计划后，各主管要持续跟进追踪督导，并与员工保持良好的沟通，按照绩效改进计划所定的时间进度表随时向员工反馈绩效改进的情况，并在员工遇到困难时提供帮助和支持。在绩效改进时限结束时，主管还需要对员工的绩效改进结果进行评估，如果员工依旧无法达成绩效目标，企业可以考虑借鉴华为的末位淘汰机制，以此来向员工传递考核压力，促使员工秉持奋斗精神，以达成个人绩效目标。

11.3 绩效考核结果应用

在员工绩效管理的全过程中，绩效结果应用是最为关键的环节，因为绩效结果与员工的切身利益密切相关。华为将绩效结果应用到被考核者的物质激励和非物质激励中，包括薪酬调整、奖金分配、晋升提拔等各个方面，如图11-3所示。

绩效等级	工资调整	奖金	配股
A	有机会，但必须同员工综合考核结果、任职技能状况挂钩，并纳入工资标准范围内管理	有机会，但必须同员工年度综合考核结果挂钩	有机会
B+			根据公司当年配股总量和综合考核排名情况确定
B			
C	不涨薪/降薪	很少或无	无
D		无	

绩效等级	干部任命晋升	干部不合格调整	人岗匹配晋升	内部调动
A	有机会，纳入继任通道	无	有机会，可进入成长快通道	有机会
B+	有机会		有机会	
B	没有机会			
C	没有机会	干部不合格调整（"降级使用""岗位调整""辞退"）	没有机会	没有机会
D				

图11-3 华为个人绩效结果应用框架

11.3.1　基于绩效结果进行薪酬调整

> "物质薪酬是生存的保障，一定要给他加薪的机会，但是加薪不是无条件的，否则会助长员工的贪婪，一定要让员工做出好的结果，拿出高的绩效来交换，有人效，有结果，给员工多少钱都不过分。"
>
> ——任正非

绩效结果作为薪资调整的依据，员工干多干少是不一样的，干得好与不好也是不一样的，这是绩效结果应用的最直接功能。在企业整体调薪预算固定的前提下，确保绩效优的员工拿得多，绩效差的员工拿得少，真正实现对员工的奖优罚劣，有助于激发员工的工作积极性。

为了更好地保证绩效考核的激励作用，企业在根据员工的绩效等级调薪时，要遵循以下核心原则：一是合理拉开差距，避免"平均主义"；二是对于薪酬水平非常低的情况，理论上应该逐步提高，使其纳入目标薪酬宽带；三是单次调整幅度应该有所限制（一般不应超过30%），因为在实际操作中，根据绩效表现做出的薪酬调整应该是渐进的。

【案例】华为调薪激励矩阵

华为构建了属于自己的调薪激励矩阵，根据员工不同的绩效等级来确定调薪幅度，如图11-4所示。

其中，薪酬水平比率=员工实际工资/员工所在职级的平均工资。华为调薪激励矩阵体现了华为薪酬调整的两个主要思路。

第一，在充分考虑员工的贡献和绩效结果的情况下调整员工薪酬。确切地说，在相同工资水平下，绩效越好，调薪幅度越大。

第二，充分考虑员工现有的工资水平。确切地说，在相同的贡献和绩效结果前提下，员工薪酬水平比率越低，调薪幅度越大。这就意味着，当员工的现有工资水平与其所在级别的平均工资水平相差较多时，员工能够获得更大的调薪幅度。

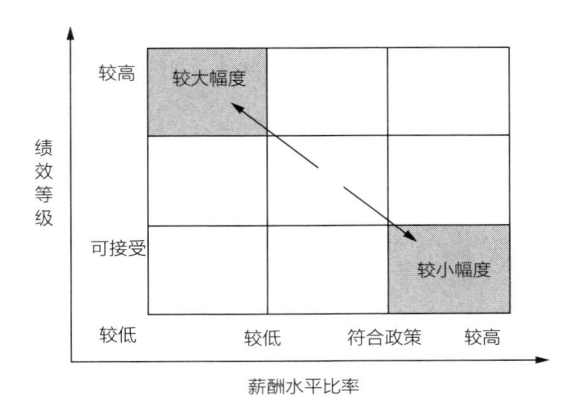

图 11-4　华为调薪激励矩阵

华为将员工的绩效结果等级分为 A、B+、B、C、D 这 5 个等级。如果员工去年绩效考核结果为 C 和 D，那么他们就会失去年度调薪的机会；而绩效等级为 B 的员工，基本上也不加薪。反之，绩效等级为 A 的员工，加薪的幅度最大，而且还能获得配股；绩效等级为 B+ 的员工，也能获得加薪的机会。

基于绩效等级确定员工的调薪幅度，能让员工知道，要想获得更大的薪酬增幅，除了确保自身工作完成良好，还要在组织中尽可能成为完成工作最好的员工，同时也推动了组织内部形成一种良性竞争氛围，从而驱动员工为了获取更高的绩效水平，自主将工作效果提升到更高水平。

11.3.2　绩效结果直接用于个人奖金分配

将绩效结果应用于员工个人奖金的分配也是企业内绩效结果的一种普

遍应用。它能够将员工的个人工作表现与奖金挂钩，绩效结果不同，奖金也应该有所差距，体现了"多劳多得""不让奋斗者吃亏"的激励导向，从而激励员工更好地完成工作任务，实现组织目标。

组织绩效篇中已经提到过，不同的组织绩效等级会直接影响组织奖金包的大小，进而影响组织中所有人员的奖金额度。而员工个人绩效结果对奖金的影响就在于如何根据员工绩效考核结果在部门各成员间进行二次分配，这里面的奖金通常包括月度/季度绩效奖金和年终奖金。

对于员工绩效结果如何影响其个人奖金分配，多数企业通常采用的是根据考核结果等级赋予一定的绩效系数的方法，员工本期的绩效结果和员工的绩效工资基数会决定员工本期的绩效奖金。

笔者在为某企业做人力资源服务时，为其设计了员工绩效结果等级与绩效考核系数的对照表，如表11-5所示。

表11-5　某企业绩效结果等级与绩效考核系数对照表（示例）

员工绩效结果	S	A	B	C	D
业务一线岗位	1.6	1.3	1.0	0.8	0.6
业务支持岗位	1.4	1.2	1.0	0.8	0.6
职能服务岗位	1.3	1.2	1.0	0.7	0.6

员工季度奖金和年终奖金的计算公式如下。

某员工实得绩效奖金 = 部门可分配绩效奖金总额 ×（该员工绩效工资基数 × 该员工绩效考核系数）/[∑（部门内员工绩效工资基数 × 部门内员工绩效考核系数）]

在计算出每个员工的个人奖金后，该企业还赋予直接主管对员工奖金调整的权力，比如，赋予管理者对计算出来的每个员工的奖金20%的浮动权力。这样能更好地反映每个员工的实际贡献，拉开绩优员工与普通员工间的差距，体现对高绩效员工的激励导向。

将绩效结果直接用于个人奖金分配是一种有效的绩效管理方式，但需要注意确保评价的公正性和有效性，以及奖励标准设计的合理性，只有这样，才能真正发挥绩效管理的激励作用，提高员工的工作积极性和组织的整体绩效。

11.3.3 绩效结果作为员工岗位调整的重要参考

除了薪酬和奖金，绩效结果也可以作为员工岗位调整的重要参考。绩效结果可以反映员工在现有岗位上的表现和贡献，为员工的晋升或降级提供依据。具体来说，如果员工的绩效结果一直表现优秀，那么该员工可能具备承担更高职位的能力和潜力；如果员工的绩效结果不佳，那么可能需要考虑对其进行降级或将其调整到更适合的岗位；实在无法胜任工作岗位的员工，则可能会被淘汰。

1. 优先提拔绩效优秀的员工

对于超额完成绩效目标或者绩效表现卓越的员工，除了进行薪酬奖励，具备胜任更高一层岗位的，应及时予以提拔和晋升，让他们肩负更大的责任，带领更多的人冲锋陷阵，为企业创造更大价值。

企业将绩效结果作为晋升的重要参考依据，通常的做法有两种。

第一，规定在一定绩效级别以上的员工才能获得晋升的资格。比如华为在制度上规定，绩效结果等级为B及以上的员工才有晋升的机会，而绩效结果为C和D的员工没有晋升机会。

第二，规定部门的绩效等级不同，对应的员工晋升比例不同。对于绩效优秀的组织，其员工应该被赋予更高的晋升比例，不过不同绩效等级对应的晋升比例差异不宜过大。

2. 对绩效不佳的员工进行针对性调岗或降职

对于绩效表现不佳的员工如果不进行相应的岗位调整，绩效评价也就失去了意义。对于绩效不佳且无法达到所在岗位绩效目标的员工，企业应该及时予以调岗或降职处理。当然，对员工进行调岗或降职必须要公平、公正、公开，严格参照企业的绩效管理制度进行，避免因操作方法不当而导致员工对企业失去信任，进而不愿意为企业继续奋斗。

（1）调岗：针对绩效不佳的员工，如果通过面谈确定员工绩效考核结果不佳是由不适合现在的岗位导致的，那么可以考虑通过调整岗位来帮助员工改变现状，找到最能发挥其能力的岗位。不过，调岗必须合理，不能脱离员工之前的工作。同时岗位调整要符合企业的人力资源发展规划，有计划、有原则地进行，遵循有空缺才调整的原则，而且比例要合理，不能为了鞭策绩效不佳的员工而打乱企业的人力资源发展规划，也不能频繁调动岗位，否则会导致企业执行脱节、责任推诿、员工无所适从等问题。

（2）降职：将企业的一名员工调动到低一级的职位。职位降低意味着薪酬也会降低，因此，在对员工进行降职处理时，各级管理者应该注意维护该员工的自尊，提前跟员工进行沟通，并给出客观明确的理由与事实依据，以让员工信服，否则会使员工的情绪产生比较大的波动，同时还会降低员工的工作效率。

3. 淘汰不胜任的人员

如果员工在连续的绩效考核周期内达不到理想的成绩，可以引入末位淘汰机制。末位淘汰机制不仅适合用在普通员工身上，还可以对管理层人员进行同样的处理。当然，企业引入末位淘汰机制要和企业本身的特点相结合，须因地制宜，且必须完善相关制度，避免引发劳动争议。

华为是最早引入末位淘汰机制的企业之一，华为将末位淘汰机制融入日常绩效考核工作体系：绩效结果为D的员工，华为会直接与他们终止合同；连续两个半年考核结果等级为C的，基本也会被华为劝退，不被劝退的员工一般也会主动离职。

每个层级不合格干部的末位淘汰率为10%，对于未完成年度任务的部门或团队，干部的末位淘汰比例还可进一步提高。2019年6月18日，任正非在干部管理工作汇报会议上指出："主官、主管一定实行每年10%的末位淘汰，迫使自我学习、科学奋斗。下岗的管理干部一律去内部人才市场重找工作机会。实在需要向下安排岗位的，一定先降到所去岗位的职级，并继续考核、不放松。"

对于已经降职的干部，一年之内不准提拔使用，更不能跨部门提拔使用，以防止"非血缘"的裙带之风。对于连续两年绩效不能达到公司要求的部门或团队，不仅一把手要降职使用，而且全体下属干部和员工也要负连带责任。另外，华为对不合格干部的末位淘汰不仅仅停留在基层主管层面，对于不合格的中高层干部同样动真格。

华为设置末位淘汰机制，能让优秀的员工得到应有的奖励和待遇，落后的员工受到相应的处罚，通过末位淘汰增强员工的危机感，使得他们为了不成为最后一名而努力工作，大大提高员工的工作积极性，同时还能促进干部队伍的"新陈代谢"，保持队伍的活力。

总之，绩效结果作为员工岗位调整的重要参考，可以帮助组织更好地了解员工的能力和表现，从而做出更为合理和有效的调整决策。但企业在实际操作中还需要注意，绩效结果是员工岗位调整的必要条件而非充分条件，只能作为参考，而不能作为员工岗位调整的唯一依据。

11.3.4 综合分析绩效结果，进行针对性地改进

除了上述应用，企业还可以基于绩效结果数据，对组织存在的问题进行诊断，主要从以下三个角度来对绩效结果进行综合分析。

（1）对考核结果的全面分析，即从全公司整体的绩效考核结果数据来分析绩效结果的信度。其中，信度是指绩效结果的可靠性，也就是采取同样的绩效考核方法对同一员工进行相邻绩效周期的考核时，绩效结果相一致的程度。例如，分析所有员工在相邻绩效周期的各项考核指标结果。

（2）横向比较，即以客体（指标、人员、部门、公司）为变化量对同一个考核周期的结果进行比较分析。对每个员工的各指标制定的目标值与实际完成值进行比较分析，不仅可以了解其考核指标的贡献度，还能摸清其考核指标完成的均衡情况。而对不同类型的人员、部门的绩效考核情况进行比较，可以确定任务完成或对组织贡献的优劣顺序，为分配绩效奖金、评选先进等提供重要依据。

（3）纵向比较，即以客体（指标、人员、部门、公司）为变化量对不同考核周期的同一考核指标进行比较分析。通过对员工（或部门、公司）在当前考核周期内某一指标考核结果与上期的考核结果进行对比分析，寻求业绩差距及引起差距的内在原因，进而有针对性地改进员工（或部门、公司）的绩效。

通过综合分析绩效考核结果，不仅能够呈现出绩效管理积极的一面，还能帮助企业及时发现问题，进而制定针对性的解决方案，及时解决组织问题，以改进组织的管理，提升企业整体的绩效管理水平。

【案例】C企业绩效结果分析及问题改进

C企业是一家包含甲、乙、丙、丁、戊5个部门的生产制造企业，它将员工绩效等级划分为优秀、良好、称职、合格、待改进5个等级。绩效考核周期为1次/季度，图11-5所示是C企业各部门在第三季度的员工绩效等级分布情况。

从图11-5中可以看出，与其他部门相比，丁部门的绩效等级分布比例严重不均衡，优秀等级的员工所占比例过高，对企业绩效管理的公平公正性造成了比较大的影响，破坏了企业内部和谐的氛围。导致这种情况的原因很可能是丁部门的考评尺度与其他部门不一致，或者是部门主管在对部门员工进行考评时掺杂了个人主观情感。

在发现该问题后，C企业采取了以下措施来解决：第一，对所有部门主管进行绩效考评标准的培训与讨论，以达成对考评标准的基本共识；第二，将部门主管自己部门人员考评结果的合理程度纳入部门主管的绩效目标中。

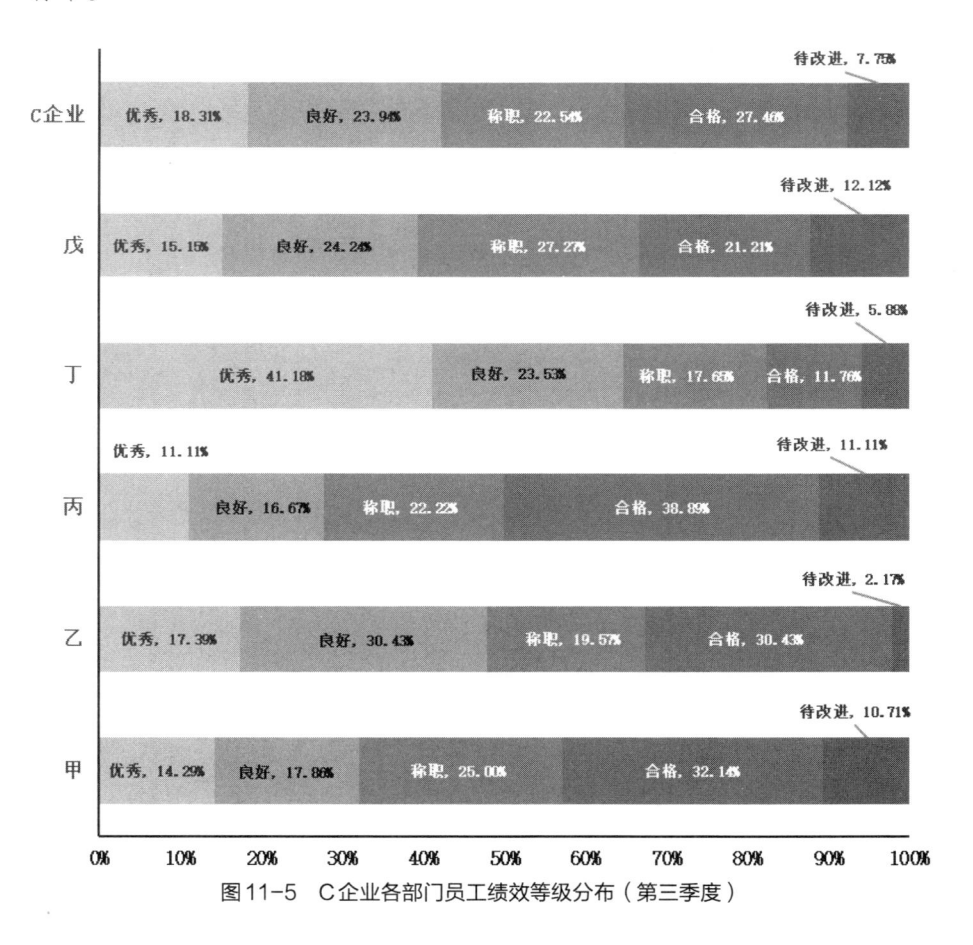

图11-5 C企业各部门员工绩效等级分布（第三季度）

部门	优秀	良好	称职	合格	待改进
C企业	18.31%	23.94%	22.54%	27.46%	7.75%
戊	15.15%	24.24%	27.27%	21.21%	12.12%
丁	41.18%	23.53%	17.65%	11.76%	5.88%
丙	11.11%	16.67%	22.22%	38.89%	11.11%
乙	17.39%	30.43%	19.57%	30.43%	2.17%
甲	14.29%	17.86%	25.00%	32.14%	10.71%

最终，C企业人力资源部门在对各部门第四季度的绩效考核结果进行统计分析后，发现各部门员工绩效等级分布情况逐渐趋于一致，企业的整体绩效水平也得到了显著改善。

总而言之，绩效考核的目的并不止于绩效结果。在绩效考核结果出来后，企业要对绩效结果进行综合分析，找到绩效变化点，发现组织存在的问题，并及时且有针对性地去解决这些问题，只有这样企业才能持续产生高绩效。

FOUR
ARTICLE

| 第四篇 |

绩效激励篇

知识导入

企业的经营机制，说到底是一种利益的驱动机制。SDBE领先模型认为企业需要从人性的角度出发，设计并建立一套有效的绩效激励制度，激发员工对工作的热情，持续为公司创造价值，确保企业保持强大的核心竞争力。就像华为始终坚持"力出一孔，利出一孔"的激励导向，任正非说过："物质激励和精神激励相结合，让优秀员工当明星、名利双收，这就是创新，也是最有效的激励方式。"

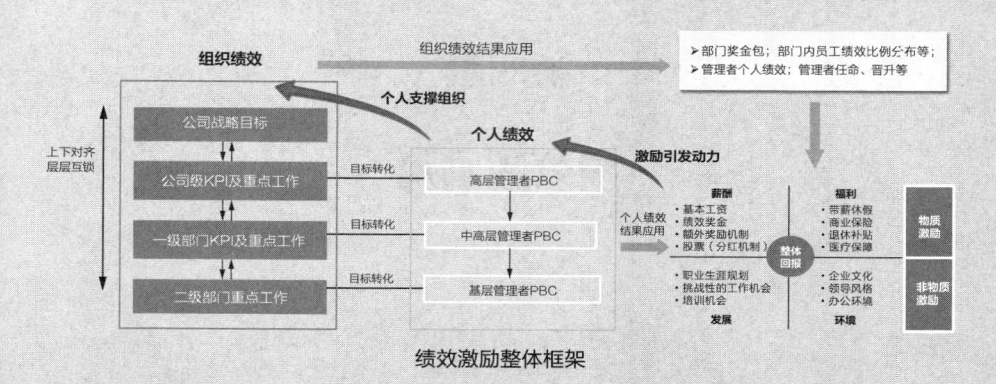

绩效激励整体框架

【带着问题阅读】

1. 激励背后的逻辑是什么？您所在的企业是否拥有正确的激励导向？
2. 企业如何通过合理的激励机制来满足员工的不同需求和期望？
3. 您所在的企业在激励管理中遇到过哪些困难和挑战？
4. 企业应该怎么平衡短期激励和长期激励？
5. 多元化的精神激励有哪些，如何运用才能更好地激发员工内在动力？

CHAPTER 12

第12章

绩效激励导向与策略

矢不激不远,人不励不奋。对于企业来说,激励员工是一个永恒的话题。企业要想走得更长远,关键之一在于激励机制必须是合理的,员工激励如果做不好,企业就没有生产力,也就不利于企业的持续发展。

12.1 绩效激励的原理和导向

激励的原理在于不能让"雷锋"吃亏，奉献者定当得到合理回报，以队伍的奋斗和冲锋，企业的可持续发展为导向。当企业能够激励与回报那些为企业创造价值的员工时，企业就会生机勃勃、充满活力。

12.1.1 激励是一个持续发展的过程

激励是指通过调动人的积极性，使其把潜在的能力充分发挥出来，朝着期望目标不断努力。从心理学的角度来讲，激励是指持续地激发人的行为动机，使其始终保持在振奋的状态之中，维持一种高昂的情绪。

可见，激励是一个持续发展的过程，是从引起需要、激发动机、指导行为到有效实现目标的过程。如图12-1所示，激励从个人的需求出发，引起人的欲望并使人内心产生紧张感，这种紧张不安的心理会转化为动机，然后引起实现目标的行为，最后通过努力使需求得到满足。

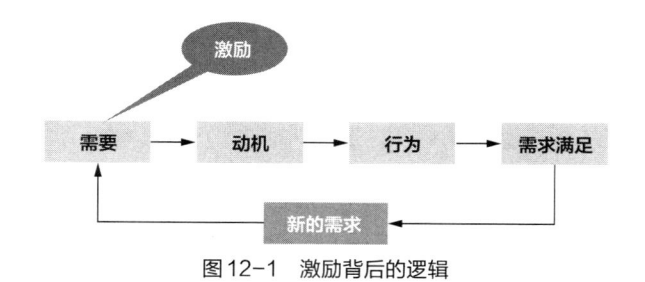

图12-1 激励背后的逻辑

（1）引起需要：激励始于个人的需求，每个人都需要明确自己想要实现什么，它可以是长期的愿景，也可以是短期的目标。

（2）激发动机：当个人有了需求之后，他就会被激发起采取行动的动机。这种动机可能来自内在的渴望，也可能来自外部的奖励或惩罚。

（3）指导行为：受到激励后，人们会采取行动来实现目标。这些行动可能是身体上的，也可能是心理上的，如学习新技能、改变行为习惯等。

（4）需求满足：在采取行动后，人们需要评估自己的需求有没有得到满足。这种满足可以是对外的（如获得奖励），也可以是对内的（如自我感觉良好）。

（5）反馈循环：人们会根据需求是否得到满足来调整自己的行为。如果已经被满足，他们可能会受到更多的激励并继续努力；如果没有得到满足，他们可能会产生新的需求，从而改变策略或寻求新的激励。

有效的激励可以帮助人们实现他们的目标，并在实现目标的过程中不断调整和改进自己的行为。因此，激励的真谛就在于一定要把握员工的内在需求，只有给予员工想要的，才能调动他们的工作积极性。也就是说，只有真正刺激到员工，让员工的需求得到满足，才是有效激励。

12.1.2 组织激励要符合导向、善用资源、关注感知

激励的主体包括组织和员工自身，员工自身可以进行自我激励，即员工利用某种外因，调动自身的动力，向着既定的目标前进。然而，现实中大多数人是需要被激励的，这个时候就需要组织通过提供奖励、提供能使员工产生满足感的工作和学习发展的机会等方式来激励员工，激发员工积极性，进而实现个人和组织的发展目标。

组织在对员工进行激励时，需要符合导向、善用资源、关注感知，如表12-1所示。

表12-1 有效激励要符合导向、善用资源、关注感知

符合导向	善用资源	关注感知
・打破平衡、拉开差距 ・火车头加满油 ・控制刚性、增加弹性 ・强调全面回报	・激励资源是多元的 ・激励资源是有限的 ・理解政策、主动获取	・关注骨干员工的感知，同时关注团队的整体感知 ・激励是个性的，感知引发行为变化，才能达成激励的目的

为什么很多企业在发展新业务、新产品或者开拓新区域的时候收效甚微？如果企业在技术、产品、战略上似乎都没有问题，那么这些企业可能需要好好思考一下自己的激励导向是否正确。很多时候，由于激励导向不合理，老团队没有发展新产品、开拓新市场的动力，因为新产品、新市场在发展的初期，通常不能给公司带来显著的经济收益。如果没有合理的激励，这些新产品、新市场板块下的员工的积极性就得不到充分调动，最终将导致新业务的发展停滞不前。

【案例】华为结合公司战略确定激励原则

华为的激励机制是坚持以公司战略为导向的，始终立足于员工的多样化需求，充分考虑与员工相关的激励因素，将理论运用于实践，又用自己的实践来丰富理论。

华为十分重视战略牵引的作用，其中就包括了用战略牵引公司的激励机制。华为在资源的投放上高度聚焦战略，对员工进行利益分配的时候也着重关注战略贡献，比如，华为倾向于聚焦主航道的市场份额、格局项目、"山头"项目和未来业务。而这一类战略贡献，往往不太会在当期转化为直接的经济贡献，所以无法通过公司基本的获取分享制进行激励，但由于这一类贡献对于公司的未来持续成长有着十分重大的意义，华为从战略经营的维度为这一类贡献设置单独的激励机制，其中包括了干部晋升或专项奖等，这是华为重点激励的一种方式。

对员工的有效激励是企业管理的核心要素和永恒的课题，企业应当结合自身以战略为首的诸多重要理念，有效地利用各种资源，关注员工的感知和个性化需求，以达到最大的激励效果。

12.1.3 用激励调动员工积极性，激发员工产生高绩效

一个人的工作绩效由3个关键因素决定：个人能力、工作环境、激励。美国巴鲁克学院经济学教授杰克·弗朗西斯说过："你可以买到一个人的时间，你可以雇一个人到固定的工作岗位，你可以买到按时或按日计算的技术操作，但你买不到热情，你买不到创造性，你买不到全身心的投入，你不得不设法争取这些。"可见，激励的重要性非常明显，激励直接关乎到人的价值创造。

激励可以最大限度地挖掘人的潜力。哈佛大学教授威廉·詹姆斯的研究表明：在缺乏激励的环境中，人的全部潜力只能发挥出20%～30%；而在激励良好的环境中，人的潜力可以发挥到80%～90%。

因此，企业要充分发挥激励的作用，创建良好的激励环境，调动员工的积极性和创造性，使员工按照企业要求的方式去做事，激发员工产生高绩效，为企业持续创造价值。

《世界经理人》曾经面向中国的职业经理人、企业家和管理专家进行了一次"中国企业的十大管理难题"的调查，结果表明最大的难题是"怎样有效地激励和留住人才"。

一套高效的激励机制是非常复杂的。一方面，这种复杂性来自人性的复杂多变，因为每个员工都是独立的个体，都可能做着不同的工作、生活在不同的环境，甚至习惯于不同国家的文化习俗，他们都有着不同的价值观，所以他们的工作动机必定是千差万别的。另一方面，激励机制的复杂性还来源于公司业务场景的多样化，由于大多数企业都有着职能各异的业务部门，这些部门之间就会有不同的业务场景，这意味着负担每个业务工作的员工会面临不同的问题，需要他们有动力、有激情去完成一些复杂度较高或工作场景艰苦的任务。

可见，为了进行有效的激励，达到预期的效果，企业管理者必须了解人的行为动机。华为在进行员工激励时，就是紧紧围绕"动机–动力–动

作"的逻辑，通过激励机制的应用，使员工的工作动机能够转化为员工工作的动力，并且最后完成公司期望员工在工作中表现出来的动作。

华为在设定关于员工激励的基本规定或原则时，始终坚持针对不同的员工和不同的层级，根据他们不同的动机，层层解构。具体来说，在华为激励机制的设计过程中，提出要遵循"让基层员工有饥饿感，中层员工有危机感，高层员工有使命感"的原则，因为"饥饿感""危机感""使命感"是这三个层级的员工各自的底层动机，只有当公司能抓住这些动机时，才可能通过机制将其转化为工作的动力，基于这样的动力，华为员工才得以自然而然地表现出高绩效的动作和行为。

例如，基层员工最希望改善的是自己的物质生活条件，物质激励对他们而言效果是最理想的。华为在全球有众多海外机构，其中有很多都设立在艰苦的国家或地区，为了激励基层员工前往这些艰苦地区工作，华为的政策是给在这些地区工作的基层员工提供"艰苦补贴"，这使得问题得到了很好的解决。

当然，钱并不是激励员工的唯一方式。德鲁克说："对员工最大的激励就是帮助他们获得业绩，只有业绩才能让他收获成就感。不是加薪，不是晋升，不是奖励，那只是结果而已。"激励机制必须考虑其背后的逻辑、所涉及的原理，以及建立适合公司实际情况的指导原则，这样才能真正调动员工的积极性，确保激励效果最大化。

12.1.4 避免激励管理中的常见痛难点问题

激励管理是企业管理中一个重要的组成部分，也是企业管理的难点。完善的激励方案，可以激励员工努力工作，调动其工作热情；不完善的激励方案会导致员工不满情绪的增加，影响企业的发展。基于这种情况，企业管理者需要深刻了解激励管理中常见的痛难点问题，制定相应的破解策略，以实现员工激励水平的持续提升。

第 12 章 绩效激励导向与策略

企业在激励管理中常见的痛难点问题主要包括以下几个方面。

（1）激励重点偏离员工需求

很多企业的老板常常会抱怨激励没有效果、绩效考核不管用，根源就在于没有找准动力源，换句话说就是激励没有满足组织内部个体的真实诉求，激励的重心偏离了员工的心理需求，导致员工的行为从自我驱动（"我要做"）变成了外在驱动（"要我做"）。

（2）没有找准关键指标

企业中常常会出现一种现象：只有老板对订单最着急，很多部门对订单却不着急，为什么？因为这些部门负责人的心里面没有激励机制，觉得订单和他没有关系。实际上问题就出在企业没有找准关键指标去牵引员工的行为。例如，营销部门只考核短期财务结果，没有牵引增加土地肥力；研发部门只考核需求实现、项目进度、预算控制，没有牵引财务成功、产品竞争力；职能部门只考核部门基本职责，没有硝烟味，没有承接一线业务压力。

（3）无差异化激励

很多企业在制定激励机制时，往往采取一刀切的粗暴方式，或者比较随意、单一，没有针对性和差异化，反而使得员工感到有些无所适从，很难真正实现激励效果。例如考核没有适配业务特性与发展阶段，导致优秀人员不愿意挑战新业务、新产品、新区域。

（4）激励力度不够

在激励管理中，激励力度不够也是一个常见的问题，这可能导致员工缺乏动力，无法充分发挥他们的潜力，影响企业的整体绩效。例如，某家居企业近两年进入高速发展期，公司规模两年累计增长了98%，基本实现了翻倍。与此同时，公司也给员工加大了激励力度，支付给员工的薪酬包增长了131%。但是，由于公司业务的高速增长，公司的编制管理开始失控，员工人数增长基本与业务增长持平，增速达到102%，导致员工人均薪酬实际上只增长了15%。于是员工认为公司不愿意分享发展的收益。渐渐地，员工及部门都失去了奋斗的动力，进而导致公司增长也逐渐放缓。

激励机制是每个公司都必须建立的机制，能够最大程度激发员工的工作能动性。为了避免激励管理中的痛难点问题影响激励的效果，企业需要制定科学有效的激励策略，包括了解员工需求、制定合理的激励措施、有效衡量激励效果等。此外，企业还要注重建立良好的团队精神和组织文化，以提高员工的归属感和满意度，真正做到"待遇留人、事业留人、感情留人、环境留人"。

> **✦小贴士：激励管理中的常见痛难点问题**
> 1. 公司业绩增长缓慢，薪酬没有竞争力，不足以吸引和保留优秀人才。
> 2. 员工工资、奖金没有与公司经营业绩关联，薪酬预算往往失控。
> 3. 奖金是事后授予而不是获取分享，奖金机制是分钱机制而不是挣钱机制。
> 4. 薪酬结构不合理，工资占比偏高、奖金占比偏低，薪酬保障大于激励。
> 5. 奖金分配强调公平而不是效率，没有拉开差距，没有给火车头加满油。
> 6. 实施长期激励方案后，老员工不奋斗，新老员工分配矛盾加剧。
> 7. 企业的激励变成福利，员工没有动力。
> 8. 只做物质激励，而忽视精神激励。
> 9. 激励机制没有进行差异化，激励手段单一。
> 10. 忽视对激励过程及激励效果的评估。

12.2　物质激励和精神激励双轮驱动

企业在激励管理上除了要重视"薪酬、福利"方面的建设，还要加强

"发展、环境"等软性激励，满足员工的物质和精神需求，达到全面激励。

单靠物质激励，员工可能会陷入"金钱至上"的狭隘视野，一旦物质回报得不到满足，便可能失去工作的动力；而单一的精神激励也不现实，作为生活在现实社会中的个体，物质是员工生存与发展的基石。

12.2.1　业界经典激励理论：马斯洛需求层次理论

马斯洛需求层次理论是美国社会心理学家、人格理论家和比较心理学家亚伯拉罕·马斯洛于1943年提出的，其基本内容是将人的需求从低到高依次分为生理需求、安全需求、社交需求、尊重需求和自我实现需求5种。

马斯洛需求层次理论将人的5种需求分为两级，其中生理需求、安全需求属于低一级的需求，这些需求通过外部条件就可以满足；而社交需求、尊重需求和自我实现需求属于高级需求，这些需求是要通过内部因素才能满足的，而且一个人对尊重和自我实现的需求是无止境的。

第一层次：生理需求

生理需求是级别最低、最具优势的需求，如食物、水、空气、睡眠等。在生理需求没有得到满足时，人想的只是如何让自己活下去，思考能力、道德观会明显变得脆弱。在工作上，工资、福利、工作环境、工作时间等都属于生理需求。

第二层次：安全需求

安全需求同样属于低级别的需求，包括人身安全、健康保障、生活稳定及免遭痛苦或威胁等。人在缺乏安全感的时候会感到自己受到威胁，觉得世界是不公平的或是危险的，从而变得紧张、彷徨不安。例如，一个孩子在学校被同学欺负、受到老师不公平的对待时，会变得不敢表现自己、不敢拥有社交生活，以此来保护自身安全。

第三层次：社交需求

社交需求属于较高层次的需求，如对友情、爱情及隶属关系的需求。在工作中，与领导的关系、与同事的关系、在公司交朋友等都属于社交需求。如今的职场上，年轻的职场人都越来越关注自己在工作当中是不是开心，自己是不是喜欢这个领导，这也是社交需求。

第四层次：尊重需求

尊重需求也属于较高层次的需求，如自尊、成就、名声、地位等。一个人感受自己在企业里是否受到尊重的体现有：有没有人听取我的意见？我的建议会被采纳吗？我在这里各方面能够得到公平的待遇吗？我能获取晋升机会吗？

第五层次：自我实现需求

自我实现需求是最高层次的需求，只有当前面四个层次的需求都得到满足时，最高层次的需求才能产生。自我实现需求是一种衍生性需求，如实现个人理想、抱负，发挥个人潜能、参与决策等。

人的行为是受人的需求和欲望的影响和驱动的，同一时期，一个人可能有多种需求，共同影响着他的行为，但每一时期总有一种需求占支配地位，这是人最迫切的需求，也是激励人行动的主要原因和动力。各层次的需求相互依赖和重叠，当较低层次的需求得到适当满足后，人的追求往往会向较高层次的需求发展；当高层次的需求得到满足后，低层次的需求仍然存在，只是对行为影响的程度大大减小。

12.2.2 物质激励和精神激励相结合才能形成"1+1>2"的效果

激励从内容上通常分为两种类型，一种是物质激励，另一种是非物质激励，即精神激励。物质激励与精神激励是相辅相成、缺一不可的。

物质激励是指通过物质刺激的手段，鼓励员工积极工作。物质激励是激励的基础。人不是神，有七情六欲，首先要满足其物质生活。工作中，物质激励包括工资、福利、奖金、股票、分红，等等。

精神激励是指通过非物质的手段来激励员工，增强员工的归属感、责任感和成就感，从而提高员工的工作满意度和绩效。人都是有思想有追求的，所以是需要精神激励的。精神激励包括愿景与目标激励、荣誉激励、学习与发展机会、良好的工作环境、负向激励等等，如表12-2所示。

表12-2 精神激励的方式

类 别	精神激励的方式
愿景与目标	• 愿景牵引（帮助员工认识到工作的意义能真正激发人） • 目标牵引（跳一跳够得着的目标最能激发人）
荣誉与认可	• 荣誉奖、荣誉证书、奖杯 • 嘉奖函、通报表扬 • 明星员工、金牌团队 • 与总裁合影、共进晚餐
学习与发展	• 职级晋升、承担更大的责任 • 关心员工个人发展 • 绩效管理（沟通、辅导） • 轮岗的机会 • 奖励性培训
工作环境	• 主管的关心和认可 • 主管与下属的单独深度沟通 • 关心员工健康 • 节日、生日祝福和问候 • 和谐的工作环境
负向激励	• 降职、降级 • 警告、通报批评

激励的目的是通过满足员工需求来调动员工的积极性，物质激励只是其中的一种途径，而更高层次的需求如尊重需求、自我实现需求等则需要通过精神激励来实现。所以企业想要激励员工，必须把物质激励和精神激励合理结合起来，才能真正形成"1+1 > 2"的效果。

【案例】物质激励和精神激励有机结合才能发挥真正的作用

2014年6月,华为某部门的3名14级员工突然提交了进入公司后备资源池的申请,并在一个月内完成了工作交接,调动到了新的产品线。该部门负责人罗萱(化名)了解到,这3名员工的历史绩效都非常好,是项目组的骨干,而这也是该部门第一次遇到这么多绩效优秀的员工集中要求调动的情况。究竟是什么原因导致的,罗萱决定追根究底。

这3名员工没有提出离职,只是去了其他产品线,说明他们对公司是认可的。员工的绩效非常好,年初刚调过薪,调薪幅度和奖金数额也是比较到位的。因此,罗萱判断问题可能主要出在部门的精神激励上。

罗萱和这3名员工进行了沟通,发现了几个主要原因:一是员工认为自己所在的产品部门长期从事的是成熟期产品的交付,加上项目组里资历比较老的员工还有不少,因此容易出现"即使绩效再好,好的机会也轮不到自己"的情况;二是他们内心希望有机会从事更具挑战性的工作。

针对沟通结果,罗萱对自己的初步分析结果进行了完善。正如这3名员工所说,由于长期从事成熟期产品的交付工作,他们所在部门的人员构成和岗位已经出现了板结,新员工很难"出头"。而且部门重要的研发岗位如SE(架构设计师)等,一直是由直接主管推荐,AT(行政管理团队)评议,只有被推荐的人才有机会去重要的研发岗位。同时,AT成员不一定熟悉被推荐人,在任用上无法做到人尽其才。尽管该部门的绩效水平一直在产品线上名列前茅,但部门的发展红利并未与员工的个人发展很好地结合起来,没有让员工享受到集体奋斗带来的好处,时间长了员工就会产生离心,从长远角度来看是不利于该部门发展的。

虽然已无法挽留这3名员工,但罗萱和同事及时制定并推出了改进方案。该方案让该部门的员工感受到了发展的机会,感受到了机会均等和平等竞争,部门也得到了需要的人才,真正做到了部门和员工个人之间的共赢。

可见，物质激励和精神激励相结合才是最有效的激励方式，它可以提高员工的工作积极性和满意度，助力组织目标的实现。企业在对员工进行激励时，要根据实际情况，综合运用多种激励机制，把激励的手段和目的结合起来，改变思维模式，真正建立起适应企业特色、时代特点和员工需求的开放的激励体系。

12.2.3　针对员工的需求采取不同的激励策略

松下幸之助说："管理的最高境界是让人拼命工作而无怨无悔。"唯有激励才能让员工燃烧起来，唯有激励才能使人的潜力得到最大限度的发挥。对于马斯洛需求层次理论很多人都不陌生，但是真正能够把马斯洛需求层次理论科学应用到企业激励当中的却很少，大部分公司或者大部分管理者都没有用好，他们总是简单地认为激励就是发奖金、给钱，但从马斯洛需求层次理论来看这种理解是非常片面的。

因此，如果公司或者领导者希望员工付出最大的努力，就应该针对性地采取不同的激励策略以满足员工的需求和愿望，如表12-3所示。

表12-3　针对员工的需求采取不同的激励策略

需求层次	需求解析	激励策略
生理需求	真正关心的是工作的回报是否满足要求，选择好回报的平台	围绕基本生存：增加工资、改善工作条件、给予更多的业余时间和工间休息、提高福利待遇等
安全需求	把工作看作起码能满足基本需求的保障	围绕满足人身安全、生活稳定：强调规章制度、职业保障，保护员工不致失业，给员工提供医疗保险、失业保险和退休福利等
社交需求	把工作看作寻找和建立温馨和谐人际关系的机会，能够获取有效的团队学习和互动的机会	围绕提供社交环境：建立和谐组织氛围，加强团队间的协同，营造团队的凝聚力，支持与赞许员工，开展有组织的体育比赛和集体聚会等
尊重需求	希望别人按照他们的实际形象来接受他们，并认为他们有能力，能胜任工作	围绕满足尊重和自尊：建立合理的晋升制度，公开奖励和表扬，强调工作任务的艰巨性及成功所需要的技巧，颁发荣誉奖章，在公司刊物发表文章表扬，设置优秀员工光荣榜等

续表

需求层次	需求解析	激励策略
自我实现需求	解决问题能力增强，自觉性提高，善于独立处事，要求不受打扰的独处	围绕满足发挥能力及潜能：授予更多权限，鼓励参与管理和决策，鼓励发挥个性，给有特长的人委以特别的工作任务，在设计工作和执行计划时为下级留有余地等

【案例】华为针对不同层级员工的需求，采用不同的激励方式

任正非在《基层要有意志力，中层要有组织力，高层要有方向感》的内部讲话中，从心理学的角度分析，将知识型劳动者的欲望分为5个层次。

（1）第一层次：物质的饥饿感；

（2）第二层次：安全感；

（3）第三层次：成长的愿望与野心；

（4）第四层次：成就感；

（5）第五层次：使命主义。

华为在制定激励策略时，也是基于不同层次员工的动机，根据不同层级员工的需求，采用不同的激励方式，如表12-4所示。

表12-4 华为针对不同层级员工的需求，采用不同的激励方式

员工层级	员工关注重点	主要激励方式
高层干部	事业发展空间，长期利益，责任和权力，特别福利，社交网络，企业形象	股权激励，利润分享，负责挑战性事业或项目，充分信任，特别福利计划，社会荣誉
管理者	职业发展空间，专业技能的精深，较好的薪酬福利，晋升机会，长期留任或职业转换，获取跨领域知识	晋升，加薪，年终奖，多领域培训，期权
基层员工	较好的薪酬福利，晋升机会，工作环境和时间，需要快速成长，企业文化	加薪，晋升，多领域培训，嘉奖，培养，领导关怀，可视化激励
操作层	有竞争力的薪酬福利，学习和成长的机会，领导风格，工作环境和时间，企业文化	加薪，晋级，培训和培养，绩效认可，轮岗，嘉奖，工作关怀，可视化激励

第12章 绩效激励导向与策略

总之,针对员工的需求采取不同的激励策略是非常重要的。每个员工都有不同的背景、需求和动机,单一的激励措施往往起不到有效的激励效果。因此,企业需要采取个性化的激励策略来满足员工不同的需求,提高他们的工作积极性和绩效,使有限的激励资源产生最大的激励效果。

CHAPTER 13

第13章

绩效激励方案设计

我们不会牺牲公司的长期利益去满足员工短期利益分配的最大化,但公司保证在经济景气时期与事业发展良好阶段,员工的人均年收入高于区域行业相应的最高水平。

——《华为基本法》

企业在设计绩效激励方案时,应该长短结合,刚性与弹性结合,以有竞争力的薪酬水平吸引和保留优秀人才,有效激发组织活力。

13.1 设计合理的激励机制，充分激发员工的潜能

合理的激励机制设计是激发员工潜能的重要方式。随着教育的不断普及，企业知识型员工的比例不断提升，在这样的背景下，企业激励机制的设计更加强调激发和控制人的欲望，挖掘员工的潜能，牵引员工为实现公司战略做出更大的贡献。

13.1.1 用合理的薪酬结构平衡刚性和弹性、短期和长期的矛盾

1. 明确不同薪酬构成要素的作用

薪酬作为企业给员工劳动回报的一部分，通常是工资、福利、津贴、短期激励、长期激励等多种薪酬构成要素的组合。不同的薪酬构成要素在整体薪酬中扮演的角色是不一样的，对企业和员工的价值和作用也是不同的，如图13-1所示。

作用	工资 ·保障性工资，保障员工稳定性	福利 ·合法合规，提供基本保障	津贴补助 ·体现岗位独特价值贡献或地域差异	短期激励 ·主要体现多劳多得，鼓励冲锋	长期激励 ·核心关键人才的金手铐
吸引	高	中	中	高	高
保留	低	中	中	中	高
承诺	中	低	低	低	中
激励	低	低	低	高	中

图13-1 不同薪酬构成要素的作用

（1）工资：对于员工来说，工资是体现其价值，保障其家庭基本生活，数量固定且定期获得的薪酬构成要素。工资属于保障性工资，为的是保障员工的稳定性。

（2）福利：它是企业内所有员工都能享有，强调对员工未来的保障性，体现企业对员工的关心的一种薪酬构成要素。绝大多数情况下，福利

是以非现金的形式发放的。

（3）津贴补助：接近于员工福利，是企业针对员工的特殊情况及额外的劳动消耗而设立的补充薪酬形式，是员工薪酬的组成部分。

（4）短期激励：一般可以理解为各种奖励和奖金，比如绩效奖金、项目奖金、年终奖等。它是员工在达到某个目标或业绩水准后所获得的薪酬收入，是企业用来激励员工提高工作效率、持续为企业创造价值的重要手段，同时还体现着企业的价值导向。

（5）长期激励：它是企业与部分员工或全员分享企业长期收益的一种薪酬形式，是企业为了确保公司绩效，用来留住高绩效和关键人才的重要手段。

2. 差异化设计薪酬结构，平衡矛盾

有限的资源，无限的需求，是企业永远需要解决的一对矛盾。为了更好地平衡刚性和弹性、短期和长期的矛盾，企业需要根据不同发展阶段，差异化地设计薪酬结构：创业期设置较高的固定工资，吸引人才；成长期由于销售额快速增长，投资收益见效快，倾向于用较高的短期激励，如业绩奖金鼓励员工冲业绩，降低固定薪酬比例；成熟期由于投资回报稳定，重点是守业，因此继续加大短期激励，同时加入长期激励，整体薪酬水平具有较强的外部竞争性。如图13-2所示。

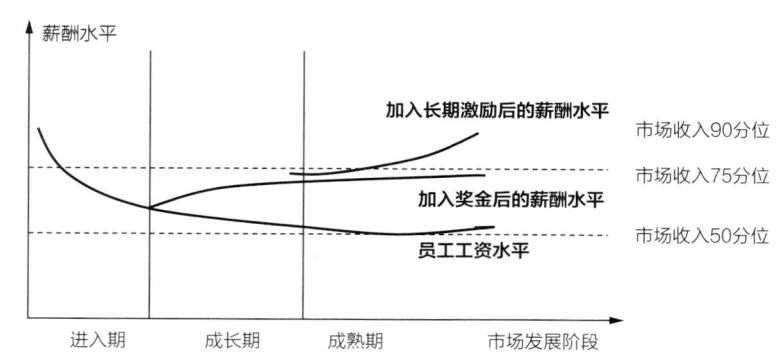

注：薪酬分位值主要反映市场的薪酬水平状态，如50分位表示有50%的数据小于此数值

图13-2　企业不同发展阶段的薪酬结构

【案例】华为坚持以市场为导向，以员工为中心，不断优化薪酬结构

华为的薪酬构成始终坚持以企业的经营目标与价值观为导向，在华为，薪酬结构的优化不仅是为了提高员工的薪酬待遇，更是为了更好地激发员工的创造力和潜能，以适应市场变化和公司发展的需要。随着华为的不断发展，其薪酬结构也经历了多次演变，如图13-3所示。

稳定发展期
加大劳动分配占比，减小资本分配占比
工资+奖金+TUP+虚拟股

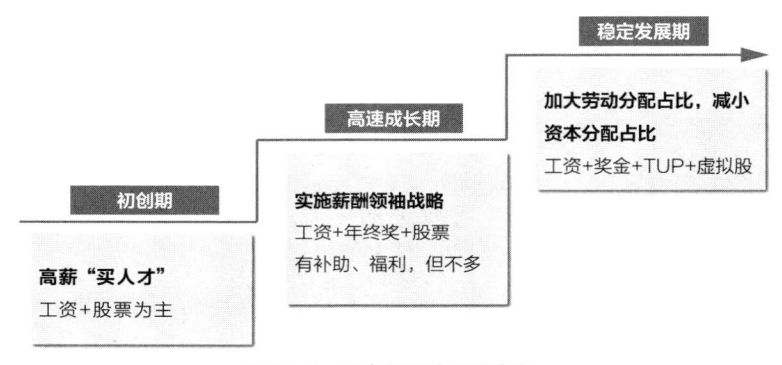

高速成长期
实施薪酬领袖战略
工资+年终奖+股票
有补助、福利，但不多

初创期
高薪"买人才"
工资+股票为主

图13-3　华为薪酬结构的演变

1987年到1994年，华为正处于创业阶段，当时国内通信设备市场几乎被国际电信巨头垄断，市场竞争压力比较大。华为作为一家无资金、无技术、无资源、无背景的民营企业，当时的战略是存活下来。

为了能够在残酷的市场竞争中生存下来，华为不得不想办法招揽大批优秀人才，而企业当时又没有足够的资金来支付高额工资，产品知名度又比较低。于是，华为推出了内部员工融资持股计划来吸引和留住员工，任正非相信，企业可以高价买元器件、买机器，也同样可以"高薪买人才"。当员工拥有了大量股权，为了拿到更多的分红，他们一定会全力以赴地投入到研发与生产当中去。此时，华为员工的薪酬主要是工资和股票。

到了高速发展阶段，华为已经成长为国内最具竞争力的通信设备制造商，而且开始进军国际市场，瞄准国际巨头。为了赶超他们，华为对优

秀人才的需求变得更加巨大。于是,华为开始全面实施"薪酬领袖"战略,即大部分时候,华为员工的薪酬比国内其他厂商高出三分之一左右。除了工资,华为还给予员工股票分红及年终奖,它们的构成比例大概是1∶1∶1。

其后,因高速扩张导致管理滞后的问题开始凸显:在2002年,华为维持多年的高速发展势头被终止,业绩出现了下滑。为了解决这些问题,华为开始了管理变革。在该阶段,华为的战略重点是培养和开发内部人才,提升组织的管理效率,因此华为给员工的薪酬主要包括工资+奖金+TUP+虚拟股,但是提出要加大劳动分配(工资和奖金)的占比,减小资本分配的占比,要从原来的2∶1逐步调整为3∶1。

因为华为有不少老员工持有大量的股票,在退休后依靠持有的股票,就能分配得到比较可观的薪酬,他们成为靠持有股票生活的"食利阶层",原来"拉车的人"变成了"坐车的人",使得目前拉车的员工分配到的薪酬反而不高。所以华为要逐步把"坐车的人"的分配比例降低。

薪酬结构设计没有定式,要从企业发展目标及当前遇到的问题着手,有针对性地平衡好刚性和弹性、长期和短期的矛盾。企业必须要明白,薪酬设计的目的既不是少花钱也不是多花钱,而是要真正把激励落到实处,全面调动员工的积极性,促进企业效益的提升。

13.1.2 最佳贡献时间段给予最佳回报

目前,很多企业的做法都是工资随着员工年龄的增长逐步提升,华为却认为,员工年轻的时候往往才是最缺钱、最需要钱的时候,当员工到达五六十岁的时候已经有了一定的资产积累,这时候再激励就已经错过了员工最应该、最需要被激励的阶段。所以在华为,只要员工表现优秀、创造了价值,哪怕他很年轻,公司都会给予他最佳的回报,不会让等待消磨员工的耐心和成长。

任正非曾说:"一个人在最佳角色、最佳贡献时间段,要给他最合理的报酬。不能像我这样,到七八十岁什么都觉得多了。为什么我冲上'上甘岭'时不多给我吃一碗面呀!不同角色有不同时间段,不同专业有不同时间段,不同专业的不同角色也有不同时间段。为什么不在有最佳贡献的人冲上'上甘岭'时激励他,非要等他老了才给呢?不能给级别,给奖金也行。我们要看到新生事物的成长,看到优秀的存在。"

所谓最佳角色,是指最能使员工爱上的、最能给员工带来挑战的,以及最能逼员工担责的岗位!

所谓最佳贡献,是指员工完成挑战目标,取得最好的结果,并在得到客户最大认可的同时,为企业创造的最大价值贡献!对于员工来说,他们处在最佳角色时间段时,是比较有利于他们做出最佳贡献的。

什么是最佳贡献时间段呢?人生的最佳时间段是指人最有活力、最有干劲、最有勇气的时间段!人的工作生命周期很短,公司要让它在最佳贡献时间段放射光芒。这个时间段因人而异,和年龄关系不大。

所谓最佳回报,是指能让员工内心得到足够的获得感和成就感、保持艰苦奋斗的回报。如华为对做出最佳贡献的员工,通过分享制,使其薪酬要比别人拿到手的多得多。工作努力的一般性员工的薪酬也应比社会上高出20%~30%,当然工作效率也要高20%~30%。

企业要让员工在最佳角色、最佳贡献时间段做出最佳的贡献,并得到最佳回报,除了要激励奋斗者的意识,还要注重合理分配这些激励。

《华为基本法》详细说明了薪酬激励是按照"按劳分配与按资分配相结合"的原则进行价值分配的,并说明了华为是依据"能力、责任、贡献、工作态度"进行价值分配的。华为分配的价值以"机会、职权、工资、奖金、股权、红利、福利及其他人事待遇"的形式为参与分配者所拥有。《华为基本法》还公布了华为分配形式的确定依据:华为员工的工资采取职能工资制分发,奖金的提取与利润总额挂钩,薪酬奖金的分配与个人或群体的贡献与责任挂钩，并且依据工作态度决定退休金的多少，由其对企业的贡献大小决定医疗保险的多少，股金取决于员工的贡献、责任与时间。

可见，分钱不是"排排坐吃果果"，华为通过合理的利益分配，撬动员工能够在自己的岗位上发挥出最大的价值，提高员工满意度、保留人才，从而让企业始终保持强大的战斗力，推动组织的持续发展。

13.1.3 多维度拓展激励资源：利、权、名

激励资源在企业里永远是有限的、稀缺的、宝贵的，企业要突破限制，从时间上和空间上多维度地拓展激励资源。从员工对利益感知的角度，利益分配从空间上可以概括为分利、分权、分名，从时间上又可以分为过去、现在、未来，如图13-4所示。

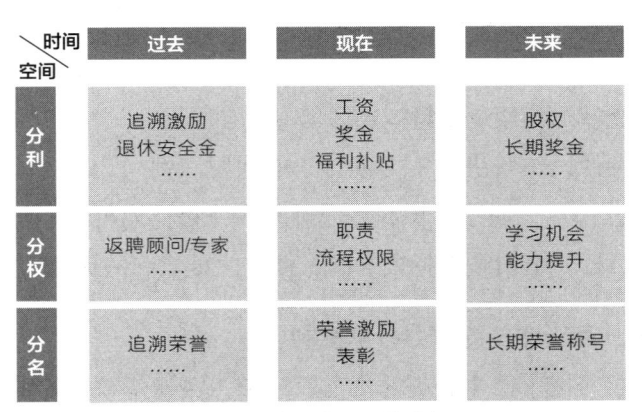

时间\空间	过去	现在	未来
分利	追溯激励 退休安全金 ……	工资 奖金 福利补贴 ……	股权 长期奖金 ……
分权	返聘顾问/专家 ……	职责 流程权限 ……	学习机会 能力提升 ……
分名	追溯荣誉 ……	荣誉激励 表彰 ……	长期荣誉称号 ……

图 13-4 多维度拓展激励资源

1. 分利：基于利益的薪酬分享机制

企业根据岗位角色、价值贡献、业务场景、工作态度等来进行利益分配（包括工资、奖金、股权、津贴、福利、追溯激励等），通过利益的分配在企业与员工之间构筑利益共同体。

华为分利的形式有很多种，从时间上涵盖过去、现在和未来，例如及时激励、短期激励、专项激励、长期激励等。

（1）及时激励：解决员工行为塑造问题。在华为，主管可以给任何值得鼓励的员工行为发放荣誉券进行及时激励。荣誉券代表的是荣誉，同时也相当于一种内部货币，"面值"一般都不大，员工可以拿获得的荣誉券在华为内部超市购买商品。荣誉券发放给哪些人、什么时候发放，由主管全权决定。

（2）短期激励：解决奖勤罚懒的问题，例如年终奖、项目奖。华为通常采用奖金包管理方式，通过设定公司的奖金池，根据部门绩效奖奖金包分解到各部门，最后分解到个人。

（3）专项激励：解决战略贡献问题。专项激励针对战略贡献或者一些关键的任务项来设定，如华为在2022年推出的2亿美金耀星领航出海专项激励，是面向中国出海开发者的专项激励政策。政策中表明，国内部分为1亿美元的耀星扶持，针对出海开发者在国内合作的业务，可以获得国内耀星扶持激励；海外部分为1亿美元的华为终端全域流量资源，可为出海开发者提供全域运营流量扶持。

（4）长期激励：解决员工为谁打工的问题。例如，华为的虚拟饱和配股及TUP期权都是长期激励机制，通过分享公司长期价值增长，来鼓励员工关注长期目标，牵引绩效持续提高，促进关键员工的保留。

2. 分权：基于职位的权力分享机制

企业将权力授予德才兼备的员工，让员工在行使权力的过程中，激发员工的使命感，通过权力的分配在企业与员工之间构筑事业共同体。

华为很会利用权力资源来激励员工，华为设定了很多头衔或职权。例如，华为设有董事会和监事会，里面有轮值董事长、常务董事、董事和监事会主席、常务监事、监事等职务。华为董事会根据需要，还组建了相关专业委员会来辅助决策，分别为人力资源委员会、财经委员会、战略与发展委员会、审计委员会。能够进入董事会或监事会的员工，公司都会对其进行充分授权，这既是权力的分配，更是一种认可。

华为的轮值CEO机制也是一种权力分配方式，把CEO的权力分配给核心高管。2011年，华为开始实施轮值CEO制度，轮值CEO由3名副董事长轮流担任，每人轮值半年。轮值CEO在当值期间要对公司的生存发展负责，是公司经营管理及危机管理的最高责任人。

3. 分名：基于专业的名誉分享机制

企业根据使命、愿景、价值观等来设置荣誉机制，对优秀员工进行表彰，营造庄重的仪式感，让优秀的集体和个人产生发自内心的价值感，通过名誉的分配在企业与员工之间构筑命运共同体。

发奖是华为管理的重要手段，评奖、获奖也成为华为人工作的一部分。华为在2018年公布的《华为人力资源管理纲要2.0（讨论稿）》中明确指出："要用好、用活荣誉仪式与荣誉信物，通过正向积极、感人至深、催人奋进的荣誉表彰仪式让优秀的组织与个人获得更大的荣耀感，让荣耀感进一步激发出组织与个体更大的责任感，让个体性'一枝先秀'的榜样引导出群体性'百花齐放'的奋进。"

华为设有专门的荣誉部，秉承着"在合适的时间，利用合适的方式，奖励该奖励的事，奖励该奖励的人"的原则，组织开展公司内荣誉奖励工作。华为对奖励非常重视，荣誉部首任部长是由公司党委书记兼任的。华为以员工内在的自我激励为导向，设置了很多荣誉奖项，如"金牌奖""蓝血十杰""天道酬勤奖""零起飞奖""明日之星"等。

任正非非常重视荣誉奖项，很多荣誉奖的奖牌和奖杯都是任正非亲自确定设计方案，并亲自颁发的。华为有很多奖品含金量很高，发的是纯金奖牌或奖章，例如市场部集体大辞职纪念章、公司级"金牌个人"奖和公司级"金牌团队"奖。

总的来说，钱是分配的资源，权力是分配的资源，荣誉也是分配的资源，企业应该多维度拓展激励资源。通过分好利、分好权、分好名，在企业与员工之间构筑利益、事业、命运共同体，让企业这辆车被拉得更快，拉得更稳，拉得更久。

13.1.4 长期激励与短期激励相结合

在2000年美国薪酬协会提出的"整体薪酬"概念中，整体薪酬包括固定薪酬和可变薪酬，其中可变薪酬又包括短期激励薪酬和长期激励薪酬。短期激励是刺激性激励，能够促进、提高团队战斗力；长期激励是稳定的激励，能够激励员工持续贡献、保持高绩效。短期激励模式和长期激励模式对比如表13-1所示。

表13-1 短期激励模式和长期激励模式对比

内容	短期激励	长期激励
含义	基于实现短期（年度或更短）业绩结果而实施的激励计划，如工资、年度奖金	基于实现长期（一年以上）业绩结果而实施的激励计划，如股票、期权
优点	对员工进行及时奖励或惩罚，管理灵活度高，可以根据当年的不同情况适时调整	平衡长期目标和短期目标，通过长期激励保留骨干员工
缺点	可能导致员工行为的短视化，致使公司长期利益受损	激励周期长，无法根据快速变化的外部环境进行及时调整

在企业管理实践中，长期激励要与短期激励有效结合，牵引员工将自我发展与企业发展相结合。

公司的竞争力成长与当期效益是存在矛盾的，员工与管理者之间是存在矛盾的……这些矛盾是动力，但也会形成破坏力，因此所有矛盾都要找到一个平衡点，驱动多方共同为之努力。管理者与员工之间矛盾的实质是什么呢？其实就是公司目标与个人目标的矛盾。公司考虑的是企业的长远利益，是不断提升企业的长期竞争力。员工主要考虑的是短期利益，因为他不知道将来还会不会在华为工作。解决这个矛盾就是要在长远利益和眼前利益之间找到一个平衡点。我们实行了员工股份制。员工从当期效益中得到工资、奖金、退休金、医疗保障，从长远投资中得到股份分红，避免了员工的短视。

——摘自《华为的红旗到底能打多久》

华为针对不同层级的员工采用的薪酬激励模式都是长期激励与短期激励相结合，只是侧重点不同。（1）针对高层管理人员：注重未来的薪酬，即长期激励，更多强调长远决策和绩效，奖励员工的忠诚度和长期服务，减少对当年绩效的激励。（2）针对中基层职位人员：强调当前的薪酬给予，即短期激励，根据公司当前的盈利及时调整薪酬。具体方式如图13-5所示。

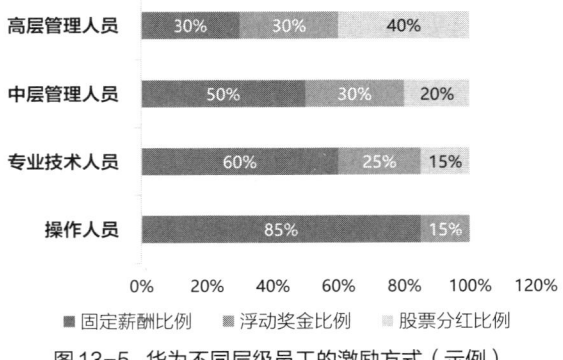

层级	固定薪酬比例	浮动奖金比例	股票分红比例
高层管理人员	30%	30%	40%
中层管理人员	50%	30%	20%
专业技术人员	60%	25%	15%
操作人员	85%	15%	

图13-5 华为不同层级员工的激励方式（示例）

对于短期激励，企业应根据员工的实际贡献来调整他们的短期回报，主要体现为多劳多得，鼓励冲锋。华为有很多对成功项目进行重大奖励的例子，如2012年，华为在埃塞俄比亚电信网络扩容项目中中标，50%的市场份额，一举扭转了华为在该国的市场份额。拿下该项目之后，华为果断对北非地区部、重大项目部、该国代表处及相关项目组颁发总裁嘉奖令，给予项目组600万元的项目奖励，对做出突出贡献的项目组关键成员予以职级晋升，其他项目组成员及对该项目有过贡献的人员一并得到表彰和奖励。

对于长期激励，它的主要作用是吸引高级人才加盟，稳定企业的核心骨干团队，是核心关键人才的"金手铐"。为此，企业在设计薪酬激励制度时，要让长期激励维持在一个合理的水平，而且在市场上也要有竞争力。华为公司指出：我们总的导向是增加短期激励，将长期激励保持在适当水平，使干部、员工具有一定程度的饥饿感，处于激活状态，持续努力地工作。

华为通过设置合理的长期激励机制，留住了大部分骨干人才，激发员工长期地参与到企业价值创造中。华为的"虚拟受限股"和TUP就是长期激励的一种，"虚拟受限股"通常要核心的骨干人才才能获得，拥有虚拟股的员工，可以获得一定比例的分红，分红的依据是华为上一年度的收益，也就是利润。TUP通常以5年为一期，分期向员工发放奖励，到期后立即收回，即便员工还在华为，如果业绩没有达到一定的标准，也不能继续获得新的TUP。

总体而言，短期激励促收成，长期激励促发展，企业在设计激励机制时必须打破稳定的态势，将长期激励与短期激励相结合，并根据业务发展和管理的要求，灵活调整员工薪酬结构中短期回报和长期回报的比例关系，不能完全短期化，更不能完全长期化。只有这样，才能够看到员工的短期贡献和组织的长期需求，使组织持续处于激活状态。

13.2 构建薪酬包管控机制，牵引自我管理与约束

企业经常会遇到这样的问题：公司业绩上不去，薪酬却下不来；员工每年都期望加薪，但公司的效益却在下降，加薪从哪里来？这个时候就需要做好薪酬总额管理，把市场压力传递到组织内部。

薪酬包管控机制的核心在于将薪酬与公司主要经营财务指标挂钩，形

成对人力成本的弹性管控，激活各级经营主体实现自我管理、自我激励、自我约束。

13.2.1 华为薪酬包的演进与底层逻辑

1. 华为薪酬包制度的演进

近年来，众多企业纷纷开始采用薪酬包管理机制，华为是率先采用薪酬包管理的企业，其效果也是有目共睹的。从2012年起，华为开始探索获取分享制。过程中，华为进一步认识到，薪酬必须作为一个整体来进行管理，不能仅仅对奖金包进行管理，否则容易因小失大，因而开始尝试薪酬包制度。

华为率先在行政系统试点薪酬包制度，然后逐步推广到负责一线作战的代表处，进而到承担主航道业务的业务群BG，实施了不同业务组织差异化的薪酬包管理制度，如图13-6所示。

行政系统薪酬包制度	代表处薪酬包制度	业务群BG薪酬包制度
➢ 2014年，把落后的人挤出去，减人、增产、涨工资，行政系统要建立起薪酬包激励机制 ➢ 2017年，行政系统继续精简机关、清理不作为员工，完善了行政系统薪酬包制度	➢ 2014年，在拉美北地区试点基线建设和弹性预算，为代表处薪酬包制度打下基础 ➢ 2018年，启动合同在代表处审结试点改革，授权试点代表处采用激励总包（粮食包）管理机制	➢ 2019年，为激励消费者BG追求更高发展目标的主观能动性，保障规模增长的经营质量，华为授予消费者BG合理的粮食包，消费者BG在边界范围内自主管理、自我约束。

图13-6 华为薪酬包制度的演进

（1）行政系统薪酬包制度

2014年，华为明确薪酬包制度就是要把落后的人挤出去，减人、增产、涨工资，行政系统要建立起薪酬包激励机制，以激发队伍活力。

2017年，华为在要求行政系统继续精简机关、清理不作为员工的同时，完善了行政系统薪酬包制度，为下一步向代表处、业务群BG推广薪酬包制度积累了经验。

（2）代表处薪酬包制度

2014年，华为开始在拉美北部地区试点基线建设和弹性预算，明确了费用的改进和浪费都直接与收益、预算与业绩弹性相关，为接下来在代表处试行薪酬包制度夯实了基础、做好了铺垫。

2018年，华为启动合同在代表处审结试点改革，其目的是激发代表处在内外合规基础上多打粮食、增加土壤肥力、提高人均贡献的主观能动性，并将代表处建设成"村自为战、人自为战"的一线经营堡垒。同时，华为授权试点代表处采用激励总包（粮食包）管理机制，试点代表处可在粮食包边界范围内，自主管理、自我约束，以充分释放代表处的活力。

（3）业务群BG薪酬包制度

2019年，华为为了促进消费者BG进一步抓住业务发展机遇，实现"规模增长"和"效益提升"双赢式的高质快速增长，决定在现有运作机制基础上，继续探索与实施以"机关手放开、业务放开手""机关管住钱、业务用好权""钱要体现集团意志、权要听得到炮声"为特征的消费者BG相对自主经营、自主管理的业务运营模式。

2. 薪酬包制度的底层逻辑

为了充分激发消费者BG追求更高发展目标的主观能动性，保障规模增长的经营质量，华为授予消费者BG合理的粮食包，消费者BG在边界范围内，自主管理、自我约束，充分释放消费者BG的创造活力。

薪酬包的奥秘在于它对准的是组织，目的是激发整个组织的活力，而非仅仅个体的活力。薪酬包不是简单地将个体薪酬打包，薪酬包的底层逻辑和管理机制都与个体薪酬有很大的区别。华为将薪酬包纵横切分，形成4块，每块性质不同，适用的管理逻辑也不同，如图13-7所示。

第一，横向上切分为战略性薪酬包和经营性薪酬包。战略性薪酬包是由公司开发新产品、开拓新市场、进行管理变革等战略需求任务决定的，采取悬赏制，只有达成目标才能兑现奖金，以鼓励关注可持续发展、增加土壤肥力。经营性薪酬包是由经营效益决定的，采取获取分享制，同时不同业务组织的经营效益目标和权重有所不同，以强化不同业务组织的努力方向，确保多打粮食。例如，行政系统薪酬包与公司整体经营状况挂钩，代表处薪酬包与其自身实现的销售收入和贡献利润挂钩，业务群BG薪酬包与其自身实现的销售毛利和贡献利润挂钩。

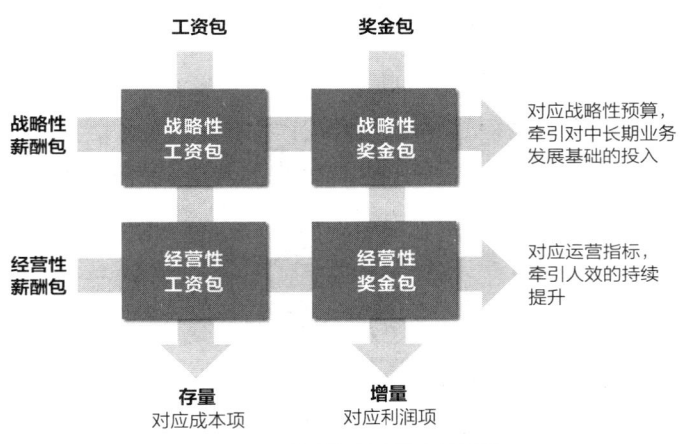

图 13-7 薪酬包制度的底层逻辑

任正非认为："战略性业务是我给你钱，是战略性投入，因此薪酬是公司授予，节约不归己；经营性业务是你给我钱，是要贡献、回报的，因此薪酬是从获取中分享的，节约了可以分享。两者不能混在一起，否则导向就会有问题，导致动作变形。"

第二，纵向上切分为工资包和奖金包。工资性薪酬包具体包括工资、加班费、补贴、离职补偿等，是薪酬包中的刚性部分，起到保障作用；奖金包是薪酬包的弹性部分，起到激励作用。工资和奖金在激励目的、会计科目、固定/变动等多个方面都有不同，将它们切分，可以进一步实行精细化管理。

时至今日，华为的薪酬包制度仍在持续进化中，薪酬包制度是激发组织活力、改善经营效益的一大利器，非常值得企业研究和学习。

13.2.2 工资性薪酬包管理原则：减员、增效、涨薪

从上文中可知，薪酬包分为工资包和奖金包两个部分。其中，工资包即工资性薪酬包，包括上一年度固定的薪酬总额，这是不能变动的，叫作存量薪酬包，是刚性的固定成本。此外，工资性薪酬包中还有一部分是固定薪酬的增量，包括新增的人员要增加的薪酬包和调薪总包，以及用于离职补偿的薪酬包，如图13-8所示。

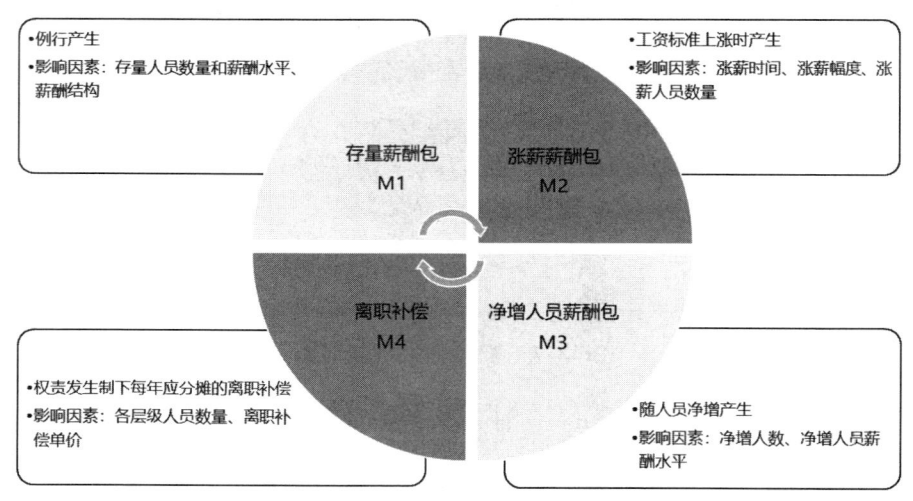

说明：年度工资性薪酬包M0=M1+M2+M3+M4
M1：在岗员工的存量工资性薪酬包，不考虑涨薪，不含离职补偿；
M2：在岗员工的涨薪薪酬包，不含离职补偿；
M3：人力增量部分的工资性薪酬包（调入＋新招－调出－离职），不含离职补偿；
M4：离职补偿，为各层级离职补偿预算单价与各层级人数之和。

图13-8　工资薪酬包结构及其影响因素

从图13-8中可以看出，企业从存量、涨薪、增量和离职4个方面对工资性薪酬包进行预算和预测，以确保薪酬预算更加准确，为公司的经营管理提供支撑。根据工资性薪酬包的预算，企业对薪酬包是否有空间就能做到心中有数。在薪酬包有空间和无空间的情况下，企业应该基于"减人、

增效、加薪"的管理原则来开展工资性薪酬包的管理。

当薪酬包有空间时，企业首先要确保优秀员工在业界的薪酬竞争力（涨薪），再考虑人力补充；当薪酬包无空间时，如果当前离职率不超过预警线（10%），企业按以下优先级采取措施，如图13-9所示。

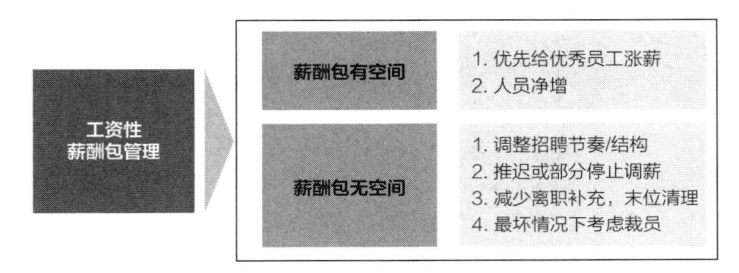

图13-9 工资性薪酬包的管理原则

此外，基于企业经营的动态变化情况，对于工资性薪酬包的管理，不同的部门也应该是不一样的。对于职能部门、规模较小的部门，主要以岗位编制+工资性薪酬包的形式来做定额管理；而针对利润中心、成本中心，一般是做薪酬包的弹性管理。如表13-2所示。

表13-2 工资性薪酬包的管控指标（示例）

	管控指标	指标说明	适用部门	某企业的部门	年度薪酬预算管控
1	薪酬包占比	E/M：工资性薪酬包与销售毛利比	产出能用经营指标衡量的部门	牵引盈利	生产、研发部	1. 预算额度管控：综合考虑企业的财务状况、薪酬结构及企业所处的市场环境因素的影响，确保企业的薪酬成本不超出企业的承受能力 2. 人员编制增长管控：预测年人效增长比，确定人员增长上限 3. 过程管控：以季度为周期，监测薪酬总额与经济效益的动态变化，及时预警；将年度结果纳入监测或考核中
		E/R：工资性薪酬包与销售收入比		牵引规模	销售部、区域组织	
2	薪酬包	工资性薪酬包	战略投入部门	战略投入部门	
3	定岗定编	岗位编制+工资性薪酬包	支撑性组织，无法用经验指标衡量产出的部门	职能部门	

301

E/M 和 E/R 的确定通常从两个维度来考虑：第一个维度是看历史值，把前3年的历史值作为基线，在历史值的基础上，要求逐年改进；第二个维度是看标杆，比如看内部的标杆或者看外部行业的标杆。有了内外部标杆之后，公司就会确定未来通过几年的时间如何逐步达到标杆的水平。

假设某企业销售部门做2023年的预算时采用的是E/R作为管控指标，E/R的改进要求是要低于5%。人力资源部根据2022年的销售收入，做了4个预算方案（如表13-3所示），最终只有方案三和方案四的E/R达到了改进要求，通过了审批。其中，方案三是由于收入增长，人员无增长，进而人效提升，实现涨薪；方案四是由于收入增长，人员减少，进而人效提升，实现涨薪。

表13-3　某企业销售部门工资性薪酬包预算方案

单位（万元）		2022年	2023年预算方案			
			方案一	方案二	方案三	方案四
产出	R（收入）	20000	21000	21600	22737	21000
投入	人员	100	100	100	100	92.36
	E（工资包）	1000	1080	1080	1080	997.5
	E/R	5%	5.14%	5%	4.75%	4.75%
预算审批			不通过	不通过	通过	通过
涨薪要求	涨薪幅度	—	8%	8%	8%	8%
	人均薪酬	10	10.80	10.80	10.80	10.80

可见，有了指标管控，各部门就不再是一个固定的编制，而是要看部门的业务情况。业务如果做得大，工资包相应地也就会变大。因此，每个部门就会形成自我管理、自我约束，最终牵引人效的提升。

【案例】华为如何实现"用3个人，干5个人的活，拿4个人的工资"

很多公司提出"用3个人，干5个人的活，拿4个人的工资"，但是执行的效果却并不理想。这是因为很多公司在做预算时，一直是给下属安排任务，这就等于"逼着"下属去做。华为的做法恰好相反，华为只有一个规定：首先给他一个工资包，他想拿多少工资，再按比例倒推出他的任务。

华为将工资性薪酬包的增长跟人均毛利挂钩，例如员工要拿到28万元的固定工资，可以倒推出他要实现的人均毛利目标是100万元，从而倒逼员工努力成长，将人均毛利提上去。华为还将毛利设定成多个毛利包，即研发费用包、市场产品管理费用包、技术支持费用包、销售费用包、管理支撑费用包、公司战略投入费用包，并分别找到不同的"包主"负责，"包主"根据毛利来计算总成本，从而主动开始关注成本的管控。原先可能各部门都希望多给自己加点人，在设定一个成本基准线后，部门负责人可能就会考虑该如何合理地对岗位进行合并，考虑人员兼岗，不再随意招人。

员工通常不会为了销售收入的提升而努力，但会为了个人回报的提升而努力。企业应该鼓励增量，如果无法创造价值，就不允许无限制地加人，反而要对人员进行精减，以保证核心员工能力与个人收入的提升。企业在工资性薪酬包的管理上，坚持减人、增效、涨薪的原则，有效地牵引企业效益的提升，实现企业长期稳定发展。就像任正非所说："3个人拿4个人的钱，干5个人的活，就是我们未来的期望。这样改变以后，华为将一枝独秀。"

13.2.3 薪酬包的弹性管控与调整

薪酬包弹性管控是一个动态的过程，是一个比例值，而不是一个绝对值。在保持工资性薪酬包基线比例和奖金包基线比例恒定的情况下，工资性薪酬包和奖金包的绝对值随销售收入的波动而波动。在实际操作过程中，考虑到工资性薪酬包的刚性因素（如加薪容易减薪难、人进入容易辞退难等），以及滚动预测的准确性，企业可以将奖金包作为调节因素。工资性薪酬包虽然在管控过程中可以进行一定程度的调整，但调整难度会大一些。

【案例】华为薪酬包弹性管控机制

华为为强化薪酬分配理念，激励优秀员工的主观能动性，运用了薪酬包（包括工资性薪酬包和奖金包）管控机制，如表13-4所示。

表13-4 华为的薪酬包管控机制

管控方式	具体内容
宏观管理	薪酬包与公司主要经营财务指标挂钩，实现宏观弹性管理，形成自我约束、自我激励的管理机制，增强薪酬总量管理的可预测性
分层控制	• 薪酬包同相应的经营财务指标挂钩，体现不同的激励导向 • 促进各业务单元建立自我约束、自我激励的管理机制 • 奖金包是薪酬包的弹性因素，工资性薪酬是薪酬包的刚性因素

在实际过程中如何操作呢？在华为，薪酬包的控制基线为销售收入的18%，其中刚性的工资性薪酬包占销售收入的10%～12%，弹性的奖金包占销售收入的6%～8%。

假设2022年某业务单元的预算销售收入是60亿元人民币，如果按10%的工资性薪酬包来做预算，得出工资性薪酬包为6亿元人民币，奖金包则受实际销售收入的影响。

如表13-5所示，如果公司的销售目标是按计划100%实现的，那么奖金包的基线比例是8%，奖金包的实际额度是4.8亿元人民币。

表13-5 华为薪酬包核算（示例）

类别	①完成（100%）计算	金额/比例	②超额完成（120%）计算	金额/比例	③未完成（90%）计算	金额/比例
实际完成		60亿元		72亿元		54亿元
实际工资性薪酬包比例	6÷60	10%	6÷72	8.33%	6÷54	11.11%
奖金包占比	18%-10%	8%	18%-8.33%	9.67%	18%-11.11%	6.89%
奖金包	60×8%	4.8亿元	72×9.67%	6.96亿元	54×6.89%	3.72亿元

如果公司的销售目标超额120%实现，而工资性薪酬包仍然按原定的计划6亿元人民币来计算，那么实际的工资性薪酬包占比为8.33%，由18%来减掉8.33%，奖金包的占比就是9.67%。实际的奖金包是6.96亿元人民币，比原来的4.8亿元人民币多了2.16亿元人民币。

如果销售目标只完成了90%，也就是54亿元人民币，实际的工资性薪酬包还是按6亿元人民币来计算，那么工资性薪酬包的占比为11.11%，奖金包的基线占比减少为6.89%，那么奖金包就只有3.72亿元人民币。

由此可见，在不同的销售目标完成情况下，实际可供分配的奖金包直接受销售收入的影响，目标完成越好，奖金越多。这样就能牵引各个部门把蛋糕做大，以便有更多奖金可分。

当然，上面的场景没有考虑过程中的人员调整。在实际操作中，华为会针对销售目标超额完成和没完成的情况，通过动态人员调整来确保工资性薪酬包和既定的基线比例适配。

企业通过构建薪酬包的弹性管控机制，不仅将员工收入与公司经营状况相挂钩，让不同业务部门实现自我激励、自我约束；还能将管理者的关注点从人才队伍能力、员工数量，牵引到员工队伍的投入产出效率上，从而促使管理者主动思考如何通过各种手段来提升现有队伍的产出，进而在管理上有更多的空间来激活队伍。

13.3　推行奖金获取分享制，多劳多得

奖金获取分享制强调两个核心。第一，奖金是挣来的，不是必然的，奖金是由公司经营情况、组织绩效和个人绩效共同决定的。第二，奖金是变动的，不是固定的，在公司经营情况好时，不同组织绩效的奖金有差距；在同样的公司经营情况和组织绩效下，个人奖金根据个人不同的绩效结果，也会有所不同。

企业通过推行奖金获取分享制，不仅能把在市场的经营压力顺畅地传递到内部，还能在内部营造多劳多得的氛围，激发员工的奋斗动力，牵引他们持续为企业创造价值。

13.3.1 推行"自下而上"的获取分享制

很多企业的老板通常认为，奖金是与个人业绩关联的，业绩好奖金就多，业绩不好奖金就低甚至没有。而员工往往不这么认为，在员工的心里，如果他拿不到或不完全拿到，就会产生不满。

华为在其发展历程中，尝试过授予制、获取分享制和评价分配制这3种实践形式。

（1）授予制：分奖金，是指自上而下进行业绩评价和利益分配，容易滋生"以领导为中心""博弈""会哭的孩子有奶吃"等下级迎合领导来获取利益的风气。可见，授予制是按照上级意愿来分配公司的利益的，容易导致企业高管、中层及基层间的利益分配不均，进而在公司内部产生矛盾，破坏企业内部团结的氛围。

（2）获取分享制：挣奖金，是指任何组织与个人的物质回报都来自其创造的价值和业绩，针对成熟和稳定的业务，按照业务单元给公司创造的利润，遵循多劳多得的原则，以奖金的形式进行分配，即作战部门根据经营结果获取奖金，后台支撑部门通过为作战部门提供服务来分享奖金，遵循多劳多得的原则。

（3）评价分配制：也就是悬赏制，主要针对无法评价经济效益的业务场景（如新业务、新区域等），根据一定的标准或基线（比如对标行业或者历史的一些数据），确定出相对固定的一种分配机制，它与所创造的直接经济效益不直接关联。

随着公司的发展，华为管理层渐渐认识到授予制的弊端，尝试推行利益获取分享机制，以鼓励产生具有长远眼光的将军。

如图13-10所示，在2003年之前，华为是没有奖金逻辑的，那时候通信行业利润比较高，华为发给员工的薪酬，仅工资部分在市场上就已经有足够的竞争力，奖金可以说是额外的补充。

无奖金逻辑阶段	作战部门导入获取分享制	整个集团导入获取分享制
2003年之前	2003年—2011年	2012年—至今

图13-10　华为获取分享制的发展

2002年是华为的"冬天"，公司在过苦日子，员工工资没有上涨，工资竞争力也就不强了，于是员工开始对奖金有想法、有期望了。这个时候任正非觉得需要建立一套事前的奖励规则，公司挣得多员工分得多，公司挣得少员工就分得少。要在事前或过程当中调节员工对于奖金的期望，而不是等到事后。所以华为从2003年开始在作战部门导入获取分享制，并一直持续到2011年。

2012年，华为开始在整个集团导入获取分享制。获取分享制最大的作用或者说最重要的基本假设，就是要把公司在市场的经营压力在内部进行传递，如果公司经营情况不好，那么员工也要承担这种经营的压力和责任，而不是即使公司的市场压力很大、经营情况不好，员工也仍然可以有很多奖金。

华为导入获取分享制的理念和初衷就是希望建立一种奖金与经营结果联动的机制，公司经营情况好的时候愿意跟员工多分享利润，公司经营情况差的时候员工也要和公司一起承担。任正非曾说："获取分享制一出现，公司这两年利润增长很快，大家的积极性和干劲也起来了。"获取分享制从公司、部门、个人视角，共同牵引多劳多得的氛围，激发员工的工作热情，从而使公司始终保持强大战斗力，如图13-11所示。

公司视角	部门视角	个人视角
获取分享，自我激励（组织活力）	多劳多得，做大蛋糕	公司好、部门好、个人好（力出一孔）
市场压力传递	人少多分钱	多劳多得
承载管理导向	更多自主权	人往高处走

图 13-11　华为获取分享机制的牵引

获取分享制是一个理念，适用于大部分企业。企业如果想推行获取分享制，那么需要具备以下条件。第一，企业发展进入相对稳定期。对于初创企业来说，是不太适宜推行获取分享制的，因为它的业务不稳定或尚处在战略摸索阶段，没有稳定的经营结果。第二，企业具有一定的规模。规模太小的企业无法充分展现获取分享制的价值。第三，以多区域、多产品线为佳，因为"分灶吃饭"可以牵引各部门相互"赛马"。

13.3.2　"分灶吃饭，获取分享"的奖金包设计

获取分享制首先要解决的问题是：钱从哪里来？华为奖金包的确定以公司达到基准盈利水平为前提，所有组织奖金包的来源只有一个，即以一线作战单元为基础，自下而上生成。基于公司经营状况，进行总量管控；基于项目盈利自下而上卷积。牵引各级组织的贡献向一线聚焦、资源向一线投入，共同把蛋糕做大。

华为的获取分享制强调"分灶吃饭"，每个部门每个员工都知道自己的奖金来自哪些目标，自己做什么事情能够拿奖金。获取分享制使员工的回报和业务发展结合得更加紧密：部门的薪酬包和业务产出挂钩，部门的奖金包也与收入和利润相关联。这样一来，获取分享制带动业绩突破，业绩突破反过来又促成了获取分享制的双向良性互动。

薪酬包的获取分享制不直接与经营目标挂钩，而是直接与实际完成的业绩挂钩。奖金包=薪酬包−工资性薪酬包，通过如图13-12所示的3个步骤，可以生成各部门的薪酬包，进而核算出奖金包。

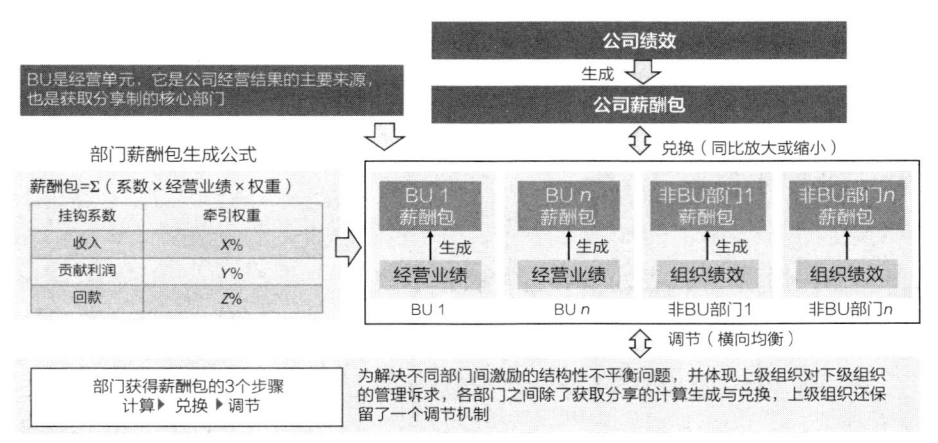

图13-12 "获取分享制"在BU经营单元/非BU单元的生成示意图

第一步，计算

（1）公司层面的薪酬包生成。基于公司的业绩产出（如收入、利润、回款），按照一定的比例系数加权求和得出公司的薪酬包。

（2）经营单元的薪酬包生成。经营单元，如区域、产品线这样的利润中心，根据经营单元业绩产出（如收入、贡献利润、回款），按照一定的比例系数加权求和得出经营单元的薪酬包。

（3）非经营单元的薪酬包生成。非经营单元，如供应链、职能部门（如人力资源部、行政后勤部等部门）等成本中心或费用中心，薪酬包的增长幅度是经营单元平均增长幅度乘以一定折扣。折扣没有标准的说法，它是通过经验数据测算出来的。

通过自上而下计算得到公司层面的薪酬总包1，通过自下而上计算，最后也能得到公司层面的薪酬总包2。

第二步，兑换

当薪酬总包1>薪酬总包2时，可以进行同比例放大；而当薪酬总包1<薪酬总包2时，也要进行同比例缩小，这就叫兑换。

第三步，调节

调节就是指公司高管层面有权力在不同的部门之间进行调节，通过这种调节来解决不同部门间激励的结构性不平衡问题，并体现上级组织对下级组织的管理诉求。

【案例】华为代表处薪酬包的核算示例

假设某代表处2018年—2020年的薪酬包、收入和利润等相关数据如表13-6所示，可以计算得出：收入系数=50%×0.196+30%×0.202+20%×0.232=0.205；利润系数=50%×0.520+30%×0.525+20%×0.588=0.535。

表13-6 华为某代表处2018年—2020年的薪酬包、收入和利润数据

年份	2020年	2019年	2018年
薪酬包/收入	0.196	0.202	0.232
薪酬包/利润	0.520	0.525	0.588
权重	50%	30%	20%

假设基于销售收入延长线测算的薪酬包占40%的权重，基于利润延长线测算的薪酬包占60%的权重，2021年度该代表处实际完成收入89.1亿元，利润32.7亿元，则2021年薪酬包核算结果为17.8亿元（89.1×0.205×40%+32.7×0.535×60%=17.8亿元）。扣除2021年初确定工资性薪酬包12.8亿元，则2021年底实际可发放的奖金包为5.0亿元。

获取分享制的奖金生成与人数无关、与经营目标无关，只与经营结果、组织绩效完成情况挂钩，以此来牵引组织提升效率。华为通过采用获

取分享制，有效地平衡了公司与各业务组织之间的利益冲突，实现了力出一孔，利出一孔，进而促进公司与各业务组织的多赢。

13.3.3　奖金到组织，谁参与了作战就分给谁

1. 组织奖金包的两种主要形式

对企业来说，分钱比赚钱要难，分得少或是分得不公平，员工都不满意，分得太多又可能让员工没有饥饿感、失去奋斗的动力。当前，有一部分企业已经在推行组织层面的奖金包，组织奖金包是一种针对团队或组织的激励模式，旨在通过利益捆绑、收益共享的方式，激励团队共同努力，以实现公司整体的目标。组织奖金包的形式主要有两种。

（1）基于绩效核算奖金

采用这种形式的企业，组织奖金包的核算由3个要素决定，分别是部门人数、每个人的目标奖金、部门的KPI达成率。具体来说，假设有一个部门，部门内每个员工都有对应的职级和对应的目标奖金，那么将所有员工的目标奖金加总，就形成了部门奖金包的一个基数，再用这个基数乘以部门一个考核期内的组织绩效系数，就可以得到该部门最终的奖金包额度。

基于绩效核算奖金容易带来两方面的问题：一是由于奖金多少跟人数强相关，人越多奖金基数就越大，人越少奖金基数也就越小，因此，部门就没有了减员增效的动力；二是奖金多少还跟组织绩效的达成密切相关，这会使得部门在制定目标的时候和公司"砍价"，因为目标设置得越低，奖金就越容易拿到手，从而导致那些敢于挑战、有使命感的部门吃亏。

（2）基于贡献核算奖金

采用这种形式的企业，组织奖金包的大小由部门创造的最终成果，如收入、利润、回款等来决定。华为采用的获取分享制就属于这种形式，华为构建获取分享制的要求是：每个组织和个人的回报都来自组织的业绩，

作战部门从直接创造的经营结果中获得收益，支持平台从服务的部门里分享奖金。

2. 华为奖金到组织的顶层设计

华为奖金到组织的顶层设计，实际上就是解决"分灶吃饭"的问题，将整个公司奖金池分到多个体系，如销售体系、研发体系、供应链体系等。奖金包分到各体系之后，各体系再往下分到各组织，比如销售体系会分到每个地区、代表处；产品解决方案体系会分到每个产品线；供应链体系则会分到制造、采购等部门。

奖金到组织分配的原则是：谁参与了作战，谁为作战主体服务得越好，公司就会分享给他越多的奖金。比如华为运营商BG的奖金包，要分给营销区域，分给研发，分给自己的BG平台，分给职能平台，还要分给供应体系。华为消费者业务的奖金包要分给研发，分给自己的BG平台，分给职能平台，还要分给供应体系。

至于具体的分配比例，则要根据公司过去几年的历史数据和企业现阶段的发展诉求来设计。华为每一年都会在公司层面讨论不同体系之间的人均奖金之间的系数差距，从而决定各组织奖金分配的比例关系。比如华为早期发展阶段没有产品，更多的是做代理，所以当时销售部门是很重要的，销售体系的人均奖金就会比其他部门高得多，当时设计出来的奖金系数可能是销售体系1.2、研发0.9、供应体系0.85、职能平台0.8。后来，华为慢慢开始做自己的产品，所以研发变得越来越重要，于是研发的奖金系数便逐渐提高了。

针对不同的业务单元，华为也会考虑其发展阶段、业务特点等因素，分别制定各自的奖金包生成机制，且其奖金包各自独立进行预算和核算。

对于成熟区域的业务，有两种奖金分享方式，一个是存量的分享，另一个是增量的分享。存量的分享，按照贡献利润来计算；增量的分享，奖金包的计算公式为：奖金包＝去年奖金包×（1+经营效益改善率）。

对于成长区域，由于业务增幅波动比较大，奖金主要是与业务增长挂钩而不是利润。同时，华为又引进了熔断机制，当奖金超过预算的两倍时，超出部分将不再计算。

对于拓展的区域，由于业务开展比较艰难，刚开始可能没有什么业绩，会大大影响员工的收入，因此很多人不愿意去拓展的区域。对此，华为建立了保护期机制。比如，假如你从成熟区域调去拓展区域时，你的薪酬对应的奖金是80万，那么你调过去的3年内，奖金将以80万为起点，可能还会增加一点考核系数。如果你的业绩超出了预期，你也会有相应的奖励。

可见，组织奖金的设计要有差异和侧重，既要注重团队合作和共享成功的理念，也要考虑公司的战略目标和业务发展阶段，确保奖金包的分配公平、透明，并能够激励员工为公司创造长期价值。

13.3.4 奖金到个人，体现绩效与价值贡献

部门奖金包生成后，奖金如何分配到员工个人呢？奖金激励体现的是责任、绩效与贡献，奖金是通过努力挣来的，它不可能人人都有，也不可能每个人都一样多。

员工拿到的奖金主要取决于3个变量：一是组织绩效，部门奖金包要乘以组织绩效系数，在公司经营好时，不同的组织绩效奖金也是有差距的；二是个人绩效，奖金要向贡献者倾斜，在同样的公司经营情况和组织绩效下，个人的奖金根据员工不同的绩效考核结果而有所不同；三是员工的职级，员工职级不同，他的奖金基数也是不同的。

2000年之前，华为的奖金分配遵循过去的"大锅饭"形式，哪个部门业绩好，就集体奖励，哪个部门业绩差，就集体受罚。在这样的奖金分

配形式实行了很长一段时间后，华为的管理层意识到这种形式缺少了对个体劳动者的激励作用，同时难以在部门内部形成利益"差距"。因此，从2001年开始，华为开始逐步制定了透明的业务部门奖金方案，稳定奖金政策，形成了自我激励与自我约束的可持续发展机制。

到了2007年，华为更是将员工短期的奖金激励与PBC的考核结果相结合，进一步保证了"差距"的有章可循。又过了两年，华为继续对奖金方案进行优化，使员工间的奖金分配一方面打破了跨区域的平衡，另一方面打破了区域内部的平衡，这也就自然而然打破了人与人之间的平衡。华为强调，在这样的奖金体系下，还应当保证奖金的即时性，员工的当期贡献大，就应该当期马上兑现，不要把奖金变复杂了。

有一次，因为工作安排，原来在无线工作的员工要被调去LTE产品线，这些员工担心自己调岗之后的奖金会有影响，于是问领导："我如果从现金流产品线调去做多年后才能见成果的产品，会不会要默默奋斗很多年，而且还吃亏？"

面对这样的疑问，华为明确：如果LTE产品线的KPI完成得好，人均奖金可以高于无线的人均年终奖。同时，考虑到实际利润情况，华为也规定LTE产品线的最高奖金不得超过无线最佳盈利产品的最高奖金。华为向所有员工明确表示，奖金是努力工作挣来的。绩效结果不同，奖金也不一样。甚至在团队内部，每个人的奖金也会有很大差距。

企业通过组织绩效考核，实现奖金包的一次分配，通过个人绩效考评，实现奖金包的二次分配，员工最终获得的奖金多少基于为企业创造的价值大小。可见，员工做出的贡献越多，获得的奖金也就越多。在华为，员工基于绩效与价值贡献，可以获得如下类型的个人奖金，如图13-13所示。

第13章 绩效激励方案设计

```
经营奖金 ─┬─ 年度奖金    • 基于员工综合绩效，由部门进行评议
         ├─ 项目奖      • 基于员工在项目中的贡献，由项目经理组织评议
         └─ 多元化激励  • 主要用于日常激励（含组织氛围建设）
```

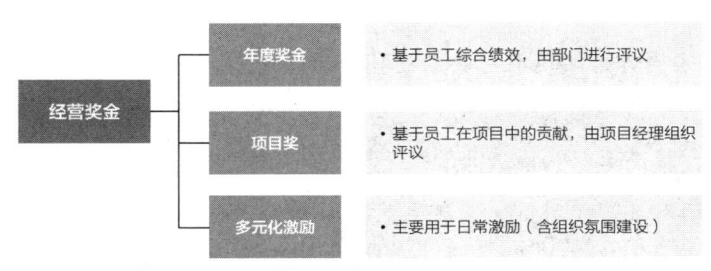

图 13-13　华为个人奖金的类型

（1）年度奖金。年度奖金也就是年终奖，年终奖是奖金里很重要一部分，通常是基于员工的综合绩效来确定。华为的年终奖是相当丰厚的，只要员工的绩效考核结果优秀，其年终奖甚至可能超过百万。以2018年的华为年终奖标准为例，19级员工绩效考核为B+，其年终奖超过了90万。

（2）项目奖。项目奖通常基于员工在项目中的贡献来确定，由项目经理组织评议。项目奖金在华为的员工薪酬体系里也是相当重要的一部分，尤其在具有重要战略意义的领域和地区，即便项目没赚到钱，华为依然会给予员工重赏。因为，在任正非看来，"上甘岭"不是产粮食的地方，但如果"上甘岭"丢了，华为就没地方打粮食了。

（3）多元化激励。多元化激励主要用于日常激励，遵循"透明、公开"的管理原则，使用的方式可以多元化。

华为的获取分享制，原则上照顾绝大部分华为人，鼓励人人成为奋斗者，但在实践中，仍然会向优秀奋斗者倾斜。正如任正非所说，这些做出卓越贡献的奋斗者才是华为的中流砥柱。

✦ **小贴士：华为获取分享制的作用**

1. 保证所有员工都能分享到公司的收益，并计算出自己应获得的收益，使员工的回报与他创造的价值相匹配。
2. 强化后台对前台一线的支撑力度，加强前后台岗位配合和流程

> 效率提升，实现前后台业绩挂钩。
> 3. 增加薪酬弹性，将员工利益与个人价值实现和贡献产出合理衔接，提高激励的有效性。
> 4. 导向对客户需求的满足和客户体验的提升。
> 5. 实行"自下而上"的激励方式，倾向对基层业务单元的直接激励。

13.4 实行员工持股计划，共创共享

员工持股计划是股权激励中应用比较广泛的一种模式，最早由美国人路易斯·凯尔萨提出。员工持股计划的基本原则是共担风险，共享成功。员工持股计划在制度上解决了员工、经营者、所有者之间目标不一致和利益冲突的问题，为企业的发展提供了根本动力。

13.4.1 员工持股计划：财聚人散，财散人聚

员工持股计划指的是由企业内部员工出资认购本公司部分或全部股权，委托员工持股工会（或委托第三者，一般为金融机构）作为法人托管运作，集中管理。在过去20年里，员工持股计划作为激励和留住关键人才的一种长期激励机制，在企业里十分盛行。员工持股计划经过不断地演变，衍生出了多种员工持股方式，包括员工股票购买计划、股票认购权、受限股、随意股、奖励股。目前员工持股计划已逐渐形成了一个体系，如表13-7所示，是员工持股计划的形式及适用范围。

表13-7 员工持股计划的形式及适用范围

员工持股计划形式	适用范围
员工持股计划	一般企业
员工股票购买计划	高科技企业,以普惠形式体现
股票认购权	高科技企业的关键员工
受限股	以赠送股形式体现,主要针对管理层
随意股	小企业中的特殊员工
奖励股	属于员工股票购买计划的一种,要限制使用

员工持股计划适用于处在成熟行业、具有稳定增长机会的公司。这类型的公司采用员工持股计划能够解决公司高管人员和基层员工之间的利益不均衡问题,增强企业的凝聚力,调动员工的积极性。所以在过去20年里,随着全球各大经济体的高速发展,员工持股计划十分盛行。

公司在实施员工持股计划时,需要做好以下几点:

(1)完善公司法人治理结构、建立利益共享机制、健全激励约束机制、支持人力资源建设;

(2)重点激励管理层,同时提升对中层、核心技术人员的激励;

(3)设计合理的员工持股比例,更大程度地激发员工的积极性,吸引更多的优秀人才。

【案例】华为员工持股计划

华为是中国实行员工持股计划的优秀代表企业,任正非相信:"财聚人散,财散人聚。"华为正是秉持这样的理念,通过员工持股制把公司的利益分享给员工,让员工觉得自己是华为大家庭中的一员,而不仅仅是一个普通员工,驱动员工坚持奋斗,使华为凝聚力得以不断增强,从而提升公司的竞争力。

1990年,华为首次提出员工持股的概念,任正非曾在《一江春水向东流》一文中表示："我创建公司时设计了员工持股制度，通过利益分享，团结员工。那时我还不懂期权制度，更不知道西方国家在这方面很发达……仅凭自己的人生挫折，感悟到要与员工分担责任，分享利益。公司创立之初我拿这种做法与父亲商议，结果得到他的大力支持。这朵无意中插的花，竟然在今天开得如此鲜艳，成就了华为的伟大事业。"

华为自推出员工持股计划以来，持股人数连年上涨，华为 2023 年年报数据显示，截至 2023 年 12 月 31 日，任正非仅持有公司约 0.73% 的股份，其余 99.27% 的股份由公司员工共同持有（如图 13-14 所示），华为已经成功将公司半数以上的员工发展成了公司的共同事业合伙人。华为 2023 年实现净利润 870 亿元，分红金额为 770.85 亿元，可见，员工持股计划给华为员工带来了实实在在的收入，带来了实实在在的激励，也带来了实实在在的回报。

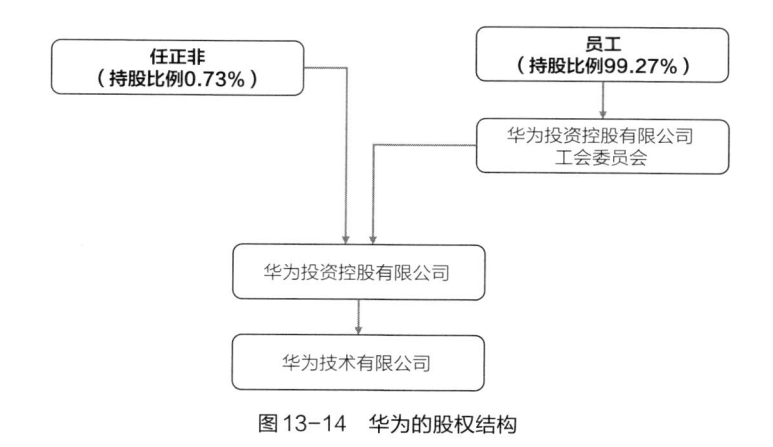

图 13-14 华为的股权结构

一个成功的员工持股计划不仅能为员工带来福利，对企业也有着重要的作用。

（1）吸引人才，留住人才。员工持股计划是企业吸引并留住人才的重要手段。相对于工资、奖金等短期激励，员工持股可以延长激励的时效，员工持有的公司股权价值会随着公司的成长变得越来越高，让员工不再只关注短期利益。

（2）形成利益共同体。员工直接或间接持有公司股权，可以将企业和员工的利益相结合，使公司的发展与员工的自身利益紧密相关，实现公司和个人目标的统一，让员工从"薪酬的被动接受者"转变成"薪酬的主导者"，提高企业的凝聚力和战斗力。

（3）提高业绩增长。员工持股计划通常会设置一定的持有条件，员工须达到相应的标准，如任职时间超过多少年、绩效考核为优秀等才能获取资格，以此来激发员工的积极性、主动性和创造性，为公司带来丰厚的业绩。

员工持股计划将员工利益和公司利益进行有机连接，让每一个员工都积极主动地为企业贡献自己的力量，为企业创造价值，同时也让每一个员工从企业的成功中受益，最终实现企业和员工两者目标一致，互相成就。

13.4.2 华为员工持股计划的演变

> 我们外部环境是社会主义，公司内部是员工资本主义，我们内部吸收了资本主义的合理动力，在外部获得了社会主义平衡的大环境。我们遵守国家的制度和法律，改变自己，使自己在这样的规则下获得胜利。
>
> ——任正非

华为能在经过仅30多年的发展，就成长为全球领先的通信解决方案供应商，其中很关键的一点就是推行了独具华为特色的员工持股计划。通过推行员工持股计划，华为公司和员工成了利益共同体，员工的工作动力持续被激发，助推公司的长远发展。

员工持股计划在不同历史阶段对公司所起到的作用不同，自初创之日起，华为的员工持股计划总共经历过4次规模较大的调整。具体演变过程如图13-15所示。

图 13-15　华为员工持股计划演变过程

1. 创业期股票激励

1990年，初创期的华为第一次提出了员工持股计划，在公司推行全员持股的方案，以缓解公司融资困难的问题，同时增强员工的归属感。当时参股的价格为每股1元，以税后利润的15%作为股权分红。这就是员工持股计划实践的开端。

华为当时有个内部政策：谁能够给公司借来一千万，谁就可以一年不用上班，工资照发。有段时间开不出工资，任正非就给员工打欠条，后来干脆直接写欠多少股份。这种股权分红方式，一方面减少了公司现金流风险，另一方面增强了员工的归属感，把所有人的利益投射在华为的发展上，稳住了创业团队。

2. 网络泡沫时期的股权激励

1997年，华为的注册资本增加到了7005万，增量全部来自员工股份。由于国务院发文要求停止内部职工股的审批与发行，华为开始了股权改制。改制后，由华为及其子公司工会持有公司股份，同时所有员工所持股份分别由华为及其子公司集中托管，并代行股东表决权。

2000年网络经济泡沫时期，IT业受到毁灭性打击，华为迎来公司发展中的第一个"冬天"。为了保证充足的现金流，激励员工的工作热情，2001年华为开始实行虚拟受限股模式。华为的虚拟受限股指的是公司授予激励对象一种虚拟的股票，激励对象可以据此享受一定数量的分红权和股价增值权，但是没有所有权和表决权，不能转让和出售。员工离开公司时，如果是正常退休的，可以全额保留虚拟受限股；如果是主动离职的，其虚拟受限股将失效。

虚拟受限股操作办法是：

① 根据公司财务审计结果，确定年度新增发的虚拟受限股数量；

② 根据部门绩效、个人绩效和个人饱和程度分配虚拟受限股；

③ 每个职级都确定配股的饱和度，额度每年调整（如2015年的17级总额144万元、18级225万元——按照购买股票的现金数量，而不是股票数量确定饱和度——同级别的老员工股票数量多于新进员工的股票数量）；

④ 个人缴纳现金购买股票（18级及以上公司不予借款）。

从固定股票分红向"虚拟受限股"的改革，是华为激励机制从"普惠"原则向"重点激励"的转变，体现了华为倡导的以奋斗者为本的价值观。其后，华为的员工持股计划继续围绕奋斗者展开，并向奋斗者倾斜。

3. 经济危机时期的新一轮股权激励

2008年美国次贷危机爆发引发的全球经济危机，给世界经济发展造成重大损失。为了应对挑战，华为推出了新一轮期权激励措施。2018年12月，华为推出"配股"公告。公告指出，此次配股的股票价格为每股4.04元，涉及范围几乎包括所有在华为工作满一年的员工。

这次的配股方式是"饱和配股"，即每个职级都确定配股的饱和度，额度每年调整，这里的饱和度是指购买股票的现金数量，而不是股票数量。持股已达到其级别持股量上限的员工，不再配股，除非员工能够晋升到下一个职位级别。华为通过将配股与职级挂钩，驱动员工更加努力工作。

4. 进一步完善现有的股权激励制度

华为在历次的股权激励计划中，对于出资压力大的员工，公司为员工担保进行银行贷款。但是2010年银监会出台了相关政策，规定银行贷款不得用于固定资产、股权的投资，从而使得原有的机制受到一定的冲击。

为了进一步完善现有的股权激励制度，解决现有虚拟受限股的弊端，华为于2012年底对股权激励制度进行了再次调整，推出了新的激励工具——TUP计划，并于2014年实现全球覆盖。TUP计划是指公司每年根据不同员工的岗位、级别、绩效，配送一定比例的期权。这种期权不需要花钱购买，周期一般为5年。

13.4.3 持续优化员工持股计划，保障作战队伍

股权激励不是万能的，也是有弊端的。任正非曾说："配股的高额回报可能会助长员工怠惰的心理。"随着公司的不断发展，华为内部一些老员工因长期坐享公司股票的丰厚分红，在工作上开始变得怠惰，缺乏动力与活力。

为了打击员工可能产生的怠惰心理，华为的员工持股制度自推出以来一直保持着动态调整，以确保股权激励始终对员工有激励作用，捍卫企业"以奋斗者为本"的价值理念。华为通过TUP计划，不仅延长了员工物质激励的时间维度，还扩大了覆盖员工的范围，甚至包括海外本地员工，很好地起到了激活沉淀员工的效果，同时为企业留住了大量优秀的骨干人才，保障了作战队伍的活力。

华为推出的TUP计划是基于员工绩效的利润分享和奖金计划，其本质是一种根据员工历史贡献和发展前景来确定的长期但非永久的奖金分配权力。除了在分配额度上参照分红和股本增值确定，TUP计划的其他方面与涉及所有权性质的股票没有任何关系，更接近于分期付款，即先给你一个获取收益的权力，但收益需要在未来数年逐步兑现，而且到期后要收回，进行重新分配。

TUP计划设计的原则是分期设定、授予锁定、逐年解锁，3年解锁、5年到期、离职失效。员工在被授予TUP 5年有效期内的每一年可获得年度收益，并在5年有效期满后获得期末收益。华为TUP计划的具体操作方法如下。

假如2020年华为给员工甲配了6000个单位的TUP，当期股票价值为4.42元，规定当年（第一年）没有分红权。

2021年（第二年），员工甲可以获取6000×1/3分红权。

2022年（第三年），员工甲可以获取6000×2/3分红权。

2023年（第四年），员工甲可以获取全部单位的分红权。

2024年（第五年），员工甲获取全部单位的分红权，并进行TUP结算。如果当年虚拟股升值到7.34元，则第五年员工甲能获取的回报是：2024年分红+6000×（7.34−4.42），这6000个单位的TUP结算后清零。倘若员工甲想要让自己能够持续持有TUP，那他便要在每一年都努力做出让公司认可的绩效成果，为自己不断争取被授予TUP的权利。

TUP计划相对于员工持股计划来说更加普惠、面向范围更广，还可以与员工持股计划叠加。华为的员工持股计划一般都有职级限制，而TUP计划降低了获取的标准，推进激励向基层员工和外籍员工扩展。

华为根据公司的动态发展需求和外部环境变化，及时对员工持股计划做了调整和完善。但在调整过程中，始终强调以奋斗者为本，向高绩效员工倾斜。

无论是企业发展环境还是员工自身需求，都是一个动态变化的过程。因此，企业领导者和人力资源从业者在奖励员工、激励员工的过程中，应该根据市场、员工、效益等客观变化做出相应调整，这样才能持续保障股权激励制度的效果。TUP计划不会是华为股权变革的终点，华为会不断迭代激励机制，保障队伍活力，促进公司的发展。

✦ **小贴士：任正非强调基层干部要敢作敢为，拒绝给怠惰的员工配股**

不给怠惰者评奋斗者，这是主管权力。个别案例事先与人力资源部沟通，谋定而后动。如果认为这个人不该配，即使他符合公司的规定，还是不应配，配了就是犯错。给错了人，就是伤害了公司的竞争力，就是支持怠惰。所以，我们希望基层干部要敢作敢为。

13.5 明确福利保障，控制福利成本

Glassdoor（美国最大的求职网站之一）就业信心调查的数据显示，60%的人认为福利和津贴是选择工作的主要因素，79%的人更喜欢福利和津贴而不是工资的增长。可见，福利对保障员工基本权益、增强公司的凝聚力、吸引和留住优秀人才起着关键作用。

企业在构建福利保障体系时，一方面要明确福利的保障意图，让所有员工均能获得基础保障，另一方面要控制福利成本，警惕高福利对企业的威胁，同时还要避免导向平均主义，要以福利提升激励效益。

13.5.1 构建多元化的福利保障体系

福利是企业为保障和提高员工及其家属的生活水平而采取的各项措施的统称，是企业工资报酬的补充，通常包括法定福利和企业个性化福利。所谓法定福利，是根据国家和地方有关法律法规，企业必须向劳动者发放的津贴和补贴，如五险一金、防暑降温费等；企业个性化福利，则是根据公司效益和公司相关指导意见来制定的。

企业在发展过程中，必须构建完善的员工福利保障制度，以发挥员工福利"稳定器"和"加速器"的作用。在具体操作中，企业可以参考华为福利保障体系的管理理念（如表13-8所示），搭建"多层次、全方位、多元化"的员工福利管理体系。

表13-8 华为福利保障体系的管理理念

类型	管理理念	具体内容
保障性福利管理	属地化管理	遵循属地化管理原则
	确保合法合规	遵从所在地区的社会保障和其他相关法律法规
	提供基本保障	在养老、医疗、生命保障等方面为员工提供基本保障和合理补偿
	福利水平管理	综合考虑保障性福利的定位水平，原则上应定位于所在地区同行业的中间水平

续表

类型	管理理念	具体内容
非保障性福利管理	尊重当地实践	充分尊重与参考当地的行业实践与业界做法
	个性化设计	计划设计要充分体现非保障福利的个性化和差异化
	福利成本管理	作为整体薪酬的重要组成部分，在符合当地整体薪酬竞争性定位的基础上，综合考虑非保障性福利的定位水平。非保障性福利的成本纳入工资性薪酬包，作为刚性工资成本的一部分

华为的福利保障体系对公司尖端科技人才的获取、保留起到重要作用。华为曾多次强调，华为要实现长久发展，必须依靠全体员工，他们是公司保持竞争力和行业领先的最重要因素。只有为员工着想，真正在实际行动中做到关爱员工，尤其是一线员工，让员工有归属感，华为才能永葆活力，实现可持续发展。因此，华为的福利政策涉及员工工作、生活的方方面面，可谓无微不至。

如图13-16所示，华为在员工福利保障体系方面进行了系统的设计，制定了独具华为特色的多元化福利保障体系，包含了法定福利、补充福利、特色福利三大块，覆盖了公司员工的各种需求。

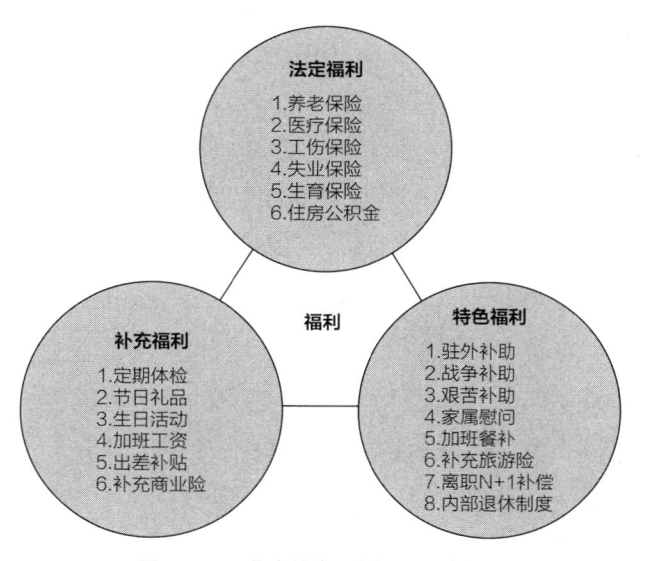

法定福利
1. 养老保险
2. 医疗保险
3. 工伤保险
4. 失业保险
5. 生育保险
6. 住房公积金

补充福利
1. 定期体检
2. 节日礼品
3. 生日活动
4. 加班工资
5. 出差补贴
6. 补充商业险

特色福利
1. 驻外补助
2. 战争补助
3. 艰苦补助
4. 家属慰问
5. 加班餐补
6. 补充旅游险
7. 离职N+1补偿
8. 内部退休制度

图13-16　华为的多元化福利保障体系

华为的全面员工保障体系由社会保障、商业保险及医疗救助三个部分组成，除了当地法律规定的各类保险，华为还为员工购买了人身意外伤害险、商业重大疾病险、人寿保险及商务旅行险等商业保险，并制定了特殊情况下的公司医疗救助计划。

【案例】阿里巴巴多元化福利保障体系

作为中国目前最大的电商集团，阿里巴巴集团为了激发员工持续的生产能力和个人成长潜力，与员工建立良好的关系，在福利待遇方面也是一直不遗余力。

阿里巴巴集团为员工提供了丰富多样的福利，形成了自己科学又颇具特色的福利保障体系，总结起来包括财富、生活、健康三大方面。

（1）iHome置业计划：凡在阿里巴巴集团服务期限满2年，工作地在大陆的正式员工，符合相关条件，且未购置员工工作地首套住房者（以家庭为单位），可向公司申请"iHome"住房置业贷款。服务期限在2年以上（含）3年以下的员工，贷款额度上限为20万元人民币；服务期限为3年以上（含）的员工，贷款额度上限为30万元人民币；

（2）蒲公英计划：秉着"我为人人、人人为我"的互助精神，阿里巴巴设立了自己的公益基金，将在员工及家庭成员（配偶、子女）面临重疾、残疾或身故的情况下给予最高20万的经济援助；

（3）彩虹计划：为了帮助那些因遭遇重大自然灾害、突发事件或重大疾病等不幸而导致有较大生活困难的阿里人，公司将给予一次最高5万元的无偿援助金，与员工及家人共渡难关。

企业拥有多元化的福利保障体系，就能让奋斗者获得及时的、合理的、全面的回报，让他们发自内心地被企业吸引、坚守在企业、为企业付出。随着企业的不断发展，企业应该不断完善福利保障体系，以确保所有员工都能踏踏实实工作。

13.5.2 避免高福利给企业带来的威胁

很多企业想通过设置良好的福利制度来留住员工,让他们安心工作,但这样的高福利制度也可能会给企业的发展埋下隐患。高福利给企业带来的威胁主要表现在以下几个方面。

(1)财务压力:高福利往往需要企业投入大量的资金,提高公司的管理与运营成本,如果企业一旦无法承受,就可能陷入财务困境。

(2)员工激励问题:过高的福利可能会导致员工产生惰怠心理,对工作失去热情和动力。同时,一旦员工对高福利产生依赖,而企业又无法满足员工的期望的时候,还可能会引发员工的不满和抱怨,甚至导致员工流失。

(3)竞争力下降:过高的福利可能会使企业在市场中失去竞争力。例如,企业为了维持高福利政策,可能会提高产品或服务的价格,导致客户流失和市场占有率下降。

【案例】诺基亚高福利政策为企业埋下隐患

诺基亚成立于1865年,曾经的诺基亚是实行高福利的典型例子。在诺基亚,公司配备了70多条班车路线,按摩师、心理咨询师一应俱全。员工上班可以晚来,下班可以早走,甚至还有闲暇时间开网店。在诺基亚辉煌时期,这种高福利制度没有什么问题,然而诺基亚在走向没落阶段时依然没有改变这种高福利制度,以致员工在公司即将倾倒之时,丝毫没有危机感。

有一名小米公司员工曾经在微博称好几个诺基亚的朋友想来小米求职,当问他们为什么拖到被裁之后才想起来找新工作?他们的回答基本上都是一样的:"诺基亚薪水高、假期多、工作少,基本不用干活,所以之前舍不得走。"

任正非在华为人力资源建设方面反复强调,要控制福利成本,防止高福利给企业带来威胁。任正非曾说:"在发展中要注意一旦富裕起来后可能产生的福利社会的动力不足问题,提早预防就不会出现日本出现的问题。目前,加拿大、北欧这些福利国家都遇到税收过高、福利过好、优秀人才大量流失的困境。我们认真研究,吸取经验教训,就会持续有效地发展。"

华为曾对美国和英国的福利制度进行过比较深入的研究。

英国是一个有高福利传统的国家。1601年英国引入世界首部《济贫法》,1948年7月根据《贝弗里奇计划》,宣布建设成为世界上第一个福利国家,给公民提供"从摇篮到坟墓"的全方位福利保障。

在第二次世界大战以后,不管是工党还是保守党执政,英国政府都在大幅度增加社会福利,以获取公民支持,结果导致几乎没有公民愿意去努力工作,为社会创造价值。而英国也在世界经济的发展浪潮中,不断地失去创新机会。

相对比而言,美国没有照搬英国的福利制度,而是基于收入审查制度来确定公民的福利补助。它规定:公民的收入与财产在制定的标准之下才能享受国家的福利补助,其覆盖范围及保障程度加起来不到总人口的1/3,低于其他发达国家。

20世纪80年代,为了摆脱长期的经济滞胀,美国政府对公民的福利进行大幅缩减,以期用市场机制来推动经济恢复、繁荣与社会发展。政府管理目标也从提供福利转变为提供服务给公民,同时政府还通过各种创新制度来不断提高自身的运行效率,因此,美国的福利政策执行效果是优于英国等发达国家的。

因此，华为一直践行员工的幸福是需要自己去奋斗，通过为公司创造价值获得的。正如任正非在一次讲话中所说："华为公司若想长存，有许多准则是适用于我们的。公司愿意给予员工高额的福利，为的是激励员工为客户提供更有价值的服务。同时，自己期望的福利待遇，除了通过努力工作获得，别指望天上掉馅饼。要知道，实行短期的不理智的福利政策，实际上是饮鸩止渴。"

13.5.3 福利制度不能导向平均主义

什么叫福利？让员工感到幸福，并且从中获利，才是真正的福利。美国心理学家赫茨伯格提出的双因素理论指出，引发人们工作动机的因素主要有两个，一是激励因素，二是保障因素。只有激励因素才能给人带来满意感，而保障因素只能消除人们的不满。这意味着，即便无限满足员工的某些保障性需求，员工满意度也只会无限接近一个较低的水平，并不一定能激发员工的积极性。

【案例】华为的福利保障始终向奋斗者倾斜

曾经有华为员工问："公司花很多钱支持希望工程、提供寒门学子助学基金，为什么不建华为大厦让员工免费居住？为什么不对员工实行食堂吃饭不要钱的制度？"华为创始人任正非回复道："不管经济上能否实现，这都反映了员工的太平意识，这种太平意识必须打击，不能把员工养成贪得无厌的群众，否则企业就会走向没落。"

华为不以高福利吸引员工，福利只是一种基础保障手段。华为的福利制度始终是向奋斗者倾斜的。很多人都认为华为待遇好，员工有高薪酬、高福利，但实际上只有那些真正努力奋斗的员工才能享受高薪酬、高福利待遇。例如，华为不提供免费的工作餐，只对加班的员工提供免费的夜宵；那些在工作环境好的地方工作的员工几乎没有额外的福利，但对于工作条件艰苦的员工华为会给予许多额外的补助；对于有太平意识的员工，华为还会通过自动降薪、调岗等措施来打击，激发他们在压力下的生存意志。

总而言之，在福利制度上，企业不能导向平均主义，让员工产生太平意识，而是要坚持向奋斗者尤其是向一线员工倾斜。这样一来，福利待遇与个人工作结果相关，福利也代表了企业对于员工工作的认可，进而能够在企业内形成正向积极的奋斗者文化，促进企业变得越来越强大。

13.5.4 福利保障要向艰苦地区倾斜

随着企业的业务发展，肯定会有员工被派去企业还没有进驻、尚待开发的地区。这些地区基础设施薄弱，条件艰苦。为了鼓励员工主动去这些艰苦地区工作，企业在制定福利保障制度时应该向艰苦地区有所倾斜。

华为的业务是从农村包围城市，从亚非拉那些穷苦的国家发展起来的。最初，非洲那些条件极差的艰苦地区的通信设备市场几乎一片空白，西方国家的企业都不愿意去这些地方，华为为了进军国际市场，提出要在艰苦地区构筑第二道竞争防线，集中炮火从这样的地方打开缺口，于是输送了大量的人才奔赴世界各地，驻扎在艰苦环境中坚持奋斗。

华为向来提倡与奋斗者共享成果，因此华为的人力资源政策很明确，就是要向这些到艰苦地区，到一线为公司开拓市场、创造价值的员工和干部倾斜，为他们提供更多福利，保障他们在艰苦地区的生活水平。

在华为，只要员工被派往海外，华为就会酌情提升员工的个人职级，同时给予这些员工一定的驻外补助。华为外派员工的补助主要包括3项：外派离家补助、艰苦地区补助和外派伙食补助。

（1）外派离家补助按职级划分为：职级13、14级，离家补助为11250

元（人民币，下同）；职级15、16级，离家补助为12500元；职级17级，离家补助为16000元；职级18级，离家补助为20000元；职级19级，离家补助为25000元；职级20级，离家补助为30000元……

（2）艰苦地区补助分为6种情况：一类地区0美元；二类地区10美元；三类地区20美元；四类地区30美元；五类地区70美元；六类地区100美元。

（3）外派伙食补助：基本按照员工外派地区的实际伙食费的50%给予员工补助。以艰苦地区每月大概200美元的实际伙食费计算，员工可以获得100美元/月的补助。外派伙食补助的上限是，除去个别高消费地区为25美元/餐，其余均为15美元/餐。根据公司公布的上限，各地按当地实际的平均消费水平执行。

此外，去海外部分战乱国家工作的员工，华为还会为他们提供战争补贴等福利补贴。

任正非还曾提出，饭勺也是生产力。首先要让海外员工吃好饭，大家才能安居乐业。虽然很多海外国家的外部环境非常艰苦，但华为在办公环境、住宿环境、就餐环境等方面的投入上不遗余力。海外办公环境均设在当地最好的商业区，员工住宿也都选择非常安全有保障的高级社区。对于艰苦国家，华为还安排了外派中方厨师为员工做饭。

华为能发展到今天如此大的规模，业务遍及全球170多个国家和地区，服务全球30多亿人口，与华为在艰苦地区不惜成本地投入息息相关。在各种福利保障的综合刺激下，一批批华为人前仆后继地前往世界各地为华为的事业拼搏和奋斗，从而支撑华为不断向前发展。

CHAPTER 14
第14章
多元化的精神激励

任正非说:"光有物质激励,就是雇佣军,雇佣军作战,有时比正规军厉害得多。但是,如果没有使命感、责任感,没有这种精神驱使,这样的作战能力就是短暂的。只有正规军有使命感和责任感,驱使他们能长期作战。"

企业可以从认可、学习与发展、工作环境等方面,运用多元的精神激励方式,让更多为公司创造出价值的奋斗者获得成就感,提升员工凝聚力,从而使企业在这些奋斗者的付出中稳步前行。

14.1 强化荣誉激励，用荣誉感激发更大责任感

美国第一任总统乔治·华盛顿说："战争必须有条不紊地进行，而想要做到这一点，必须要激发战士的荣誉感。"企业对优秀员工进行表彰，不仅仅是对其出色的工作表现给予肯定，更是用荣誉感激发他们更大的责任感，为员工后续的工作注入更多的信心，牵引员工持续奋斗。

14.1.1 构建员工荣誉体系，持续激发员工奋斗动力

荣誉体系的搭建和开展，是持续激发员工奋斗动力的一种有效手段。荣誉可以成为不断鞭策荣誉获得者保持和发扬成绩的力量，还可以对其他人产生感召力，从而产生较好的激励效果。荣誉体系主要是指根据企业的愿景使命、核心价值观、战略目标、阶段性工作重点设置荣誉激励，强调精神层面的奖励，并营造庄重的仪式感。

华为的荣誉激励体系具有设计主题多样、覆盖范围广泛的特点。华为荣誉激励由公司整体的激励和部门激励两大部分构成。公司整体的激励包括金牌奖、专项激励、个人荣誉奖；部门激励包括总裁奖、行业奖、及时激励、其他奖项。金牌奖是华为的最高荣誉，包括金牌个人与金牌团队，是从当年最优秀、最具贡献的个人和团队中选拔产生。

个人荣誉奖比较普遍，如"明日之星""天道酬勤奖"等。其中，设计"明日之星"的目的是面向未来营造一种人人争当英雄的文化氛围，设计"天道酬勤奖"是为了激励长期在海外艰苦奋斗的员工。

华为"天道酬勤奖"于2008年推出，授予对象是在海外累计工作10年以上或在艰苦地区连续工作6年以上的中方外派员工，以及全球流动累计10年或在艰苦地区连续6年承担全球岗位的外籍员工。"天道酬勤奖"的奖牌是水晶做的，上面印有华为一则著名广告上的一双芭蕾舞者的脚，刻有罗曼·罗兰的名言"伟大的背后是苦难"。

第 14 章 多元化的精神激励
CHAPTER 14

获得"天道酬勤奖"的华为员工可以带自己的家人上台领奖,一方面是对员工工作成绩的肯定,增强员工对公司的归属感,另一方面是让员工家属感受到员工努力工作的意义,更加坚定地支持员工的工作。

发奖是华为管理的重要手段,在华为,员工在不同时间段可以获得由不同级别部门评选的不同种类的多元化荣誉奖项,具体如图14-1所示。

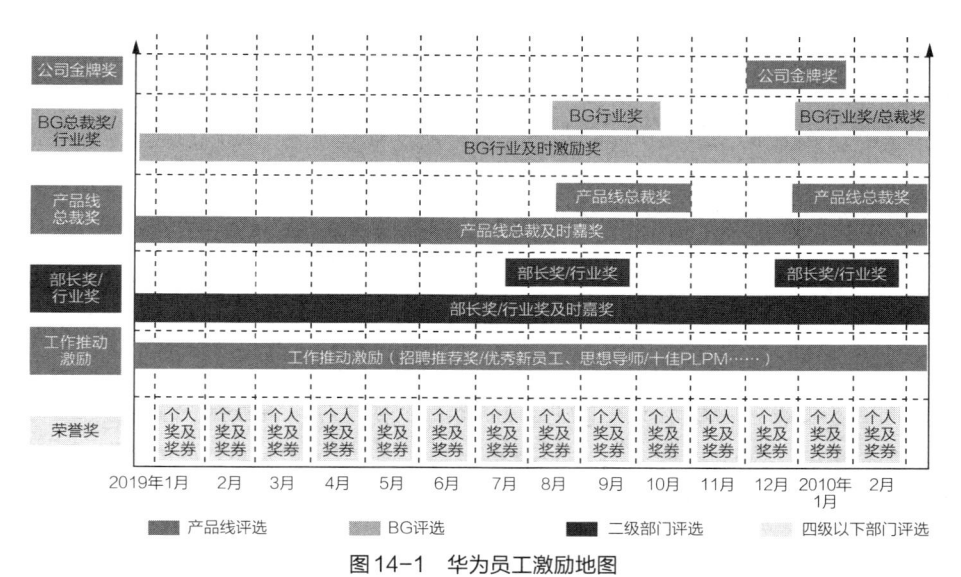

图14-1 华为员工激励地图

企业荣誉体系的构建,要坚持以战略和业务、企业文化为核心导向,在战略的牵引下导向业务、导向打胜仗和导向一线,授予持续做出业绩贡献的团队或者个人荣誉。同时还要扩展荣誉覆盖领域,牵引组织能力的均衡提升,并以多样化的奖励方式,加深员工对荣誉的印象,激发员工的自豪感和责任感。

14.1.2 注重发奖仪式感,激发内在的成功渴望

盛大的精神认可能够极大地满足员工的荣誉感,激发其内在的成功渴

望。很多员工不只是为了钱才努力工作，公司给予员工的荣誉感和仪式感也很重要。军队的授勋就是很有仪式感的，例如海军官兵上阵，军官还要佩剑，相当隆重和正式。再例如，花旗银行在其每年年报的首页上，会专门设置一个专栏——"花旗所看重的员工"，这个专栏就是专门给年度业绩优秀、表现突出的员工授予表彰的。这种仪式感，可以激发出员工更大的责任感与使命感。

> "激励不仅仅是物质层面的，员工也不只是为了钱才努力工作，要给员工荣誉感。……仪式与勋章创造荣耀感，荣耀感可以激发出更大的责任感与使命感。所以在发奖的时候要有点仪式，正式一点、光鲜一点、欢跃一点，能给人一生记忆。"
>
> ——任正非

华为对表彰的规模和氛围非常重视，华为会为获得各项荣誉的员工举办正向积极、隆重且催人奋进的荣誉表彰仪式，让优秀的集体和个人产生发自内心的责任感。在华为诸多的颁奖典礼中，2019年7月26日在华为深圳总部专门为5G极化码（Polar码）的发现者埃尔达尔·阿里坎（Erdal Arikan）教授举办的颁奖礼当属典型。

2019年7月26日，华为在深圳总部举行颁奖典礼，向5G极化码（Polar码）的发现者土耳其毕尔肯大学埃尔达尔·阿里坎教授颁发特别奖项，百余名标准与基础研究领域的华为科学家和工程师也获得了表彰。华为邀请了国内外众多媒体一起参加颁奖典礼并见证这一荣誉时刻。包括华为公司创始人任正非在内的华为最高管理层集体亮相，一起站立迎接埃尔达尔·阿里坎教授及为5G做出突出贡献的华为科学家和工程师。

华为轮值董事长徐直军在典礼上说："在此，我要感谢李英涛在这次旅程中的出色领导。没有他，我们就不会成为今天的我们。我还要感谢我

第 14 章 多元化的精神激励
CHAPTER 14

们的5G项目经理童文博士。在过去10年里，他在世界各地行走了数百万公里来完成工作。由于他的工作，我们实现了5G的目标，实现技术突破并帮助制定统一的全球标准。请允许我再次向阿里坎教授、李英涛先生和童文博士表示衷心的感谢。"

华为将荣誉视为企业重要的无形资产，并在内部网站上设置了"荣誉殿堂"，将历年受到荣誉表彰的优秀人物和事迹记录下来，供企业员工作为榜样随时学习，并在企业内部网站、报刊、公司办公墙上，持续宣传优秀人物的事迹。受奖员工会因此充满成就感和自信，深感自己为公司创造的价值得到了关注与认可，从而激励全体员工奋力进取。

> ◆ 小贴士：任正非认为要注重发奖仪式感，让员工永远牢记
>
> "表彰要舍得花钱，别抠门。要使奖励形式多样化，奖牌要高级，让人一辈子受到鼓舞……发'明日之星'奖牌，可以搞一个仪式，要强调仪式感。不要评下来，把奖牌悄悄一塞就走了。可以花点钱让他们牢记，他的光荣就是责任。"

14.1.3 给艰苦地区的奋斗者发个纪念章

华为一直奉行坚持艰苦奋斗的精神，华为认为那些在艰苦地区奋斗的员工是公司发展的重要支撑，他们为了公司的利益和客户的需要，不畏艰辛，奋斗在一线。正是因为有了这一批批奋斗者，华为才能在艰辛的环境中不断开拓海外市场，逐步站稳脚跟。

因此，华为非常重视奔赴艰苦地区的华为人的付出，任正非曾多次表示："华为就是从艰苦中走过来的，我们前面的人给我们爬冰卧雪做了贡献，我们不能说他们文化程度低就要把他们抛弃了，只要他们坚持努力，

我们今天好了，至少要给他们发个纪念章。"

华为会给出征海外的华为员工颁发"坚守英雄"纪念章，"坚守英雄"纪念章的背面可以刻自己想刻的文字，于是就出现了"湛小红和魏康的军功章""三个孩子的爸爸关志文""周舒杰坚守南部非洲""焦渊博吃一年盒饭纪念""曾茜第一个奖^_^""王安东冰岛2020""吕兆伟 华为杰出专家"等奖牌。

【案例】华为重铸"2008汶川地震救灾抢通英雄纪念章"

2008年5月12日，四川省汶川县发生8.0级地震。华为快速组织工作人员奔赴灾区抢修通信设备。当时灾区余震不断，所有去往灾区的华为人都时刻面临着受伤的风险。但作为一家制造通信设备的公司，华为必须在此时赶往灾区，以保证国家营救工作的顺利开展。

到达灾区后，由于物资匮乏，有员工就靠着一包压缩饼干支撑了24小时；有员工因为任务紧急、专业人力紧缺，连续工作了40多个小时，被医生强制休息；有员工每天接500个电话，奔波联络，保证抢修工作顺利进行；有员工冒着坍塌危险，6次往返漏水隧道；有员工劳累虚脱，也要和客户讨论解决方案……

救灾通信通道抢通后，华为对所有在灾区前线奋战的员工进行了奖励。任正非亲手在水晶砖上写下"让青春的生命放射光芒"的寄语并署上他的签名，作为这次灾区抢修工作纪念奖章的题词，赠予127名一线员工。但由于当时条件有限，大部分员工收到的是一块木质的奖章。

7年之后，华为重铸"2008汶川地震救灾抢通英雄纪念章"，这枚纪念章由奥地利铸币厂纯手工打造，纪念章的正面记录了汶川地震时山崩地裂、房屋塌陷的灾难现场，背面则刻录了华为人保障全球通信网络运行的责任。华为决心用奖章换回木牌，以鼓励华为的千军万马不畏艰难上战场。

需要补发英雄纪念章的员工共有600余人，其中有200多人已经离开华为。但华为认为英雄没有在职离职之分，于是在"心声社区"论坛、华为微博、微信公众平台推出了寻找英雄的倡议，并呼吁员工帮忙寻找已离职的英雄们。

时隔7年收到这枚代表着血汗和荣耀的奖章，许多员工都感慨道："7年过去了，感谢公司还没有忘记我们！"

华为始终将员工的贡献和付出收于眼底、铭记在心，华为认同每一位员工为公司做出的贡献，同时也重视每一位员工对公司的辛勤付出。给艰苦地区的奋斗者颁发纪念章，一方面是为了激励他们在困难条件下继续努力奋斗，表彰他们的辛勤付出和贡献；另一方面也是作为一种宣传手段，让更多的人了解艰苦地区的发展状况和奋斗者的付出，进一步增强社会对他们的关注和支持。也正是因为有这样真诚对待员工工作成果的态度，华为才会涌现出一批又一批的奋斗者。

14.1.4　把最高荣誉给有大贡献的人

荣誉是每个人都喜欢的，人人都想得到它，荣誉要遵循"在合适的时间，利用合适的方式，奖励该奖励的事，奖励该奖励的人"的原则。比如海尔集团在荣誉激励方面就做得比较成功，海尔会把一个普通工人发明的一项技术革新成果，以这位工人的名字命名，如工人李启明发明的焊枪被命名为"启明焊枪"，杨晓玲发明的扳手被命名为"晓玲扳手"。这样高的荣誉使得员工获得了极大的满足，大大激发了普通员工创新的热情，在工人中掀起了技术革新之风，因此不断有新的命名工具出现。

那些略带鼓励性质的奖项，可能有比较多的员工能够获奖，但是最高荣誉必然是不同的，最高荣誉通常都是颁给在某一时间区间内做出了巨大贡献的员工。华为主张要把最高荣誉奖项颁给为公司做出巨大贡献的员工，因此华为限制了获得最高荣誉奖的员工数量，不能"你有我也有"。

每年度颁发的金牌奖，就是华为授予员工的最高荣誉，旨在奖励那些为公司的持续商业成功做出了突出贡献的个人和团队。想要获得金牌奖非常不容易，金牌个人奖获得者是从年度考核为A的员工里选出来的，年度绩效为A的员工比例仅占部门员工总数的10%～15%，金牌个人奖比例为0.5%。

2023年4月18日，40位2022年度金牌个人奖及金牌团队奖的获奖代表集齐深圳坂田基地A3图书馆。为了表彰他们为华为做出的突出贡献，任正非在此与他们集体合影，并与每位员工单独合影。伴随着"进攻是最好的防守""华为必胜"的响亮口号，一张张灿烂的笑脸被定格在画面中，也烙印在每个人的心中，激励着大家继续奋勇向前，夺取一个又一个胜利。

2022年华为共评选出2547名金牌个人、618个金牌团队，合计8727人次获得表彰。这些优秀员工来自华为业务版图上的各个区域，他们不仅仅能在其他员工的注目下接受这份荣光，还能有机会和公司创始人任正非见面交谈、合影，他们的获奖事迹还会载入公司电子荣誉殿堂。这样的礼遇，是属于这些优秀员工的"独家记忆"，也必定是他们选择在华为坚守的重要理由之一。用华为员工的话说，就像走上了人生巅峰，值得骄傲一辈子。

华为为了凸显最高荣誉的与众不同，还为最高荣誉奖设置了让其他员工羡慕的奖励，不仅让获奖员工充满成就感和自信，同时也激励着全体员工奋力进取。

14.2　用好负向激励，激发员工斗志

众多心理学研究都发现，"失去"的负向激励效果比"得到"的正向激励效果要强得多。负向激励也称为反向激励，是一种以对员工采取惩罚手段、提示员工避免再次犯错的激励方式。

用好负向激励，能够唤起员工的进取心，激发员工的奋斗意识，促使

员工坚持艰苦奋斗。当然，过度的负向激励也可能造成员工"破罐子破摔"，反而失去激励的意义。

14.2.1 用自我批判激发员工改进

> "自我批判，不是自卑，而是自信。只有强者才会自我批判，也只有自我批判才会成为强者。"
>
> ——任正非

在华为的发展历程中，"以客户为中心、以奋斗者为本、长期坚持艰苦奋斗、持续地自我批判"的核心价值观，洗礼了一批又一批华为人。持续地自我批判强调的是企业与员工不断创新、不断自我更新的过程。为了能让员工、干部坚持不断进行自我批判，华为以《华为人》报、《管理优化报》及"心声社区"为沟通平台，员工可匿名或不匿名地批判和反思自己的错误，同时还通过召开各种特别的"表彰"大会来公开自身的不足和错误，为华为员工自我批判提供了土壤，从而激发员工的上进心。

【案例】华为自我批判大会

2000年，华为召开了一次规模庞大的自我批判大会，会议的主题是"从泥坑里爬出来的人才是圣人"。大会地点在深圳体育场，这里可以容纳6000多人。当天，体育场内座无虚席，任正非等高层干部给华为的研发骨干颁发奖品。奖品是什么呢？就是开发产品时浪费了的各类物料，还有产品出现问题后工作人员往返维修而花费的机票。

在这次大会上，被"奖励"机票的中研某部骨干黄明（化名），讲述了他的"那五次大连之行"：1997年到1998年，他第一次去大连是因为整个系统设计在性能问题上缺乏考虑，于是他带队过去测试局方VAX主机上的性能，结论是他们原来的方案必须彻底推翻。

过了几个月，黄明一行人第二次飞赴大连，再次为新买的小型机安装新的系统，一直待到开通，一共在大连待了一个多月。刚回公司不久，由于大连那边质检总是录不上音，而且质检数据也未能记录下来，于是他第三次飞往大连。第四次去大连是因为系统中一个小功能无法使用。后来因为局方认为黄明他们提供的维护方案不可靠、资料不全面，要求一定要验证，于是黄明一行人第五次飞往大连。隔壁办公室的工作人员见他们又来了，惊奇地瞪大眼睛："你们怎么又来了？干脆长驻我们这儿得了。"就因为一些小问题，黄明一行人5次飞往大连，来回的飞机票就有几十张。

黄明在自我批判时说："正是由于我们开发人员的工作不规范，才导致产品屡出问题。我们的客户在公司创业初期给了我们很多理解，对我们不稳定的产品、不规范的行为进行了包容。但如果我们自己缺乏自我批判的精神，凡事要等到客户为我们指出问题在哪里，那华为就无法在竞争如此激烈的通信行业立足。"研发人员只有具备自我批判精神，才能不断把产品做得更稳定、更可靠，才能向客户提供满意的产品。

任正非认为，在产品开发中，没人能把华为打败，只有华为自己。如果华为不能根据市场需求的变化适时调整自己，缺乏市场竞争意识和危机感，如果华为只喜欢创新产品，却不愿做老产品的维护、优化，缺乏踏踏实实的实干精神，华为就会把自己打败。

自我批判是华为由小到大以至超越对手的内在驱动力之一。不论什么样的企业，都应该学习华为自我批判的精神，在内部形成自我批判的纠偏机制，持续聆听客户的声音，正视公司存在的问题与不足，只有这样才能不断发展，提升组织的活力。

14.2.2 用"最差奖大会"强化质量意识

华为善于总结失败经验，并用失败提醒自己不能在同一个地方栽跟头。任正非强调华为人必须撕破遮挡"面子"的面纱，让员工在批评与自我批评中进步，把危机的苗头扼杀于萌芽状态。

华为通过举行"最差奖大会"，让"获奖"的员工在所有员工面前上台领奖，激发员工内在的改进动力，奋发进取，更好地完成工作任务。在任正非看来，如果敢于扯掉掩盖产品与管理上问题的面纱，那么华为就不会出现那么多不合格的产品。

【案例】华为"最差奖大会"强化质量意识

2010年7月3日，华为网络产品线质量大会在深圳市民中心举行。在这次会议上，华为从始至终都在强调："随着公司平台化战略的实施及业务高速增长，每年的出货量越来越大，归一化程度越来越高，我们大规模召回的风险也在与日俱增。华为如果不能战战兢兢、如履薄冰、如临深渊，以自我批判的精神，正视我们自身的问题，持续改进产品质量，真正把质量优先做扎实，把客户满意度放在心里，我们就有可能倒在高速发展的路上。"

为了提醒华为人真正关注过去犯过的错误，华为把"负向激励"设为会上的一个重要环节，引起了全场数千网络产品线员工的共鸣。网络产品线相关团队和个人陆续上台，从当时的网络产品线总裁查钧手中接过一个个"奖励"，有"埋雷奖""最差CBB奖""架构紧耦合奖"，等等。

"埋雷奖"针对的是某些生产环节只考虑自己，给后面的生产埋了雷的情况；"最差CBB奖"针对的是不考虑自己研发的部件能不能被兄弟部门共用，导致重复开发、浪费资源的情况；"架构紧耦合奖"针对的是把系统做得太严密，以至于客户没法单独升级其中的模块的情况。这些奖项都是基于过去几年华为研发人员给客户和公司造成的损失来评定的。在全场嘘声中，"获奖"人员面红耳赤地领取了这些沉甸甸的"奖项"，作为职业生涯中永远的一个提醒。

华为特别喜欢用开大会的形式来给员工颁发一些奇怪的"奖项"。比如，除"最差奖大会"外，华为还开过"马掌铁颁奖大会"，任正非给消费者BG的服务部门颁发了"马掌铁"奖，当时华为手机研发做得不错，但是服务没有跟上，颁发"马掌铁"奖，就是希望服务部门"快跑"。

可见，华为颁发这些负向的"奖项"，目的就是想让员工重视这些问题，解决这些问题。负激励的本质是动摇员工的基本利益。为了保证自己的利益不受损害，受到负激励的员工会尽最大努力完成自己的业务目标，进而保证企业的利益不受损害。

14.2.3　负激励对管理者也同样适用

著名哲学家霍布斯曾说过："人的情欲从本质上讲只有两点，一是欲望，二是恐惧。"在企业管理中，负向激励和正向激励相辅相成，缺一不可。当然，实施负向激励的前提是要做到一视同仁，管理者也不能例外。

联想公司刚创业的时候，管理比较松懈，导致工作人员懒散。柳传志下定决心要改变这种状况，于是就颁布了一个制度：谁开会迟到，不仅要罚款还要罚站5分钟。制度实行很严格，连副总裁、总裁，甚至柳传志本人都被罚站过。罚款大家并不在乎，但是罚站还是挺丢面子的，慢慢地，联想的管理在这种负向激励下也得到了改善。

华为的负向激励在其管理体系中扮演着重要的角色，形式也多种多样。在华为内部的电子公告牌上，与员工相关的奖惩信息占了很大的篇幅，一边是表扬、晋升、破格晋级，一边是惩罚、通报与处理。如果员工出现严重的违章违纪现象，除了惩罚当事员工，还要依据管理责任线，惩罚员工的直接主管、间接主管以至间接主管的主管。例如前些年，华为员工提前就餐现象严重，一经发现，哪怕提前就餐一秒，员工也要被罚款1000元，直接主管也要受到降薪100元的处罚。

可见，华为对于管理者的负向激励比员工更加严格。华为的"从零起飞奖"就是对管理者进行负向激励的典型例子，华为的多位高管在华为的负向激励模式下放弃了自己全年的奖金。除了管理者，华为的负向激励模式到任正非本人这里也是严格执行的，例如2018年华为公司有这样一个惩罚，就是任总签发给自己及团队高管的惩罚。

2018年1月17日，任正非签发15号公司文件《对经营管理不善领导责任人的问责通报》，指出，部分经营单位发生了经营质量事故和业务造假行为，公司管理层对此负有领导不力的管理责任，经董事会常务委员会讨论决定，对公司主要责任领导做出以下问责，并通报全体员工。任正非罚款100万元，郭平罚款50万元，徐直军罚款50万元，胡厚罚款50万元，李杰罚款50万元。

在管理过程中，管理者可以运用负向激励来约束员工的行为，促使员工更加积极地工作。而将负向激励同样运用在管理者身上，不仅能激发这些管理者自身的工作积极性，还能以他们为示范，为公司树立标杆，进而牵引整个公司所有员工的积极性。

14.3 组织对干部和员工要有人文关怀

人文关怀是组织管理中的重要组成部分，组织对员工的人文关怀需要从对方的心理感受出发，真正去体会员工需要什么、渴望什么，这样才能增强员工的归属感和忠诚度，提高员工的工作积极性和创造力，促进组织的持续发展和进步。

14.3.1 真诚沟通，协助解决问题

尽管物质激励非常重要，但不可否认的是，员工总还有着物质以外的其他需求。这也是为什么有些员工在薪酬待遇不低的情况下，仍然对工作热情度不高，甚至选择离开公司。他们的理由可能是"想找到更能发挥能

动性的工作""企业缺少培训，个人发展缓慢""跟主管合不来"等非物质因素。

因此，企业要建立管理者与员工及时沟通的桥梁，例如通过非正式会议、邮件、App、网络社区等各种渠道，让员工能够发声、能够吐槽、能够直抒胸臆。华为就建立了"心声社区"，百度、阿里巴巴、腾讯也有相应的在线论坛。当为员工建立起沟通的渠道时，员工就会感受到自己被重视，感受到自己存在的价值，会极大地强化组织归属感和凝聚力。

企业对员工情感上的沟通、关怀，可以是碎片化的，分布在员工工作和生活的各个方面，甚至有时候只有三言两语。只要是真正发于"心"的言行举动，都能给员工带来很好的心理感受。

在华为经理人反馈计划（MFP）中，黄万兵（化名）的下属员工中，对"你觉得自己直线主管的人员管理水平如何"这一问题给予"非常满意"回答的员工占比在两年间从58%上升到了100%。黄万兵到底做了什么呢？

举例来说，在黄万兵主管的部门，不管谁新加入、谁调动，欢迎会和送别会都是必不可少的，尤其是送别会，不管是谁都必须有。一方面是因为部门员工之间的关系都很好，不舍得其他员工离开，另一方面是为了对调动员工曾在部门中所做出的贡献有所表示，这不仅能让调动员工感到自己在该部门度过的时光是值得的，也让还留在部门的其他员工也感到自己正在做值得的工作。

在与员工进行沟通时，主管还可以了解员工的工作情况和思想动向。在员工遇到困难时，要及时给予反馈，给予帮助和指导。员工遇到的难题大致集中在两个方面：一是员工不知道怎么应对工作调动和职位变化；二是员工面临的压力过大，出现了一些心理障碍。主管比员工拥有更大的话语权，掌握着更多的资源，因此管理者有责任帮助员工，鼓励员工，并协助其解决问题。

在华为担任固网首席测试架构师的张波（化名），在谈到如何做新时代的领导者时，对领导者的新工作做了界定。在他看来，领导者的第一项新工作是"设计"团队，基于自己的观察和经验，将自己所管辖的团队当作一个系统来设计，争取为每个人创造发展和成长的机会；第二项新工作是老师，一方面为团队营造学习氛围、指明学习方向，另一方面在大家遇到难题前来询问时，帮助大家看到问题背后的系统结构和心智模式；第三项新工作则是受托人，即领导者要树立"我属于团队"的意识，不要光想着做"英雄"，而不打算当"仆人"，领导者职级再高，终究还是要服务于团队的。

可见，在企业内部，管理者与员工之间真诚而有效的沟通是非常重要的，它可以帮助企业创造一个健康的工作环境，提高员工的积极性和工作效率。华为在内部多次强调各级主管要和员工保持真诚沟通，让员工知道公司是一直关注他们的，让他们了解只要有困难、压力，都可以和主管进行沟通，主管会尽力协助其解决问题，这样员工才能全身心投入到工作中，积极为公司创造价值。

14.3.2 欣赏优点，包容差异性

【案例】刘邦充分看到下属的优点，包容差异

当年楚汉相争，项羽武功盖世，在势力上占到了绝对上风，可最终为什么是才能并不出众的刘邦取得了天下？

关键在于刘邦不仅能够看到别人的优点，还能容人所短。刘邦曾自评："夫运筹策帷帐之中，决胜于千里之外，吾不如子房。镇国家，抚百姓，给馈饷，不绝粮道，吾不如萧何。连百万之军，战必胜，攻必取，吾不如韩信。"还有陈平，虽然有"昧金"的不好名声，但是刘邦却非常欣赏他，大胆重用。陈平曾对刘邦说，他虽然前后在魏王、项羽和刘邦手下

效力，但是他在前两个人那里得不到信任，没法施展自己的才华，而在刘邦这里可以一展才学。

反观项羽，身边只有一个范增，却不予重用。范增多次向他举荐韩信，但是项羽始终表现得不屑。因为项羽器量狭隘，不能够容人，所以韩信、陈平都转投到了刘邦麾下，助刘邦成功夺得天下，而项羽却落得乌江自刎的下场。

刘邦因为能充分看到下属的优点，包容他们的差异，给予他们最大的信任，最终才能获得各大将才的追随，击败项羽，建立汉室王朝。

企业管理也应如此，员工看重的往往不只是薪酬待遇，更重要的是企业对他的定位，以及给予的信任。因此，华为提出各层级管理者要学会欣赏员工的优点，还应适当包容员工间的差异性，这样双方才能逐步建立起信任。任正非曾多次表示："我们不想培养和尚、牧师，我们是一支商业部队。华为要信任下属，要容得下各种不同的人。"

余承东1993年加入华为，在管理消费者业务之后，行事高调，屡有惊人之语，被外界称为"余大嘴"。在华为这样一贯以低调著称的团队，受到诸多非议。但是任正非一直鼎力支持余承东，因为他了解余承东的内在潜力和对华为发展的意义，因此对他始终委以信任，最终成就了华为终端业务的大规模发展。如果没有任正非对余承东的全力支持与包容，华为手机业务估计很难走到今天的高度。

总而言之，世界上没有完美的人，一个人的优点越突出，他的缺点也可能越突出。而人都有被尊重和实现自我价值的需求，即追求社会认同，被人理解、尊重和信任，基于此，企业管理者要善于欣赏员工的优点，并将其用到极致，而对于员工身上的不是工作必须要用到的核心能力则不做要求，要以包容之心激励员工共同为企业发展而奋斗。

第 14 章　多元化的精神激励
CHAPTER 14

> ✦ **小贴士：用人所长，不求全责备**
>
> 　　任正非强调："在人生的路上，我希望大家不要努力去做完人。一个人把自己一生的主要精力用于改造缺点，等你改造完了，对人类有什么贡献？每个人都发挥自己的优势，也多看看别人的优点，从而减少自己心理上的压抑感。"

14.3.3　组织家属活动，感受亲情文化

对于大多数人来说，努力工作是为了实现更好的生活，给家庭带来更大的幸福。如果企业能够组织家属活动，给员工家属提供一定的福利，势必会让奋斗者更加坚定决心，为自己、为公司创造更好的未来。

> 在华为，我们关注员工的家庭，关心员工的生活，以心换心，以诚待人。
>
> ——任正非

为了能够让一线员工安心工作，华为常驻海外人员只要达到一定的资格就可以申请家属随行，并且华为会为驻外人员家属提供在驻外地区的必要生活福利，极大地鼓舞和稳定了"军心"。

《华为人》报上曾刊登过一篇名为"我所认识的Teddy"的文章，男主角是一位埃及某项目的经理，名叫罗志（化名）。认识罗志的人都知道，他是一个抗压力很强的人。虽然已经结婚生子，但是由于工作的关系，他不得不远离家乡，失去了陪伴孩子成长的机会。罗志的老婆为了能够让他在安心工作的同时，不错过年幼的儿子在成长过程中的每一个有意义的变化，毅然踏上了"带娃探夫"的行程。从埃及到坦桑尼亚，面对海外生活

的艰辛，她一直坚定信念："我选择了，再难，也要一起面对。"

当项目交期逼近，项目组成员都在忙碌的时候，罗志的老婆带上孩子，主动承担起区域仓库的物流货物跟踪和后期服务等工作，并且还会为项目组的成员们买菜做饭，让他们把精力集中到工作中。遇到有新来的员工和同事，她还会组织大家去一些名胜古迹参观旅游，帮助他们了解和感受海外生活。

华为实行家属随行的福利政策，可谓一举多得，不仅顺应了人情，让常驻海外的员工能够继续亲身照顾家庭，还能让驻守海外的员工更加专注于自己的工作，为自己和家人创造更美好的未来。甚至出于对公司体贴关照政策的感激，他们可能更加卖力工作，为公司的商业成功做出更多更大的贡献。

除了家属随行活动，华为还有一个很有特色的家属活动——Family Day。每年的Family Day，华为都会邀请员工的家人到公司参观、参与休闲游戏、安排聚餐等活动。

Family Day活动是以大的部门体系为单元分批次进行的，员工带着自己的爱人、孩子和父母一起参加，在国内的华为总部深圳和有大型华为研发基地的城市（如南京、成都、武汉等地）进行，公司还会安排专车在指定的上车地点进行人员接送，当然员工也可以自行前往。

华为人带着他们的家人，在深圳可以看到华为数据中心、自动化的物料无人值守仓储系统，参观唐氏宫殿建筑风格的A区办公室；在成都研发基地，可以漫步园区内湖欣赏公司放养的黑天鹅和各种水鸟……所有的华为园区从建筑风格和布局上都有统一的风格，但又不失各自的特点。

通过Family Day这样的活动，华为家属能进一步了解华为的综合实力，熟悉华为人的工作环境，从而产生自豪感和认同感。当某个华为人有离职想法的时候，出来第一个阻止的也许就是他的家人。

14.3.4 开展有意义的文化活动

除了家属，员工往往还有其他各种形式的精神寄托、精神方面的需求，它们多半与员工工作之余的生活有关。为此，企业要为员工创造获取精神慰藉的机会，如果企业只知道让员工付出，那么员工会因得不到精神上的满足而离开。

华为通过定期地、有针对性地组织员工开展有意义的文化活动，点燃他们的激情，让他们感受到公司对他们的重视与关怀。

【案例】委内瑞拉代表处在危难中不忘对员工进行人文关怀

委内瑞拉是一个美得让人心醉的国家，同时也是一个治安和经济环境堪忧的国家。但是依然有华为人不顾自身安危，在这里驻守，艰苦奋斗。华为驻委内瑞拉代表处财经团队就是其中的一员。

2014年，委内瑞拉代表处发生过恶性绑架事件，代表处CFO林燕（化名）经历过被歹徒盯梢的"惊险半小时"，资金经理刘明（化名）遇到过催泪瓦斯爆炸等各种危险，但是他们没有被吓退，依旧坚持艰苦奋斗，为代表处的经营成果做出了自己的贡献。

驻委内瑞拉代表处财经团队为了缓解大家的压力，给大家的工作生活带来些许轻松和快乐，在林燕的带领下，会定期组织所有员工聚餐出游，让大家放松畅聊，互相鼓励支持，还为每个员工过生日、让大家互送礼物……工作生活中的艰难困苦不但没有击垮团队，反而使得团队更加团结，在逆境中继续坚持奋斗。

2014年年末，委内瑞拉代表处财经团队在捧获"2014年全球优秀经营代表处三等奖"的同时，还获得了"委内瑞拉代表处最佳支撑团队奖"。

环境越是艰苦，公司越是要给予坚守岗位的员工更多的关怀与慰问。在尼日尔工作过的华为员工在回忆海外工作经历时，除了工作的艰辛与成果，他们聊得最多的是大家如何共度佳节、如何在紧张的交付之后共同庆祝、如何丰富周末的生活。对于他们来说，除了工作，他们在华为的回忆还有一次次热闹欢腾的聚餐、一场场酣畅淋漓的球赛，这些美好点滴支撑着他们长期坚守在被华为列为"六类艰苦地区"的地方。

随着"85后"和"90后"员工的不断加入，华为的文化活动也在与时俱进，比如华为内部模仿《超级女声》举办了声势浩大的青春赛歌会，模仿NBA的赛制举办了篮球赛（甚至有很多人因为要打比赛而一再犹豫自己是否要在当时离职），内部交友协会还模仿《非诚勿扰》节目来安排员工相亲。每到周末，各种协会组织的读书会、音乐会、电影赏析会等各类活动也是层出不穷。

华为"3+1"活动是华为精心策划的一项员工关怀举措，旨在丰富员工的业余生活，提升员工的幸福感和归属感。这项活动的内容包含4个维度：一是"喜欢一项运动"，鼓励员工积极参与体育锻炼，增强体质，培养团队精神；二是"培养一个爱好"，倡导员工发掘并培养自己的兴趣爱好，丰富个人生活，提升生活品质；三是"阅读一本好书"，引导员工通过阅读拓宽视野，提升素养，激发创新思维；四是"结交一位朋友"，鼓励员工在轻松愉快的氛围中结交新朋友，拓展人脉，增进同事间的友谊。

华为"3+1"活动不仅为员工提供了一个展示自我、交流学习的平台，更是公司关爱员工、注重人文关怀的生动体现。企业就像人一样，要有躯干也要有灵魂。华为并不是一味地只提倡加班和奋斗，在业余生活与兴趣爱好方面，公司也为员工准备了各种资源，让员工在工作之余可以找寻快乐，让他们适当放松紧绷的神经，以激励他们持续艰苦奋斗，为公司创造价值。

附 录
APPENDIX

术语词典

ChatGPT：美国OpenAI研发的一款聊天机器人模型（Chat Generative Pre-trained Transformer）

KPI：关键绩效指标（Key Performance Indicator）

PBC：个人业绩承诺（Personal Business Commitment）

CFO：首席财务官（Chief Financial Officer）

AT：行政管理团队（Administrative Team）

MBO：目标管理（Management by Objectives）

PDCA：计划（Plan）、执行（Do）、检查（Check）、处理（Act）

SOP：标准作业流程（Standard Operating Procedure）

BSC：平衡计分卡（Balanced Score Card）

SMART：明确性（Specific）、可衡量性（Measurable）、可达成性（Attainable）、相关性（Relevance）、时限性（Time-based）

OKR：目标与关键结果（Objectives and Key Results）

ARPU：每用户平均收入（average revenue per user）

EMT：经营管理团队（Executive Management Team）

iODN：智能光纤配线网络

ISDP：华为电信软件ISDP是基于电信软件交付特点，以需求和版本交付为核心，面向项目交付八大员、远程团队、版本开发团队等，同时与Times、iResource、iRTT、iOffshore系统集成的可视化、全流程

　　　　的集成交付平台

SO：销售订单（Sales Order）

SDBE：即"S战略-D解码-B计划-E执行"领先模型，包含战略规划（Strategic Planning）、战略解码（Decoding）、经营计划（Business Planning）和执行管理（Execution）等四大环节

SP：战略规划（Strategic Planning）

BP：经营计划（Business Planning）

BLM：业务领先模型（Business Leadership Model）

OGSM：目的（Objective）、目标（Goal）、策略（Strategy）、测量（Measure）

BEM：业务执行力模型（Business Execution Model）

CSF：关键成功因素（Critical Success Factors）

IPOOC：输入（Input）、过程（Process）、输出（Output）、结果（Outcome）

QQTCR：质量（Quality）、数量（Quantity）、时间（Time）、成本（Cost）、风险（Risk）

BI：商业智能（Business Intelligence）

BG：业务集团/事业群（Business Group）

To B：为企业提供服务（To Business）

COO：首席运营官（Chief Operating Officer）

ROI：投资回报率（Return on Investment）

PSD：预计每日销售额（Predicted Sales Daily）

CHO：首席人力资源官（Chief Human Resource Officer）

HRVP：人力资源副总裁（Human Resource Vice President）

GROWS：制定目标（Goal）、现状分析（Reality）、讨论方案（Option）、总结与具体行动（Wrap-up）、资源支持（Support）

CEO：首席执行官（Chief Executive Officer）

PIP：绩效改进计划（Performance Improvement Plan）

SE：架构设计师（Structural Engineer）

附录　术语词典
APPENDIX

E/M：工资性薪酬包与销售毛利比

E/R：工资性薪酬包与销售收入比

BU：业务单元（Business Unit）

LTE：华为LTE指的是华为公司的LTE网络技术，其全称为"长期演进技术"（Long-Term Evolution）。这是一种无线通信技术，可以实现更快的数据传输速度和更低的延迟，从而提高用户的移动互联网使用体验

TUP：时间单位计划（Time-based Unit Plan）

KCP：关键控制点（Key Point Control）

参考文献
REFERENCE

[1] 杨爱国. 华为奋斗密码[M]. 北京：机械工业出版社，2019.

[2] 吴春波. 华为没有秘密3[M]. 北京：中信出版社，2020.

[3] 余胜海. 用好人，分好钱：华为知识型员工管理之道[M]. 北京：电子工业出版社，2019.

[4] 黄卫伟，殷志峰，吕克，等. 以奋斗者为本：华为公司人力资源管理纲要[M]. 北京：中信出版社，2014.

[5] 胡劲松. 绩效管理：从入门到精通[M]. 北京：清华大学出版社，2017.

[6] 任康磊. 绩效管理与量化考核：从入门到精通[M]. 北京：人民邮电出版社，2019.

[7] 任康磊. 绩效管理工具：OKR KPI KSF MBO BSC应用方法与实战案例[M]. 北京：人民邮电出版社，2021.

[8] 韦祎. 绩效管理实践与考核工具[M]. 北京：人民邮电出版社，2021.

[9] 胡华成. 绩效管理与考核全案[M]. 北京：清华大学出版社，2019.

[10] 马作宽. 组织绩效管理[M]. 北京：中国经济出版社，2009.

[11] 陈雨点，王旭东. 华为绩效管理：引爆组织活力的价值管理体系[M]. 北京：电子工业出版社，2021.

[12] 孙波. 回归本源看绩效：用绩效管理提升组织员工能力[M]. 北京：企业管理出版社，2013.

[13] 周辉. 增量绩效管理：构建以产品为核心、基于增量产出的管理体系

[M]. 北京：电子工业出版社，2019.

[14] 戴维·帕门特. 关键绩效指标：KPI的开发、实施和使用[M]. 张丹，商国印，张风都，译. 北京：机械工业出版社，2017.

[15] 孙晓平，季阳. 薪酬激励新实战：突破人效困境[M]. 北京：机械工业出版社，2019.

[16] 赵国军. 薪酬设计与绩效考核全案（第三版）[M]. 北京：化学工业出版社，2020.

[17] M. 塔玛拉·钱德勒. 绩效革命[M]. 孙冰，陈秋萍，译：北京：电子工业出版社，2017.

[18] 罗伯特·卡普兰，大卫·诺顿. 平衡计分卡：化战略为行动[M]. 刘俊勇，孙薇，译. 广东：广东经济出版社，2013.

[19] 吕守升. 战略解码：跨越战略与执行的鸿沟[M]. 北京：机械工业出版社，2021.

[20] 罗伯特·卡普兰，大卫·诺顿. 战略地图：化无形资产为有形成果[M]. 刘俊勇，孙薇，译. 广东：广东经济出版社，2005.

[21] 谢宁. 华为战略管理法：DSTE实战体系[M]. 北京：中国人民大学出版社，2022.

[22] 王钺. 战略三环：规划、解码、执行[M]. 北京：机械工业出版社，2020.

[23] 胡荣丰. 华为闭环战略管理：从战略到执行的SDBE领先模型[M]. 湖南：湖南文艺出版社，2022.